Elogios a *Prospecção Fanática*

"Prospectar é o cerne, a base, o coração de todo esforço de vendas de sucesso. *Prospecção Fanática* impulsiona o sucesso de prospecção do autor Jeb Blount, um dos campeões de venda de maior sucesso desta década, e fornece respostas a todos os aspectos da prospecção de sucesso."

"As técnicas e conceitos compreendidos em *Prospecção Fanática* não são teorias de quem mora em uma torre de marfim, nem os desejos ideológicos de um professor universitário. Este é um guia de campo com o passo a passo de cada aspecto da prospecção na era da internet."

"Blount explica princípios fundamentais da prospecção em um estilo narrativo que suplica a você que faça anotações nas margens e ponha seu próprio plano de ação no lugar. Seja ao falar sobre a 'Regra dos 30 Dias' ou a diferença entre 'Horas de Ouro' e 'Horas de Platina', ele mantém sua orientação em um nível pessoal, compreensível e fácil de fazer relações. Pilares claros e simples como os Quatro Objetivos da Prospecção soam verdadeiros para qualquer esforço de vendas, em qualquer negócio e para consumidores de qualquer calibre."

"Mapas visuais diretos e fáceis de acompanhar dos 'guias de cinco passos' para prospecção por telefone, prospecção por mensagem de voz e prospecção presencial vão comprovar sua eficácia ao longo de toda a sua carreira em vendas e em gestão de vendas. Recomendo adquirir duas cópias — uma para ler e outra para escrever, desenhar, destacar e colocar notas adesivas. É poderoso mesmo."

— **Miles Austin**, Editor, FillTheFunnel.com

PROSPECÇÃO FANÁTICA

PROSPECÇÃO FANÁTICA

JEB BLOUNT

ALTA BOOKS
E D I T O R A
Rio de Janeiro, 2019

Prospecção fanática
Copyright © 2019 da Starlin Alta Editora e Consultoria Eireli. ISBN: 978-85-508-0450-7

Translated from original Fanatical Prospecting. Copyright © 2015 by Jeb Blount. All rights reserved. ISBN 978-1-119-14475-5. This translation is published and sold by permission of John Wiley & Sons, Inc. Publishers, the owner of all rights to publish and sell the same. PORTUGUESE language edition published by Starlin Alta Editora e Consultoria Eireli, Copyright © 2019 by Starlin Alta Editora e Consultoria Eireli.

Todos os direitos estão reservados e protegidos por Lei. Nenhuma parte deste livro, sem autorização prévia por escrito da editora, poderá ser reproduzida ou transmitida. A violação dos Direitos Autorais é crime estabelecido na Lei nº 9.610/98 e com punição de acordo com o artigo 184 do Código Penal.

A editora não se responsabiliza pelo conteúdo da obra, formulada exclusivamente pelo(s) autor(es).

Marcas Registradas: Todos os termos mencionados e reconhecidos como Marca Registrada e/ou Comercial são de responsabilidade de seus proprietários. A editora informa não estar associada a nenhum produto e/ou fornecedor apresentado no livro.

Impresso no Brasil — 2019 — Edição revisada conforme o Acordo Ortográfico da Língua Portuguesa de 2009.

Publique seu livro com a Alta Books. Para mais informações envie um e-mail para autoria@altabooks.com.br

Obra disponível para venda corporativa e/ou personalizada. Para mais informações, fale com projetos@altabooks.com.br

Produção Editorial Editora Alta Books	**Produtor Editorial** Thié Alves	**Marketing Editorial** marketing@altabooks.com.br	**Vendas Atacado e Varejo** Daniele Fonseca Viviane Paiva	**Ouvidoria** ouvidoria@altabooks.com.br
Gerência Editorial Anderson Vieira	**Assistente Editorial** Illysabelle Trajano	**Editor de Aquisição** José Rugeri j.rugeri@altabooks.com.br	comercial@altabooks.com.br	
Equipe Editorial	Adriano Barros Bianca Teodoro Ian Verçosa	Juliana de Oliveira Kelry Oliveira Paulo Gomes	Rodrigo Bitencourt Thales Silva Thauan Gomes	Victor Huguet Viviane Rodrigues
Tradução Maíra Meyer	**Copidesque** Rachel Escobar	**Revisão Gramatical** Amanda Meirinho Hellen Santos	**Revisão Técnica** Guilherme Calôba Doutor em Engenharia de Produção, PMP	**Diagramação** Melanie Guerra

Erratas e arquivos de apoio: No site da editora relatamos, com a devida correção, qualquer erro encontrado em nossos livros, bem como disponibilizamos arquivos de apoio se aplicáveis à obra em questão.

Acesse o site www.altabooks.com.br e procure pelo título do livro desejado para ter acesso às erratas, aos arquivos de apoio e/ou a outros conteúdos aplicáveis à obra.

Suporte Técnico: A obra é comercializada na forma em que está, sem direito a suporte técnico ou orientação pessoal/exclusiva ao leitor.

A editora não se responsabiliza pela manutenção, atualização e idioma dos sites referidos pelos autores nesta obra.

Dados Internacionais de Catalogação na Publicação (CIP) de acordo com ISBD

B657p	Blount, Jeb	
	Prospecção fanática: O guia definitivo para iniciar conversas de vendas e encher o pipeline aproveitando ao máximo redes sociais, telefone, e-mail, mensagens de texto e chamadas frias / Jeb Blount ; tradução de Maíra Meyer. - Rio de Janeiro : Alta Books, 2019. 304 p. ; il. ; 14cm x 21cm.	
	Tradução de: Fanatical prospecting: The ultimate guide for starting sales conversations and filling the pipeline by leveraging social selling, telephone, e-mail, and cold calling Inclui índice. ISBN: 978-85-508-0450-7	
	1. Administração. 2. Vendas. I. Meyer, Maíra. II. Título.	
2018-1371		CDD 658.81 CDU 658.811

Elaborado por Vagner Rodolfo da Silva - CRB-8/9410

Rua Viúva Cláudio, 291 — Bairro Industrial do Jacaré
CEP: 20970-031 — Rio de Janeiro - RJ
Tels.: (21) 3278-8069 / 3278-8419
www.altabooks.com.br — altabooks@altabooks.com.br
www.facebook.com/altabooks

Para Bob Blackwell

Lei do Universo: Nada acontece até que algo se mova.

Lei dos Negócios: Nada acontece até que alguém venda algo.

—Jeb Blount

Sumário

Prefácio	*Mike Weinberg*	*xiii*
Capítulo 1	Defendendo a Prospecção	1
Capítulo 2	Sete Maneiras de Pensar de Prospectores Fanáticos	9
Capítulo 3	Chamada Fria: Fazer ou Não Fazer?	13
Capítulo 4	Adote uma Metodologia Equilibrada de Prospecção	19
Capítulo 5	Quanto Mais Você Prospectar, Mais Sortudo Vai Ficar	25
Capítulo 6	Conheça Seus Números: Controlando Suas Taxas	35
Capítulo 7	Os Três Ps que Estão Travando Você	41
Capítulo 8	Tempo: O Grande Equalizador das Vendas	49
Capítulo 9	Os Quatro Objetivos da Prospecção	71
Capítulo 10	Impulsionando a Pirâmide da Prospecção	85
Capítulo 11	Domine Sua Própria Base de Dados: Por que o GRC É Sua Mais Importante Ferramenta de Vendas	93

Capítulo 12	A Lei da Familiaridade	97
Capítulo 13	Venda Social	107
Capítulo 14	A Mensagem Importa	135
Capítulo 15	A Excelência da Prospecção por Telefone	157
Capítulo 16	Revertendo as RDOs: Respostas por Reflexo, Dispensas e Objeções	183
Capítulo 17	As Vidas Secretas dos Guardiões	197
Capítulo 18	Prospecção Presencial	205
Capítulo 19	Prospecção por E-mail	217
Capítulo 20	Mensagem de Texto	239
Capítulo 21	Desenvolvendo Resistência Mental	249
Capítulo 22	Onze Palavras que Mudaram Minha Vida	267
Capítulo 23	A Única Pergunta que Realmente Importa	269
Notas		*273*
Agradecimentos		*277*
Sobre o Autor		*281*
Índice		*283*

Prefácio

Durante 25 anos esperei por um livro como *Prospecção Fanática*, e nunca esta poderosa mensagem e estes conselhos foram mais necessários do que hoje.

Como um profeta, Jeb Blount destaca, com ousadia, as mentiras dos barulhentos e populares "especialistas" em novas formas de venda, cujos conselhos mortais desorientam equipes e líderes do setor. Esses especialistas anunciam para quem quiser ouvir que prospectar — *buscar prospectos de maneira proativa* — não funciona mais. O maior perigo desse falso ensinamento é que isso é exatamente o que o vendedor difícil e reativo quer ouvir. Por que fazer o trabalho duro de prospectar e gerar novas oportunidades de venda para si próprio quando um "guru" tira o seu da reta dizendo que isso é "das antigas" e que "não funciona mais"? Por que perder tempo pegando o telefone se, em vez disso, você pode tuitar, escrever posts de blog ou se divertir durante horas postando comentários em um grupo do LinkedIn?

A verdade, como Jeb tão eloquentemente compartilha, é que em vendas não há como acionar o modo "fácil". Não há nenhuma varinha de condão ou molho secreto. Ninguém vende ferramentas, dispositivos ou novos procedimentos místicos que garantem que seu pipeline seja preenchido. Apesar do que os fanáticos que empurram as vendas sociais e empresas de marketing interno nos afirmam, a verdade é que os melhores produtores e os grandes astros das vendas são prospectores fanáticos que assumem responsabilidade pessoal por identificar e criar suas próprias oportunidades de venda.

Quando a organização de vendas de uma empresa não está conseguindo atingir suas metas ou seu potencial, não é porque seus vendedores não sabem se apresentar ou fecham vendas de um jeito ineficaz ou, ainda, não têm habilidade para oferecer conselhos ou questionar os potenciais clientes. Raramente é por conta de ausência de talento. O motivo para a maioria das organizações de vendas não atingir suas metas é um pipeline anêmico porque a equipe de vendas não está prospectando.

Prospectar não somente ainda funciona como, também, é a maneira mais rápida e eficaz de alcançar exatamente o que o subtítulo deste livro promete: *conversas para iniciar vendas e preencher o pipeline!*

Jeb Blount conhece prospecção. Ele é uma autoridade no tema porque foi um vendedor notável e líder executivo de vendas antes de construir seu próprio treinamento de vendas de sucesso monstruoso e sua empresa gestora de talentos. Hoje, ele transforma organizações de vendas ajudando-as a acelerar o desempenho e dá, a cada ano, centenas de palestras pelo mundo, em empresas ávidas por ouvir sua inspiradora mensagem sobre o que é necessário para atingir o ápice do desempenho — e rápido.

Em *Prospecção Fanática*, Jeb não deixa pedra sobre pedra e não esconde nada. Ele compartilha por que precisamos prospectar, o que fazer exatamente e como fazê-lo.

Novas vendas são a força vital de um negócio. Nada é mais importante do que garantir reuniões para descobertas, conversas, consultas e ligações com potenciais consumidores. E é exatamente esse o motivo pelo qual este é o livro mais importante já escrito sobre esse tópico.

Se você é líder de vendas ou um vendedor buscando ajuda para criar mais oportunidades de novas vendas, então este livro é para você. Mas fique atento: depois de ler *Prospecção Fanática*, não haverá mais desculpas. Desde compreender por que e como devemos interromper clientes potenciais até reservar nossas preciosas horas de ouro para vender, Jeb fornece um guia abrangente para aumentar rapidamente as vendas. Há conselhos práticos e poderosos sobre todos os meios disponíveis (venda social, e-mail, telefone, mensagens de texto, networking, indicações, prospecção presencial) para começar as conversas sobre vendas e criar novas oportunidades.

Se você escolheu este livro porque nunca prospectou novos negócios ou está lutando para atingir suas metas, parabéns. Prometo que, se você seguir a receita que Jeb oferece, seus resultados estão prestes a melhorar drasticamente. E se, como eu, você acredita há muito tempo em prospecção, este livro vai levar seu jogo a níveis completamente novos.

— Mike Weinberg, Coach de Novas Vendas e
autor de *New Sales. Simplified.*
[Novas Vendas. Simplificadas., em tradução livre]

1 | Defendendo a Prospecção

Há vendedores ruins, vendedores medianos, vendedores bons, vendedores consistentes e há os astros, este talento esquivo que empresas e organizações de vendas gastam bilhões de dólares para identificar, recrutar, manter e imitar — os cobiçados 20% que geram 80% das vendas.

Os astros ganham mais que outros vendedores — levando para casa quase todas as comissões e bônus disponíveis. Eles ganham as viagens, prêmios, gorjetas e o reconhecimento pelo qual os outros tanto anseiam.

Eles não são bandas de um sucesso apenas. Astros produzem resultados entra ano, sai ano, e tendem a ficar no topo no longo prazo.

Astros são bons em vender. Eles têm o talento e as habilidades. São competitivos e têm determinação para realizar. Eles sabem como administrar o processo de vendas, fazem ótimas perguntas, criam apresentações campeãs e fecham o negócio. Eles têm um um conhecimento prático excepcional das pessoas, alta inteligência emocional e mentalidade de vencedor.

Mas aí é que está: tantos outros vendedores também são assim. Vários vendedores possuem determinação e fome de sucesso. Vários vendedores têm inteligência, talento, habilidades e formação para ter o melhor desempenho. Vários vendedores são competitivos, entendem o processo de vendas e sabem como pedir pelo negócio. Ainda assim, o desempenho deles é constantemente inferior ao dos astros.

Isso é o que faz muitos vendedores e executivos coçarem a cabeça e perguntarem como a elite dos 20% gera resultados tão extraordinários entra ano, sai ano. Eis o porquê:

- Gerentes de RH ficam frustrados com o fato de seus complexos e caros processos de contratação não serem tão indicativos de sucesso de vendas, conforme prometido.
- Legiões de pesquisadores acadêmicos giram a roleta em busca do Santo Graal das vendas, que acreditam que vai transformar, em um passe de mágica, todos os vendedores em pessoas de alta performance, motivo pelo qual os executivos consomem avidamente suas promessas fugazes.
- OSCs e vice-presidentes de vendas perseguem uma moda atrás da outra, se agarrando desesperadamente no último especialista que venceu o concurso anual "tudo mudou nas vendas", na esperança de reavivar sua frágil organização de vendas.
- Muitos vendedores e empreendedores anseiam pelo segredo que os fará adquirir estabilidade financeira através de sucesso real e duradouro em vendas, embora o segredo sempre pareça estar fora de alcance.

O Verdadeiro Segredo para o Sucesso Sustentável em Vendas

O caminho para um sucesso em vendas do nível astro é brutalmente simples. Simples, note bem, mas não fácil. É um paradoxo básico: uma verdade tão absurdamente óbvia que se tornou insuportavelmente invisível. Uma verdade que permanece frustrante e indefinível para a maioria dos vendedores, levando muitas pessoas promissoras, inteligentes e talentosas a terem uma queda considerável em vendas e, do mesmo modo, negócios a fecharem suas portas e empreendedores a quebrarem e desistirem.

Qual é o segredo que separa os astros de todos os outros, e por que eles ultrapassam o desempenho de outros vendedores de maneira consistente? *Prospecção fanática*.

Astros são prospectores implacáveis, incontroláveis. Eles são obcecados em manter seus pipelines cheios de clientes potenciais idôneos. Eles prospectam em qualquer lugar e a qualquer hora — constantemente revirando pedras para procurar a próxima oportunidade. Eles prospectam dia e noite — incontroláveis e sempre ligados. Fanáticos!

Minha definição favorita da palavra fanático é "motivado ou caracterizado por um entusiasmo extremo e sem críticas".[1]

Astros consideram a prospecção um estilo de vida. Eles prospectam com foco determinado, pouco se preocupando com o que outras pessoas pensam deles. Eles mergulham com entusiasmo na prospecção por telefone, e-mail, telemarketing, networking, pedindo recomendações, batendo em portas, seguindo novidades, indo a feiras comerciais e puxando conversa com estranhos.

- Eles não inventam desculpas: "Ah, não é uma hora boa para ligar porque eles devem estar almoçando."
- Eles não reclamam: "Ninguém está me ligando de volta."
- Eles não lamentam: "As dicas são ruins."
- Eles não vivem com medo: "E se ela disser não?" Ou: "E se não for uma boa hora?"
- Eles não procrastinam: "Não tenho tempo agora. Amanhã coloco tudo em dia."
- Eles prospectam quando os tempos estão bons porque sabem que um dia chuvoso está por vir.
- Eles prospectam quando os tempos estão ruins porque sabem que prospecção fanática é a chave para sobreviver.
- Eles prospectam mesmo quando não estão com vontade, porque sua motivação é manter o pipeline cheio.

Prospectores fanáticos carregam um monte de cartões de visita. Eles puxam conversa com estranhos em escritórios, eventos esportivos, na fila do café, elevadores, conferências, aviões, trens e em qualquer lugar onde possam ficar cara a cara com clientes potenciais.

Eles acordam de manhã e correm para o telefone. Durante o dia, batem nas portas. Entre reuniões, prospectam por e-mails e mensagens. À noite, eles entram online e acionam a prospecção em mídias sociais. Antes de encerrar o dia, fazem ainda mais ligações.

O mantra permanente do prospector fanático é: *Mais uma ligação.*

Prospecção é o ar que respiram. Eles não choramingam como bebês por não terem indicações suficientes ou ficam se lamentando na máquina de café com todos os perdedores sobre como não entendem por que ninguém está comprando hoje. Eles não culpam o gerente de vendas, a empresa, os produtos, os serviços ou a economia. Eles se mexem, assumem responsabilidades e são donos de seu próprio território. Eles criam as próprias orientações e, através de trabalho duro, determinação e perseverança, a própria sorte.

Astros estão cientes de que o fracasso nas vendas não é causado por um deficit de talento, habilidades ou treino. Nem por um território pobre ou produto inferior. Nem por comunicação e habilidades de apresentação medíocres. Nem por deixar de pedir e fechar um negócio. Nem por gerentes de venda horríveis.

A realidade brutal e o motivo número um do fracasso nas vendas é um pipeline vazio, e o principal motivo de um pipeline vazio é a falha na prospecção.

Ainda assim, inúmeros vendedores e líderes de vendas que ficam maravilhados com o desempenho consistente dos astros ano a ano estão cegos para o verdadeiro motivo do sucesso deles. Pouco dispostos a aceitar que a origem de base de todo sucesso nas vendas é um foco fanático em prospecção, esses chefes perdem tempo combatendo moinhos de vento em sua busca quixotesca por modismos, soluções mágicas e fórmulas secretas que acreditam que vão levá-los aos braços do sucesso com pouco esforço.

Em Busca do Modo "Fácil"

"Perca peso sem esforço", diz o anúncio sobre a foto de modelos admirando seus abdomens talhados. "Com esta pílula revolucionária e avançada, você nunca mais vai ter de se preocupar com seu peso. Coma o que quiser. Esqueça os exercícios. É só tomar esta pílula que você terá o corpo de seus sonhos."

Se essas propagandas não funcionassem, as empresas que as realizam fechariam. Mas elas funcionam, sim.

Em seu livro *Spartan Up: A Take No Prisoners Guide to Overcoming Obstacles and Achieving Peak Performance* [*Ascensão Espartana: Um Guia Implacável para Superar Obstáculos e Alcançar o Máximo Desempenho*, em tradução livre], Joe De Sena explica que "[conseguir as coisas] fácil é a maior jogada de marketing de todos os tempos". Então as empresas prometem, várias e várias vezes, que você pode perder peso, mudar de casa ou ficar rico sem dor, sacrifício ou esforço. Seus telefones tocam o tempo todo e, mesmo que intuitivamente, a maioria das pessoas sabe que essas promessas são superestimadas e falsas. É só a natureza humana de buscar a saída mais fácil.

É decepcionante observar a quantidade de vendedores de hoje que têm essa atitude — sempre buscando a saída mais fácil. De algum modo, eles se iludiram ao acreditar que alguém lhes deve algo. Eles lamentam e reclamam sem parar da empresa, das probabilidades, das orientações, dos colegas de trabalho, do GRC (Gestão do Relacionamento com os Clientes), dos produtos, dos preços e assim por diante.

Eis a verdade brutal: em vendas, ninguém deve nada a você! Você tem que levantar o traseiro da cadeira, sair e fazer as coisas acontecerem. Você tem que botar a mão no telefone, bater nas portas, apresentar-se e pedir pelo negócio. Vender não é um trabalho das nove às cinco. Não há dias de folga. Nada de férias. Nada de pausas para o almoço. Os grandes vendedores estão pulando refeições e fechando negócios — o que for preciso para vencer.

Essa mentalidade é a diferença entre dirigir uma Mercedes ou um Hyundai. Usar um Rolex ou um Timex. Saborear um suculento filé de costela desossado em um restaurante cinco estrelas ou sobreviver à base de macarrão instantâneo. Essa é a diferença entre assistir à TV em uma tela plana de ultradefinição de 60 polegadas ou assistir a um teatro de fantoches em uma televisão de segunda mão de 12 polegadas comprada em um mercado de pulgas.

Em vendas, sempre vai haver alguma coisa para se reclamar. É assim que as coisas são. Haverá obstáculos, entraves, gerentes ruins, clientes em potencial rudes, desafios quanto a produtos e serviços e mudanças no plano de comissões. Sempre haverá rejeição. Sempre haverá trabalho duro. Você pode ficar sentado reclamando e choramingando, mas, acredite em mim, você só está magoando a si mesmo.

É crucial que você acorde do delírio de que, de alguma forma, você vai conseguir tornar a prospecção mais fácil e enfrentar a verdade: se você pudesse escolher entre prospectar e nadar com tubarões, você escolheria os tubarões.

O primeiro passo para elaborar um pipeline sem fim de novos clientes é reconhecer a verdade e se afastar de sua necessidade emocional de encontrar o caminho fácil. Em vendas, a facilidade é a mãe da mediocridade e, em sua vida, mediocridade é como um tio falido. Uma vez que ele se muda para sua casa, é quase impossível fazê-lo sair.

O próximo passo é cair na real. Em vendas, nos negócios e na vida, há somente três coisas que você pode controlar:

1. Suas ações
2. Suas reações
3. Sua mentalidade

É isso. Mais nada. Então, em vez de choramingar por conta das coisas que estão fora de seu controle, foque sua energia no que você pode controlar — sua atitude, escolhas, emoções, objetivos, ambições, sonhos, desejos e disciplina (escolhendo entre aquilo que você quer agora e o que mais quer).

Pare de Querer que as Coisas Fossem Mais Fáceis e Comece a Trabalhar para Melhorar

Desenvolver uma mentalidade de prospecção fanática começa com assumir o fato de que prospectar é um trabalho duro, extenuante e repleto de rejeições.

Não tem como dourar a pílula. Prospecção é um saco. Esse é o motivo pelo qual muitos vendedores não a fazem e, em vez disso, gastam tempo e energia buscando soluções mágicas, fórmulas secretas e atalhos, ou ignoram a prospecção como um todo até que seja tarde demais.

No entanto, se você sonha em ter uma renda de astro e viver uma vida de astro, você precisa encarar a realidade de que prospectar é um saco e superar isso. Para conseguir o que quer, você precisa prospectar constantemente.

Jim Rohn disse uma vez que você não deveria desejar que as coisas fossem mais fáceis; você deveria desejar melhorar. Esta é a promessa que eu faço a você. Quando adotar as técnicas deste livro, você vai melhorar.

As técnicas que ensino neste livro vão torná-lo um prospector mais eficiente? Sem dúvida. Vou ensinar a você como fazer mais prospecções em menos tempo a fim de poder voltar à parte divertida das vendas: reuniões com clientes, descobertas, apresentações, propostas, negociações, fechamento de negócios e desconto dos cheques de comissão.

As técnicas que ensino neste livro tornam você um prospector mais eficaz? Pode contar com isso. Vou ensiná-lo como conseguir o retorno mais alto no tempo que você investir em prospecção. Você vai aprender como equilibrar a prospecção usando múltiplas metodologias e receber conselhos sobre como lidar com clientes em potencial em conversas sobre vendas e colocá-los em seu pipeline. Você vai conseguir resultados melhores, abrir portas que sempre pensou que estivessem fechadas e, por fim, fechar mais vendas.

As técnicas que ensino eliminam rejeição, deixam a prospecção mais palatável (usando as palavras de outro autor que promete que prospectar pode ser "divertido e fácil"), indolor ou removem os bloqueios emocionais e mentais que levam ao adiamento da prospecção?

Não. Sem chance.

Não vou mentir para você sobre prospecção. Não vou lhe prometer que deixarei a prospecção mais fácil, eliminarei a rejeição ou vou transformá-la em algo que você vai aprender a amar. Só você pode tomar a decisão de fazer o trabalho duro, pegar o telefone, aproximar-se de estranhos e superar seus próprios obstáculos mentais. A escolha de agir, de adotar uma mentalidade nova é sua e somente sua.

Eis a verdade brutal: não há como selecionar a opção "fácil" em vendas.

Prospectar é um trabalho duro, emocionalmente exaustivo, e é o preço que você paga para ter uma renda alta.

Como sei disso? Estou nas trincheiras, vendendo, por toda a minha vida. Tenho estantes cheias de troféus por minhas conquistas na área de vendas. Comecei do zero um negócio multimilionário de sucesso e sobrevivi e prosperei, porque minha única opção era pegar o telefone e começar a ligar. Sou considerado um especialista líder de vendas por conta dessas conquistas, e pessoas me pagam fortunas só para que eu lhes ensine o que sei. Ganhei milhões de dólares em comissões. Comprei casas grandes, barcos, carros e todos os brinquedos que uma carreira de sucesso em vendas pode bancar.

Tudo isso foi cortesia da prospecção fanática. Tudo isso! Ainda assim, mesmo que eu saiba como entrei na dança, mesmo que esteja totalmente ciente de que a prospecção gera minha renda, a verdade é que prospectar ainda é a parte mais dura e mais mentalmente exaustiva do meu dia. Sempre há alguma coisa mais divertida que eu preferia estar fazendo, e embora eu saiba que nunca vai ficar mais fácil, o que me diferencia da maioria das pessoas é que eu deixo essa ideia de lado e vou prospectar, do mesmo jeito.

2 | Sete Maneiras de Pensar de Prospectores Fanáticos

Gostamos de pensar em nossos campeões e ídolos como super-heróis que nasceram diferentes de nós. Não gostamos de pensar neles como pessoas relativamente comuns que se tornaram extraordinárias.

— Carol S. Dweck, *Mindset: The New Psychology of Success*
[Mentalidade: A Nova Psicologia do Sucesso, em tradução livre]

O dicionário Merriam-Webster define *mentalidade* como "atitude ou inclinação mental". Também pode ser definida como "humor, disposição, inclinação ou intenção" (segundo o site reference.com; conteúdo em inglês).

A mentalidade está completa e absolutamente em seu controle, e comanda tanto as atitudes que você toma quanto suas reações ao ambiente e às pessoas ao seu redor.

Sucesso Deixa Pistas

O sucesso deixa pistas. Pessoas de muito sucesso, desde antigos filósofos, como Aristóteles, até pensadores dos tempos modernos, sempre pontuaram que há pouca necessidade de "reinventar a roda". Se analisar o que pessoas de sucesso fazem, você encontrará padrões. Quando copiar esses padrões, vai conseguir copiar o sucesso deles.

Desenvolver e manter uma mentalidade de prospecção fanática é a chave definitiva para o sucesso nas vendas. Essa mentalidade mantém você focado, persistente e voltado para abrir portas, mesmo diante de inevitáveis reveses, desafios e rejeição. Quando você adota uma mentalidade de prospecção fanática, você vai crescer perante a adversidade em vez de se encolher.

Passei a vida toda estudando prospectores fanáticos. Ao longo do caminho, descobri sete principais maneiras de pensar que os definem. Estas são suas pistas de sucesso. Copie estas maneiras e você vai garantir sucesso ao encher seu pipeline e arrasar suas metas.

1. *Otimista e entusiasta:* Prospectores fanáticos têm uma mentalidade vencedora e otimista. Eles sabem que pessoas negativas e amargas, com mentalidade de vítima, não têm sucesso nas vendas. Prospectores fanáticos atacam cada dia com entusiasmo — empolgados e prontos para abalar. Eles enxergam cada dia como uma nova oportunidade para realizar. Por conta disso, eles aproveitam o dia, dispensam pessoas negativas e reclamonas e se jogam na prospecção com anseio inigualável. Mesmo em dias ruins, eles vão fundo e encontram suficiente entusiasmo preservado para impulsioná-los a seguir adiante e fazer mais uma ligação.

2. *Competitivo:* Prospectores fanáticos veem a prospecção com olhos de competidor feroz. Eles são programados para vencer e vão fazer o que for preciso para ficar no topo. Eles começam cada dia preparados para vencer a batalha pela atenção dos clientes potenciais mais cobiçados e serem mais espertos e convincentes que seus concorrentes a cada instante.

3. *Confiante:* Prospectores fanáticos abordam a prospecção com confiança. Eles esperam vencer e acreditam que vão vencer. Eles desenvolveram resistência mental e habilidade de gerenciar emoções nocivas como medo, incerteza e dúvida. Eles destilam confiança e autocontrole para convencer os possíveis clientes a abrir mão de tempo e recursos para participarem de conversas sobre vendas.

4. *Implacável:* Prospectores fanáticos têm alta necessidade de realizações. Eles fazem o que for preciso para atingir seus objetivos. Eles nunca, nunca desistem, acreditando que a persistência sempre vence. Eles usam a rejeição como combustível motivacional para se erguerem e continuarem, com a crença determinada de que seu próximo "sim" está bem na esquina.

5. *Sede de conhecimento:* Prospectores fanáticos são abertos a feedback e treinamento. Eles vão atrás de toda oportunidade de aprender e investir em si mesmos, consumindo com avidez livros, podcasts, livros de áudio, posts de blogs, treinamentos online, palestras ao vivo e qualquer coisa que acreditem que vai deixá-los melhores. Eles têm uma crença inabalável de que tudo acontece por um motivo e, através dessas lentes, enxergam reveses como oportunidades para aprender e crescer.

6. *Sistemático e eficiente:* Prospectores fanáticos têm habilidade de execução quase robótica, com eficiência sistemática. Eles são talentosos em sua arte como um atleta profissional. Eles protegem as horas de ouro, congelam o tempo e concentram seu poder em se desligar de distrações e evitar interrupções. Eles desenvolvem sistematicamente sua base de dados de prospecção para elaborar listas mais eficazes e direcionadas, e abraçam com força todos os momentos de cada dia de vendas.

7. *Adaptável e flexível:* Prospectores fanáticos têm consciência apurada da situação. Por conta disso, eles são capazes de responder e se adaptar rapidamente à mudança de situações e de circunstâncias. Eles impulsionam estes três fatores "A" em sua abordagem de prospecção: adotar, adaptar, ser adepto. Eles pesquisam ativamente e adotam novas ideias e

as melhores práticas, então as adaptam por conta própria e trabalham nisso até que se tornem adeptos à execução. Prospectores fanáticos estão constantemente experimentando coisas novas e se adaptando ao mundo à sua volta — tudo o que for preciso para manter o pipeline cheio. Eles tendem a ser os primeiros a adotar novas técnicas de prospecção, tecnologias de ponta e táticas para virar o jogo.

Olhe ao seu redor. Garanto que verá que os profissionais de vendas que têm rendimentos mais altos em seu povoado, cidade, grupos de networking e empresa são prospectores fanáticos. De seguros a imóveis, de produtos industriais a softwares, de celulares a carros, de caminhões a equipamentos médicos e farmacêuticos — em cada indústria e empresa —, eles têm em comum essas maneiras de pensar.

Ao avançar na leitura deste livro, use essas sete maneiras de pensar como ponto de referência fundamental para avaliar onde você tem espaço para crescer e, mais adiante, desenvolver seu próprio modo de pensar.

3 | Chamada Fria: Fazer ou Não Fazer?

Ser ou não ser, eis a questão.

— William Shakespeare, *Hamlet*

Hoje em dia, parece que onde quer que você olhe existe algum dito especialista doutrinando que *a chamada fria está morta*. Geralmente é um mané recém-ingresso em Marketing, um vendedor 2.0 obcecado por vendas sociais com uma pauta e um interesse velado em lhe dizer que tudo o que você pensou que sabia sobre prospecção em vendas é "da velha guarda" — exceto sua visão estreita da "nova guarda". Por interesse velado, quero dizer que eles querem lhe vender aquelas promessas para encher seu pipeline sem complicações, sem rejeições e com pouco esforço.

Esse pessoal cede ao desejo de multidões de vendedores de parar com as chamadas frias. Você já viu anúncios e manchetes engessadas por toda parte: "Chamada fria nunca mais!" Compre o sistema deles e você vai se livrar do fardo de sair por aí contatando clientes potenciais.

Com esse sistema altamente secreto, você vai, com alegria e sem dor, postar em blogs e sites de mídias sociais, e clientes potenciais que já somam 70% (ou 57%, 68% ou qualquer que seja a estatística moderna hoje em dia) no processo de vendas, por conta própria, vão *ligar para você,* como que por milagre, na hora exata. Você vai atender ao telefone ou checar seu e-mail ou a caixa de entrada de mídias sociais e *bum* — negócio fechado. É fácil, eles dirão. Para que trabalhar duro se, com uma pílula mágica, você pode tão somente sentar e relaxar à espera de o telefone tocar?

Bem-vindo à Ilha da Fantasia.

Do mesmo modo, há especialistas que se arrogam reis e rainhas da chamada fria. Eles anunciam em alto e bom som que a chamada fria é a verdadeira chave para a prospecção de sucesso e oferecem fórmulas secretas que, dizem, vão eliminar a rejeição, tirar o fôlego de seus clientes potenciais quando você ligar e garantir o seu sucesso.

Parece uma versão distorcida da profissão de vendas, em uma peça Shakespeariana: *chamada fria: fazer ou não fazer*.

Dá um tempo!

A Nobre Arte de Interromper

Os gurus e líderes de opinião discutem se fazem ou não a chamada fria. Mas o alarde deles é, na verdade, um argumento fraco, focado na semântica de estágios — frio, morno, fumegante, quente, pelando — e centrado sobretudo em como evitar ter de fazer uma ligação para um cliente de novo.

Este é o motivo por que vou lhe dizer a verdade — a *verdade verdadeira,* que todos esses chamados especialistas continuam a ignorar e que não tem nada a ver com a chamada fria.

O negócio é o seguinte.

Se você quiser ter sucesso constante em sua carreira de vendedor e maximizar seus rendimentos, então você tem de interromper os clientes potenciais. Você tem que pegar o telefone, andar de porta em porta, mandar um e-mail ou mensagem de texto, ou pingar uma oferta no LinkedIn, Twitter, Google+ ou Facebook, e interromper alguém que não espera que você entre em contato (isto é, você não tem hora marcada ou eles não estão esperando que você ligue ou escreva) e também não esteja atualmente envolvido em uma conversa sobre vendas.

Você pode discutir os estágios: morno, quente, frio, tanto faz. Poderia ser um cliente potencial que preencheria um de seus formulários virtuais ou que baixaria seu artigo técnico mais atual. Talvez eles tenham acabado de se conectar com você online. Poderia ser um antigo cliente que você esteja tentando reativar ou um cliente potencial em sua base de dados definida, ou um novo negócio que você parou para considerar, ou um cliente potencial que conheceu em uma feira comercial.

Independentemente da circunstância, o simples fato ainda é que você está interrompendo o dia deles para falar sobre algo que quer que ouçam, façam ou comprem, e você não marcou hora com eles para ter essa conversa.

Isso é o que se perde com todo esse ruído inútil sobre a chamada fria estar morta. Todas as pessoas pretensiosas que prometem uma saída fácil se você apenas se juntar ao pequeno culto delas ignoram o motivo real de que prospectar é bem difícil, não importa como você escolha fazê-lo. A questão *nunca* foi o nível da ligação; *sempre* foi a disposição por parte do vendedor de interromper.

O que, aliás, é o motivo de a maioria dos representantes de vendas protestar tão alto e fazer qualquer coisa para evitar fazer uma chamada. É muito mais fácil falar com alguém que está ligando para você.

O problema é que a maioria das empresas não consegue criar indicações com qualidade suficiente para manter o pipeline cheio. E por falar nisso, os representantes que trabalham para empresas que geram indicações suficientes para manter os telefones tocando estão fazendo bem menos que profissionais de vendas que estão saindo por aí e interrompendo clientes potenciais a fim de criar oportunidades.

Exemplo: tenho um cliente que gasta US$1,2 milhão por mês para gerar indicações para seu time de captação de vendas. Ainda não é o bastante. Esses representantes ficam ociosos a maior parte do tempo. A única maneira de eles atingirem suas metas é fazer chamadas de saída direcionadas.

Outro cliente tem um processo robusto de marketing de atração e vendas sociais que gera um fluxo uniforme de indicações. No entanto, os maiores e mais lucrativos clientes potenciais em seu mercado, aqueles a quem é preciso vender para atingir as metas, raramente respondem a marketing de atração ou a esforços de vendas sociais. Eles não têm motivo algum para agir assim. Suas contas são muito lucrativas, há sempre uma longa fila de vendedores batendo na porta. A única maneira de começar uma conversa sobre vendas com esses clientes potenciais altamente valiosos é interrompendo-os.

Pare de Buscar a Saída Fácil e Comece a Interromper e a Se Conectar

É difícil e constrangedor interromper o dia das pessoas.

Você não pode controlar a resposta delas. O desconhecido nos deixa vulneráveis. E dá medo.

A reação inicial de seu cliente potencial ao ser interrompido, em geral através de uma dispensa ou resposta por reflexo em um tom de voz não muito amigável, parece uma rejeição. Como ser humano, é natural detestar rejeição; somos criaturas sociais que, no fundo, querem ser aceitas.

Essas são as principais razões para os vendedores medíocres gastarem uma quantidade exorbitante de tempo inventando desculpas para não prospectar em vez de simplesmente fazê-lo.

No ano passado, um dos meus clientes quis organizar uma equipe de prospecção para ligar e reativar clientes inativos. Eles contrataram alguns representantes jovens e inexperientes para fazer as ligações.

Ao treiná-los, observei que os representantes eram obcecados pelo desconhecido, os "e se" das chamadas "quentes" altamente qualificadas. Eles queriam ter certeza de que tinham tudo alinhado antes mesmo de pegar no telefone. Hesitavam e sofriam, planejando o planejamento de planejar a ligação.

Mas não eram ligações para estranhos. Estávamos ligando para pessoas que tinham feito negócio com a empresa no passado. Havia uma história aí. Na verdade, as ligações eram lembretes cordiais. Ainda assim, os dois representantes demonstraram exatamente a mesma ansiedade que observei em representantes fazendo ligações para completos estranhos — falando em graus, prospecções muito frias.

Então, fiz uma demonstração agarrando a lista, pegando o telefone e discando números. Os fregueses que atenderam ao telefone foram receptivos e, em vez de ficarem inicialmente irritados por serem interrompidos, reservaram um tempo para conversar comigo sobre a próxima janela de compras. Depois de 25 ligações, três desses antigos fregueses sinalizaram que estavam prontos para comprar de novo.

Depois que os representantes aprenderam como interromper esses fregueses inativos e iniciar conversas sobre vendas, eles tiveram um sucesso fenomenal, produzindo de maneira contínua, em equipe, US$100.000 por semana de vendas. Essa, aliás, passou a ser a iniciativa de novas vendas de maior sucesso do ano, e eles expandiram a equipe ativa e, agora, estão atacando a base de dados inteira.

Observo vendedores demonstrando esse mesmo padrão de comportamento com prospecções quentes (que foram geradas com esforços de marketing de atração, recomendações ou feiras comerciais, e são extremamente receptivas). Vejo o padrão até mesmo quando fregueses atuais são chamados para oportunidades de vendas cruzadas. Esses vendedores sofrem, procrastinam e ficam olhando para o telefone, com medo de pegá-lo.

Alguns meses atrás eu estava trabalhando com um grupo de agentes de seguro de uma das empresas mais conhecidas do mercado. Eles receberam a tarefa de ligar para uma lista de clientes que já estavam fazendo negócios com a agência. O objetivo era simples: marcar um encontro com o cliente para revisar sua cobertura e assegurar-se de que não havia lacunas. O objetivo do encontro era encontrar oportunidades de fazer vendas cruzadas de produtos financeiros adicionais que fizessem sentido.

Essa era uma ligação de baixo impacto para um cliente atual. A abordagem era simples:

"Oi, Roger, aqui é o Jeb, da agência XYZ. O motivo pelo qual estou ligando é que, revisando suas coberturas atuais, percebi que você fez seguro de carro e de casa conosco, mas não temos uma apólice guarda-chuva preparada para você. Gostaria de marcar uma reunião rápida com você para revisar sua situação atual e identificar quaisquer lacunas na cobertura que poderiam gerar risco para você e sua família. Que tal na quinta-feira de manhã às 11h?"

Ainda assim, os agentes chegaram com todo tipo de desculpa exposta neste livro para não fazer as ligações. Um até reclamou comigo que "ele não 'aceitou participar' de chamada fria". Expliquei, educadamente, que ligar para um cliente atual — alguém que já está fazendo negócios com você, que lhe é familiar e mais provável de aceitar a ligação — estava tão longe de ser uma chamada fria quanto Perth, na Austrália, é longe de Nova York.

Apenas com Medo de Fazer a Chamada — Não Chamada Fria

Hoje em dia, a maioria das pessoas, incluindo os especialistas e o agente de seguros que mencionei acima, não tem a menor ideia do que uma chamada fria realmente é. Eles pensam que qualquer ligação ou visita é uma chamada fria.

Eles transformaram o medo e a ansiedade que sentem em interromper clientes potenciais em um bicho de sete cabeças e puseram nele o rótulo de "chamada fria". Isso forneceu a desculpa perfeita para esperar sentado pelos clientes em vez de interrompê-los e, claro, reclamar por não ter ligações suficientes.

Não é a chamada "fria" que é difícil; é a interrupção. Representantes estão apenas com medo de fazer a ligação, não da chamada fria.

Agora, com certeza, alguns clientes potenciais serão mais receptivos que outros. Vai ser mais fácil conversar com um cliente que preencheu seu formulário virtual do que com um que você está contatando sem compromisso. Um cliente potencial que conhece seu nome por meio das mídias sociais talvez se envolva mais do que um que você encontrou pelo alerta do Google e contatou por meio da central telefônica. É mais provável que um cliente potencial cujo contrato com um concorrente seu esteja terminando entre em uma conversa do que um cliente que acabou de assinar um novo contrato. Se está ligando para um cliente antigo, é provável que você seja mais bem recebido por ele do que por um cliente potencial que nunca comprou de você ou de sua empresa.

Interromper o dia de seu cliente potencial é um alicerce fundamental para pipelines de venda robustos. Não importa sua abordagem de prospecção: se você não fizer interrupções constantes, seu pipeline vai ficar anêmico.

Então, a questão não é fazer ou não as chamadas frias.

Ao contrário, a questão é como equilibrar a prospecção de maneira estratégica, através de canais variados de prospecção, para lhe dar uma vantagem competitiva ao interromper clientes potenciais em um mercado acirrado e concorrido.

4 | Adote uma Metodologia Equilibrada de Prospecção

Pessoas pobres escolhem o imediato. Pessoas ricas escolhem o equilíbrio.
— T. Harv Eker, *Os Segredos da Mente Milionária*

"Mas, Jeb", disse Janice, enfaticamente, "eu sou muito melhor em pessoa!"

Isso era algo que eu ouvia centenas de vezes de vendedores, rápidos em me dizer que se saíam muito melhor em um tipo de prospecção que no outro.

A desculpa do "Eu sou muito melhor em…" é só isso: uma desculpa para evitar outras técnicas de prospecção que vendedores acham intragáveis. Com frequência, é uma desculpa para evitar prospecção por telefone.

O pipeline sempre revela a verdade. Vendedores que gravitam em uma única metodologia de prospecção subotimizam seriamente a própria produtividade.

Posso garantir que, quando as palavras "Mas você não entende, eu sou muito melhor em..." saem da boca de um vendedor em resposta a uma técnica de prospecção que eu acabei de apresentar, esse vendedor está abaixo do desempenho de suas metas e negando a si mesmo milhares de dólares em comissão.

A Falácia de Colocar Todos os Ovos em uma Cesta Só

Imagine que um amigo venha até você procurando conselhos sobre investimento para aposentadoria. Ele explica que foi a uma palestra sobre finanças em que um "guru" dos investimentos apresentou uma "ação garantida". O guru o aconselhou a investir imediatamente todas suas economias nessa ação. O que você diria a seu amigo?

Se você fosse um bom amigo, ficaria incrédulo. "Investir seu dinheiro em uma ação só é burrice. Você vai perder seu dinheiro da aposentadoria!"

"Mas o cara diz que esse investimento é uma coisa certa", responde seu amigo enfaticamente. "Ele diz que posso ganhar uma tonelada de dinheiro!"

Você pega seu amigo pela gola e o sacode. "Está brincando comigo? Você é idiota? Não há certezas em investimento. É por isso que pessoas sensatas fazem um negócio chamado diversificação: elas repartem o dinheiro em múltiplos investimentos para reduzir o risco. Esse cara está de conversa fiada com você. Se seguir esse conselho, você está buscando um desastre financeiro."

Em vendas, depender constantemente de uma única metodologia de prospecção (em geral, aquela que você sente que está criando a menor soma de resistência e rejeição) às custas de outras gera resultados medíocres com consistência. No entanto, equilibrar seu regime de prospecção com base em seu talento, produto, empresa, território e prevalência neste território lhe dá uma vantagem estatística que quase sempre leva a um desempenho e a uma renda maior em longo prazo.

Nada diferente do que ocorre com investimentos, há um especialista ou, por assim dizer, guru de vendas em cada esquina anunciando aos vendedores que seu próprio método é o único caminho para a salvação da prospecção. Eles empurram prospecção por telefone, por e-mail, vendas sociais, feiras comerciais, recomendações, networking ou marketing de atração como o único caminho certo, enquanto menosprezam todas as outras formas, em geral, rotulando de "chamada fria" as formas de que não gostam, para criar a saída definitiva. "Faça do meu jeito", eles lhe dizem, "e vai conseguir indicações ótimas e ilimitadas. Tudo por apenas US$999!".

Essas promessas e suas próprias justificativas de que "sou muito melhor em..." soam bem em uma palestra, em um livro, em um webinar, em um artigo e na sua própria cabeça. Mas no mundo real, em que vendedores reais têm de se dedicar de verdade aos clientes potenciais, fechar um número, sustentar famílias, pagar hipotecas e comprar comida, raramente isso funciona em longo prazo.

Evite a Loucura da Solução Única

Pense em mim como seu amigo pegando-o pela gola e sacudindo-o de volta para a realidade. Colocar todas as suas apostas de prospecção em um único lugar é burrice. É suicídio profissional. Usar a desculpa do "Eu sou melhor em..." para fugir de técnicas de prospecção de que você não gosta é uma visão limitada.

A base de uma estratégia de prospecção vencedora é o equilíbrio.

Os melhores vendedores dominaram a prospecção equilibrada da mesma maneira que pessoas ricas dominaram seus portfólios de investimento. Equilíbrio significa simplesmente que, para obter o melhor retorno do tempo investido em prospectar, deveria haver um misto de prospecção por telefone, pessoalmente, e-mail, venda social, mensagens de texto, referências, networking, indicações internas, feiras comerciais e chamadas frias. A distribuição relativa do investimento de seu tempo em cada metodologia de prospecção deveria ser baseada em sua situação particular.

Não existe fórmula única para a prospecção equilibrada. Cada território, empresa, produto, serviço e base de clientes é diferente. Assim como as demandas do plano de vendas, direcionadores econômicos e a estratégia e direção do negócio: todos eles certamente mudarão com o tempo. Também é importante ter uma noção clara de onde você está em relação a seus objetivos, porque isso também pode determinar a mistura adequada dos canais de prospecção.

Por exemplo, em algumas empresas ou com certos produtos ou serviços, se você passar a maior parte do tempo fazendo chamadas frias em vez de networking profissional, vai fracassar. Em outras, se você não prospectar pessoalmente, vai ter uma morte rápida e dolorosa. Em alguns mercados verticalizados, referências são tudo e, em outros, feiras comerciais fornecem os clientes potenciais de maior qualidade.

Vendas sociais podem ser um direcionador essencial em uma empresa de consultoria, enquanto marketing de atração poderá ter um peso maior com certos produtos de informática. Se você trabalha para uma empresa grande, talvez tenha uma base de dados de potenciais clientes já pronta, e o uso de telefone e e-mail podem ser os canais mais eficientes para abrir as portas. Se você trabalha para uma empresa pequena ou uma startup, você vai precisar equilibrar suas prospecções para construir sua base de dados com oportunidades de longo prazo e encher o pipeline com negócios que puder fechar imediatamente.

A chave é desenvolver seu regime de prospecção com base no que funciona melhor para sua empresa e para seu produto, serviço, complexidade do negócio, base de clientes e estabilidade. Em alguns casos, pode ser inclusive um mercado ou localização geográfica específica. Por exemplo, em códigos postais de alta densidade, como Manhattan ou o centro de Chicago, talvez você seja mais eficiente e efetivo prospectando pessoalmente do que por telefone.

Do mesmo modo, estabilidade em seu território é importante. Se você é novo em vendas, novo na empresa ou acabou de assumir um território novo, seu equilíbrio em técnicas de prospecção vai ter de ser diferente daquele de um representante estável que está no mesmo território há anos.

Na verdade, essa é a maneira como muitos novatos entram em uma bela encrenca. Eles veem o Joe, com 20 anos de experiência, gerando milhões de dólares por mês com aparentemente pouco esforço. Então, eles imitam esse comportamento. A caminho do próprio fracasso, eles se esquecem do fato de que Joe passou anos aprimorando sua base de dados e, agora, ele está sintonizado nas janelas de vendas de seus clientes em potencial e sabe exatamente como abordá-los. Os novatos não conseguem entender que o sucesso de Joe foi pago antecipadamente com anos de prospecção fanática.

Se você é novato no seu território, empresa ou indústria, você precisa estar preparado para pegar o telefone e fazer várias ligações, ou ir para as ruas e bater em várias portas. Talvez você tenha que fazer uma boa quantidade de chamadas frias e construir sua base de dados. Por outro lado, se está em seu território ou indústria há anos, é provável que a chamada fria se torne uma parte menor de seu equilíbrio em prospecção, enquanto referências, vendas sociais, indicações e ligações oportunas para clientes potenciais que estão entrando na janela de vendas vão se tornar seu foco principal.

Olhe à sua volta. Descubra o que os melhores vendedores em sua organização estão fazendo para gerar prospecções de qualidade. Então, faça o que eles fazem. Os profissionais de vendas que estão levando para casa os cheques gordos de comissão conhecem a fórmula. Mas tome cuidado. Se você vende para negócios pequenos e intermediários e adota o mesmo regime de prospecção que os diretores de contas regionais ou gerentes de contas em empresas, provavelmente vai fracassar.

Acertar uma abordagem balanceada com prospecção é a maneira mais efetiva de encher seu pipeline de vendas, não importa seu produto ou serviço. Com poucas exceções, a combinação de técnicas múltiplas e canais é o caminho mais efetivo para construir um pipeline vencedor.

5 | Quanto Mais Você Prospectar, Mais Sortudo Vai Ficar

Falta de ação produz dúvida e medo. Ação produz confiança e coragem. Se quer vencer o medo, não fique sentado em casa pensando nele. Saia e ocupe-se.

— Dale Carnegie

O dever implacável e diário para todo vendedor é manter o pipeline cheio de potenciais clientes de qualidade.

Os melhores profissionais de vendas passam cerca de 80% do próprio tempo em atividades de prospecção e qualificação por um motivo importante: eles querem rebater com frequência e montar uma sequência consistente de jogadas simples, duplas, triplas e alguns *home runs*.

Há três leis fundamentais da prospecção que, quando atendidas, vão assegurar que você tenha um fluxo estável de clientes em potencial dentro do pipeline:

1. A Lei Universal da Necessidade
2. A Regra dos 30 Dias
3. A Lei da Substituição

Neste capítulo abordamos as implicações dessas leis universais para o sucesso nas vendas. Você também vai aprender por que ignorar essas leis faz as vendas desabarem e como superar uma queda se você se encontrar em uma.

A Lei Universal da Necessidade

É quando os pipelines estão vazios que os vendedores se veem cara a cara com a Lei Universal da Necessidade. A Lei Universal da Necessidade governa o desespero. Ela afirma que quanto mais você precisa de algo, menos provável será consegui-la. Essa lei entra em cena nas vendas quando a falta de atividade deixou seu pipeline reduzido.

Quando toda a sua esperança de sobrevivência está em um ou dois contatos, ou até mesmo em um punhado deles, a probabilidade de fracasso cresce exponencialmente.

Considere Jerry. Sua prospecção é, no máximo, inconsistente. Vários negócios com os quais ele estava contando e que colocou em suas estimativas tiveram decisões adiadas para o trimestre seguinte ou foram perdidos para um concorrente. Por conta disso, ele tinha somente um grupo de oportunidades viáveis restantes no pipeline. Agora, com o iminente fim do trimestre, Jerry está sob imensa pressão. Ele precisa, desesperadamente, fechar um desses negócios. À medida que Jerry fica mais desesperado para fechar não importa o que, ele se vê cara a cara com uma realidade cruel: o desespero maximiza e acelera o fracasso, e praticamente garante que ele não vai fechar os negócios de que precisa para sobreviver.

Há vários motivos pelos quais o desespero aumenta a probabilidade de que Jerry fracasse quando mais precisa ter sucesso. O primeiro é que o desespero toca no lado negativo da Lei da Atração, que afirma que é mais provável conseguir algo quando se está focado. Quando está desesperado, você não foca mais seus pensamentos no que o sucesso exige. Em vez disso, você foca no que vai acontecer se você não conseguir aquilo de que precisa, atraindo, assim, o fracasso.

O próximo problema da necessidade desesperada é que as outras pessoas são capazes de sentir seu desespero. Por meio de suas atitudes, tom de voz, palavras e linguagem corporal, você envia uma mensagem de fraqueza. Clientes potenciais e consumidores repelem naturalmente vendedores carentes e patéticos. Em vez disso, eles rodeiam profissionais de vendas que exalam confiança. Quando você fede ao odor imundo do desespero, as pessoas não querem fazer negócios com você.

Por fim, quando você está desesperado, você fica emotivo e age de maneira ilógica, o que faz com que tome decisões equivocadas. Essas decisões exacerbam uma situação que já é ruim, deixando-o estressado, infeliz, cavando um buraco ainda mais fundo.

Ao contrário de Jerry, Sandra está constantemente prospectando, fazendo networking, adquirindo referências e movimentando seus contatos de maneira sistemática para o pipeline. Seu trabalho duro resultou em mais de 30 oportunidades.

Todas elas vão dar certo? Não necessariamente. No entanto, Sandra sente pouca pressão. Ela está constantemente substituindo os clientes em potencial que saem do pipeline e, como resultado, suas vendas têm sido regulares, previsíveis e direcionadas. Ela sabe exatamente o que vai fechar amanhã, na semana seguinte e no mês seguinte, e conquistou a confiança de seu gerente de vendas porque mantém as promessas que prevê.

Sob pouca pressão, ela recebe um tremendo incentivo quando vários contatos em seu pipeline, que eram improváveis, acabam fechando negócio. Ela ultrapassa sua cota e recebe um bônus imenso. Sandra não precisava desse adicional, mas, por ter sido disciplinada em sua atividade, ele lhe foi entregue de bandeja.

A Regra dos 30 Dias

"Ei, Jeb, tem um minuto?" A voz do outro lado da linha era familiar.

"Claro, Greg, o que há?" Greg é um profissional de vendas que mora na minha cidade. Nós nos conhecemos há anos.

"Tem um minuto para conversarmos?"

Eu estava preso na I-285 em Atlanta, engarrafada como um estacionamento e não tinha aonde ir, então Greg começou a me contar a história dele. Ele explicou que, por algum motivo, nenhum negócio em que trabalhava estava fechando. Ele estava ficando frustrado, sentindo que estava sendo passado para trás e procurando dicas que o ajudassem a conseguir fechar alguns negócios. Era início de março, e ele estava preocupado porque ia fechar um trimestre ruim. Quedas podem colocar por terra a confiança e criar uma sensação de desespero.

"Greg", perguntei, "por acaso você está ligando várias vezes para os mesmos clientes potenciais? E eles são os mesmos com quem você estava tentando fechar em fevereiro?".

"Sim. Eles continuam me dispensando. Estava me perguntando se você tem algumas técnicas de fechar negócio ou algo que eu possa dizer para fazer com que eles concordem."

"Greg, esta pergunta vai soar estranha, então ouça bem. Você trabalhou muito em dezembro?"

"Bem, tinha muita coisa acontecendo em dezembro e eu não tive tanto tempo quanto esperava. Também tiramos algumas semanas de folga no fim do ano. Você sabe como fica quando chegam as festas."

"Então você não estava fazendo muita prospecção como costuma fazer?"

Houve silêncio do outro lado da linha. "Ah, droga, Jeb — a Regra dos 30 Dias! Eu nem me dei conta."

Greg não tinha um problema de fechamento; ele tinha um problema de prospecção. Ele parou de prospectar em dezembro e as consequências apareceram em março. No entanto, por conta de sua atividade ter tido um intervalo em dezembro, ele não conectou imediatamente o fato com sua queda em março. Para ele, parecia uma questão de fechamento. Por ter tratado sua queda como uma questão de técnica de fechamento, em vez de uma questão de prospecção, ele continuou a ligar várias e várias vezes para potenciais clientes antigos e inoperantes, sem a disposição de admitir mentalmente que aqueles negócios jamais fechariam.

Foi aí que ele começou a cavar um buraco ainda mais fundo. A ironia era que, como sua frustração por não fechar negócios crescia, ele também parou de prospectar. Em vez disso, ele ligou várias e várias vezes para os mesmos clientes potenciais, mentindo para si mesmo que isso era uma atividade de prospecção.

Essa espiral da morte é comum e acontece com os melhores vendedores. Vamos cair na real: é duro encontrar energia e motivação para começar a prospectar quando você se sente um perdedor.

À medida que esse ciclo continuava, Greg deixou de substituir clientes potenciais estagnados por novas oportunidades, ficou mais desesperado, sofreu uma queda e começou a procurar uma solução mágica que resolveria o problema. Foi quando ele me ligou procurando por técnicas de fechamento supersecretas que o salvariam.

Em dezembro, Greg parou de prospectar porque foi fácil se distrair durante as festas com coisas mais divertidas do que fazer prospecções. Noventa dias depois, o pipeline estava embolorado e estagnado. É o que acontece quando você ignora a Regra dos 30 Dias.

A Regra dos 30 Dias está quase sempre em ação nas vendas B2B e B2C de alta qualidade. Em vendas transacionais de ciclos mais curtos, a Regra dos 30 Dias pode se tornar a "Regra de Uma Semana", mas o conceito permanece o mesmo.

A Regra dos 30 Dias afirma que a prospecção que você faz nesse período de 30 dias vai gerar resultado nos 90 dias seguintes. É uma regra universal simples, mas poderosa, que rege as vendas, e você a ignora por sua conta e risco. Ao internalizar essa regra, ela vai orientá-lo a nunca deixar a prospecção para outro dia.

A consequência da Regra dos 30 Dias é simples. Perca um dia de prospecção e suas consequências vão aparecer em algum momento dos 90 dias seguintes. Perca uma semana e você vai sentir a perda no seu cheque de comissão. Perca o mês inteiro e vai afundar seu pipeline, sofrer uma queda e acordar desesperado 90 dias depois, sentindo-se um perdedor e sem ideia de como chegou a esse ponto.

A Lei da Substituição

Rick sentou-se em frente a seu VP de vendas. Ele tinha feito altas promessas no início do mês em seu planejamento, prevendo um mês recorde. Agora ele estava se desculpando por um erro monumental. Ele tentou explicar como as vendas com as quais eles estavam contando não se materializaram por esse ou aquele motivo. Em seu desespero, ele ressaltou que, nos dois meses anteriores, sua equipe entregou além do previsto. Suas desculpas caíram em ouvidos de mercador.

Rick veio até mim buscando respostas. "Minha equipe me decepcionou, e não posso deixar isso acontecer de novo. A única coisa que meus VPs esperam é que fechemos a previsão. Como evito que minha equipe me derrube no futuro?"

Pedi a Rick que me explicasse a atividade de sua equipe nos meses desde que ele assumiu como gerente de vendas. Ele explicou que, logo que começou a trabalhar com a equipe, o pipeline estava fraco. Ele pressionou a equipe com força para que fizesse prospecções e o enchesse de oportunidades.

"E funcionou!", disse ele com ênfase. "Dois meses atrás tivemos o melhor mês em dois anos. O mês seguinte foi ainda melhor. Não entendo o que aconteceu este mês. É como se todo mundo tivesse desistido."

"Rick, nesses dois meses fartos, seus vendedores estavam prospectando com a mesma intensidade de quando você os pressionava a encher o pipeline?", perguntei.

"Não, quando vimos que estávamos cheios de oportunidades, saímos dele e começamos a fechar negócios."

"Certo, então como lhe parece seu pipeline para o próximo mês?" "Bem, isso é outra coisa que tive de explicar para meu VP. Estivemos tão ocupados trabalhando em fechar negócios que o deixamos fraco de novo."

Problema identificado.

Tive de dar a Rick a notícia bombástica de que seus vendedores não estavam desistindo dele. Em vez disso, ele deixou sua equipe entrar na clássica montanha-russa das vendas, porque falhou em acatar a Lei da Substituição.

Aqui está uma pergunta de matemática: Becky tem 30 prospecções em seu pipeline. Sua porcentagem de fechamento é de 10%. Ela fecha um negócio. Quantas prospecções restam?

A maioria das pessoas responde 29.

A resposta certa é 20.

Então, por que 20? Aqui está a conta. Becky tem uma probabilidade em dez de fechar um negócio. Isso significa que, em média, ela vai fechar somente um negócio de cada dez prospecções que colocar no pipeline. O resultado líquido vem quando ela fecha um negócio, os outros nove não são mais prospecções viáveis. Isso quer dizer que seu funil terá uma redução de dez prospecções em vez de uma. Agora ela precisa substituir essas dez prospecções para manter seu pipeline cheio.

A Lei da Substituição pode ser um conceito difícil de entender porque é uma fórmula estatística. De fato, você pode discutir como poderíamos saber que os outros nove clientes em potencial não vão fechar. Saber, no entanto, é perder o foco. Estamos falando sobre probabilidades estatísticas com base na proporção média de fechamento de Becky. Estatísticos nos afirmam que, no longo prazo, ela precisa substituir essas prospecções para manter seu pipeline equilibrado e cheio.

A Lei da Substituição é um conceito fundamental para internalizar, porque deixar de acatar essa lei é o motivo de os vendedores entrarem *e* permanecerem em montanhas-russas. Sobe e desce. Sobe e desce. Até que um dia eles descem tanto que não conseguem subir de novo.

A lição que a Lei da Substituição ensina é que você deve constantemente colocar novas oportunidades no pipeline para substituir as que vão se perder naturalmente. E você precisa fazer isso em uma taxa que iguale ou exceda sua proporção de fechamento. É quando a mentalidade de prospecção fanática realmente começa a valer a pena.

A Anatomia de uma Baixa nas Vendas

Noventa e nove por cento das baixas em vendas podem estar diretamente ligadas ao fracasso na prospecção. A anatomia de uma baixa nas vendas se parece um pouco com isto:

Tive uma baixa feia no início de minha carreira em vendas. No trimestre anterior, havia fechado uma tonelada de novos negócios e me permiti ficar em dia com o trabalho administrativo exigido para organizar esses novos clientes.

A verdade é que peguei a saída mais fácil e justifiquei minha falta de prospecção com trabalho administrativo. Noventa dias depois despertei para um novo trimestre e para um gerente de vendas pedindo que colocasse minhas vendas de novo nos eixos. Foi minha experiência pessoal com a realidade brutal de que, em vendas, não importa o que você vendeu, mas o que você vendeu hoje.

Meu gerente de vendas me puxou de lado e me explicou a Regra dos 30 Dias. Ele salientou que minha situação era precária. Meu pipeline esquelético era a prova dessa triste situação. Ele me deu um conselho bem enérgico: "Pegue o telefone e comece a ligar."

Na verdade, eu estava deprimido, com raiva e cheio de desculpas. Me sentia um completo perdedor. Mas aceitei o conselho dele e comecei a prospectar. Essa tomada de atitude para salvar minha pele por si só estimulou meus ânimos.

No início, entretanto, eu não sentia que estava fazendo progresso algum: quando está desesperado, você tenta fazer o mundo se adaptar a seus prazos descabidos. Eu sentia que estava apenas me deixando levar e afundando mais na areia movediça, porque, na verdade, não estava vendendo nada. Mas cada dia de ligações acrescentava oportunidades ao meu pipeline.

Eu me segurei nisso e, no fim do trimestre, de forma milagrosa, era o representante de vendas número um na minha região. O impacto da prospecção diária em meu desempenho naquele trimestre — de perdedor a campeão em apenas três meses — deixou uma impressão indelével em mim. Foi uma lição que não tive que aprender de novo.

Mais cedo ou mais tarde, todos nós baixamos a guarda e nos encontramos em uma desesperadora necessidade de fazer uma venda. O impacto cumulativo de nossas decisões precárias, procrastinação, medos, falta de foco, e inclusive preguiça, se somam e, de repente, estamos lutando desesperadamente para sobreviver.

Você pode se recuperar, mas, primeiro, precisa saber onde está a culpa de sua crise. Sabe, com frequência, quando nos encontramos em situações desesperadoras, cedemos à natureza humana e culpamos tudo e todos por nossa condição, com exceção, é claro, de nós mesmos. Mas a Lei Universal da Necessidade não pune os outros. Ela pune você mesmo por suas falhas em executar as ordens diárias exigidas para o sucesso. Uma vez que você se olha no espelho, aceita a própria culpa e assume a responsabilidade, você tem chance de mudar seu futuro.

A Primeira Regra das Baixas nas Vendas

A primeira regra dos buracos é: quando estiver em um, pare de cavar, e a primeira regra da baixa nas vendas é: quando estiver em uma, comece a prospectar. A única solução real para se livrar de uma baixa nas vendas é voltar à ativa e começar a se mexer.

Quando se encontrar em uma baixa, respire, tome consciência de que suas emoções negativas só estão piorando as coisas e comprometa-se a prospectar todos os dias. Faça o que for preciso para manter sua mente focada em prospectar e se comprometer com metas diárias.

Não gaste nem um instante pensando no que poderá acontecer com você se não conseguir o que precisa. Preocupação não vai mudar o futuro. Além disso, não fique preso ao arrependimento do que você não foi capaz de fazer. Seu futuro não está em seu passado.

Em vez disso, coloque toda a sua energia, emoção e esforço em ações que você pode controlar. Sucesso em vendas é uma simples equação de atividade diária, semanal, mensal, trimestral e anual. Em outras palavras, você está no controle de seu futuro. Mesmo em uma situação desesperadora, se você voltar ao básico e se focar logo na atividade certa, os resultados virão. Geralmente vai levar cerca de 30 dias de atividade diária empenhada para voltar aos eixos.

Uma de minhas citações favoritas é de Arnold Palmer: "Quanto mais eu pratico, mais sortudo fico."

Há uma singularidade paralela em vendas: quanto mais você prospectar, mais sortudo vai ficar.

Prática, experiência e técnica fazem de você um prospector melhor? É claro. No entanto, é muito mais importante que você prospecte com mais consistência do que usando as melhores técnicas. Quando você prospecta com consistência, e isso quer dizer todos os dias, coisas maravilhosas acontecem. O impacto cumulativo da prospecção diária é enorme. Você começa a se conectar com as pessoas certas, nas contas certas e no momento certo. De repente, oportunidades caem do nada em seu colo (minha equipe da Sales Gravy chama esse fenômeno de "Os Deuses das Vendas").

A maioria dos vendedores nunca tem sorte porque faz apenas o mínimo de prospecções exigidas para passar raspando; e quando eles começam a prospectar (em geral, no auge do desespero), esperam milagres instantâneos. Quando esses milagres não acontecem, eles reclamam que prospectar não funciona e rastejam de volta ao conforto quentinho da mediocridade.

Você não pode fazer ligações de prospecção em um único dia e esperar milagres; não mais do que poderia esperar ir ao campo de golfe uma única vez e achar que pode vencer um torneio. É preciso compromisso constante e disciplina ao longo do tempo — um pouquinho todos os dias.

Então, pegue os telefones, bata nas portas, mande e-mails e mensagens de texto, incremente o LinkedIn, peça referências, vá a eventos, faça networking e fale com estranhos. Seja fanático. Não deixe nada nem ninguém parar você.

Quanto mais você prospectar, mais sortudo será.

6 | Conheça Seus Números

Controlando Suas Taxas

Tudo ao seu redor é matemática. Tudo ao seu redor são números.

— Shakuntala Devi

Há pessoas que vão dizer a você que vendas não são um jogo de números. Essa afirmação com frequência vem seguida de "esse pensamento é da velha guarda" ou de algo que ouvi mais recentemente: "Pensar em vendas como um jogo de números é burrice."

Bem, burrice é ser burro.

Vendas são e sempre foram governadas por números porque, em vendas, a fórmula para o sucesso é uma simples fórmula matemática: o que (qualidade) você coloca no pipeline e quanto (quantidade) determina o que você tira do pipeline.

Números, ou o "quanto", são a ciência das vendas. O "que" — o tamanho dos potenciais clientes, sua qualidade, seu nível de qualificação, a profundidade de sua entrada e relações com quem tomadores de decisão, influenciadores e *coaches* — é um pouco de ciência e um pouco de arte.

Atletas de Elite Conhecem os Próprios Números

Pare por um momento e pense em seu atleta profissional favorito. Se pudéssemos conversar com essa pessoa e pedir que nos falasse sobre suas informações de performance mais recentes, qual a probabilidade que eles conseguissem recitar uma ladainha de estatísticas detalhadas de sua performance?

Garanto que seria 100 por cento. Sei disso porque atletas de elite conhecem seus números, porque todo o seu foco como concorrentes é chegar à sua performance de pico. Conhecer os números lhes dá os dados que precisam para avaliar como estão se saindo a qualquer momento e, ainda mais importante, onde fazer ajustes.

Com vendas não é diferente. Vendedores de elite, assim como atletas de elite, anotam tudo. Você nunca vai chegar à performance de pico até conhecer seus números e usá-los para fazer correções direcionais.

A qualquer momento, você deve saber quantas ligações, contatos, e-mails, respostas, agendamento de reuniões e vendas você fez. Você deve anotar atividades de prospecções sociais em sites como LinkedIn, mensagens de texto enviadas, e mesmo sinais de fumaça (se isso for relevante). Você deve mensurar quantos novos clientes ou novos pontos de informação reuniu sobre clientes existentes que acrescentou à sua base de dados.

Uma vez que estiver anotando seus números com consistência, a porta está aberta para uma avaliação honesta tanto da eficiência quanto da eficácia de suas atividades de vendas.

- Eficiência é quanta atividade você está gerando no bloco de tempo estipulado para uma atividade de prospecção em particular.
- Eficácia é a razão entre a atividade e o resultado.

Sua orientação é otimizar o equilíbrio entre as duas e maximizar o resultado.

Eficiência + Eficácia = Desempenho

(E + E = D)

Por exemplo, você pode ser altamente eficiente em fazer ligações de prospecção por telefone. Você é capaz de ir fundo e fazer 100 ligações em uma hora. Mas se essas 100 ligações não resultarem em nenhuma informação nova, nenhum compromisso marcado ou compromissos com prospecções e baixo potencial (PBPs), então você não é efetivo e, basicamente, perdeu seu tempo.

Por outro lado, você pode fazer dez chamadas no mesmo período, marcando um compromisso com um cliente potencial altamente qualificado e atualizando dois registros em sua base de dados. Você seria mais eficaz que no cenário anterior, mas extremamente ineficiente, porque perdeu muito tempo e subotimizou sua agenda telefônica.

Sem dúvida, há dezenas de variáveis que impulsionam a eficiência e a eficácia em cada canal de prospecção em potencial. Essas variáveis incluem qualidade da lista na qual você está trabalhando, setor vertical, hora do dia, época do ano, dia da semana, papel de responsável pelas decisões de seu contato, produto ou serviço, venda complexa versus transacional, objetivo da ligação, canal de prospecção, qualidade de sua abordagem, metodologia, mensagem, confiança, sua mentalidade e muito mais.

Uma vez que você conheça seus números, você também adquirirá o poder de considerar essas variáveis de maneira objetiva. Com essa informação você vai fazer pequenos ajustes que podem aumentar ou até mesmo dobrar suas vendas.

É por isso que você precisa reunir coragem e autodisciplina para anotar, analisar e fazer ajustes regulares com base na estatística do desempenho de suas prospecções. Continuar contando é o que o mantém com os pés no chão e focado em seu objetivo diário. É o que assegura que você permaneça honesto consigo mesmo sobre onde você realmente está, seus alvos e o que precisa fazer ou sacrificar para voltar aos eixos se estiver aquém do seu número.

Você Não Pode Se Iludir e Ter Sucesso ao Mesmo Tempo

No último verão, fui até meu escritório depois de voltar de um compromisso. Era meio da tarde enquanto eu dava uma volta pelo setor de vendas para verificar a temperatura de nossa equipe. Parei e perguntei a um de meus representantes como estava sendo o dia.

Ele balançou a cabeça e reclamou: "Um horror. Ninguém está mordendo a isca hoje. Não sei o que está acontecendo lá fora, mas estou dando de cara com a parede em todas as ligações."

"Bem, isso não é bom", eu disse. "Diga-me quantas ligações você fez hoje."

Ele revirou os olhos e balançou a cabeça. "Um monte! E não estou chegando a lugar nenhum!"

"Ajude-me a entender", respondi. "Quando você diz 'um monte', o que quer dizer?"

Ele fez uma careta como se estivesse com dor. "Bem, não sei exatamente. Estou chutando, com facilidade, que foram 50 ligações até agora. Você não entende, Jeb. Alguma coisa mudou lá fora. Ninguém quer fazer nada."

"Certo, deixe-me ver sua folha de anotações." Olhei para sua mesa, procurando a folha que usamos no escritório para anotar visualmente as estatísticas diárias.

Ele fixou vagamente o olhar em sua tela por um momento para juntar os pensamentos e então respondeu: "Ah, esqueci de usar a folha de anotações hoje. Estive tão ocupado que isso me escapou. Mas estou anotando minhas ligações no SalesForce."

"Tudo bem, então vamos entrar nele e dar uma olhada em cada uma de suas ligações e ver se conseguimos encontrar um padrão."

Fiz com que ele me mostrasse cada ligação que tinha feito no dia e, enquanto fazíamos isso, checamos o registro de chamadas em nosso sistema telefônico. Enquanto eu passava pelas ligações e fazia perguntas, ele ficava cada vez mais ciente de como havia feito poucas ligações naquele dia. Quando terminamos nossa conversa, o cálculo final era doze. Doze ligações em um período de sete horas. Completamente ineficiente e um grande ponto de interrogação sobre o que ele estava fazendo durante esse tempo.

Ao final de nossa curta sessão de *coaching*, ele disse que a sensação era de ter feito muito mais ligações do que realmente fez. Por não ter anotado visualmente sua atividade, ele não tinha ideia de onde estava.

Em retrospecto, ele ficou desestabilizado no início do dia depois de dois clientes potenciais o terem rejeitado com rispidez. Isso abalou sua confiança e mudou sua mentalidade. Acontece com o melhor de nós. Mas aqui está o erro dele: por ter falhado em anotar sua atividade (basicamente deixando o sistema fazer isso por ele), ele não tinha nenhuma visibilidade do que estava realmente acontecendo com sua prospecção. Com as emoções cambaleando, ele perdeu o contato com a realidade e se iludiu a acreditar que estava sendo produtivo.

Uma das semelhanças que observo entre os melhores vendedores e prospectores fanáticos em todos os segmentos de mercado — dentro e fora — é a anotação manual da atividade. Cada um tem seu próprio estilo de anotar seus números, mas o que todo mundo sabe é exatamente onde está.

A maioria dos vendedores não anota os próprios números. Por quê? Porque é muito mais fácil se iludir com o pensamento de terem feito muito mais ligações ou contatos de prospecção do que realmente fizeram. O falso conforto da ilusão é quente e felpudo, e muito mais convidativo que o limite frio da realidade.

Quando você escolhe a ilusão em vez da realidade, está fazendo uma escolha consciente de mentir para si mesmo, além de rebaixar seus padrões e seu desempenho. A realidade é o reino das estrelas, e cair na real é um dos primeiros passos para quem vai pegar a estrada do desenvolvimento de uma mentalidade de prospecção fanática.

7 | Os Três Ps que Estão Travando Você

Comece fazendo o necessário; depois, o possível; e de repente você estará fazendo o impossível.

— Francisco de Assis

Há três formas de pensar que travam os vendedores ao prospectar: procrastinação, perfeccionismo e paralisação a partir da análise.

Procrastinação

Sem dúvida você já ouviu esta adivinhação infantil: "Qual é a melhor maneira de comer um elefante?"

A resposta, é claro, é: "Uma mordida de cada vez."

É um conceito simples. Mas, quando se trata do mundo real e de problemas reais, não é tão fácil.

Com muita frequência, tentamos comer os elefantes de nossa vida em uma única mordida, o que resulta em estresse, frustração e, por fim, fracasso. Você não consegue fazer toda a sua prospecção mensal em um dia. É impossível e nunca vai acontecer.

Ainda assim, vendedores deixam de lado a prospecção, sempre com a promessa de que vão "terminá-la" amanhã, ou mais tarde nesta semana, ou segunda-feira, ou qualquer que seja a desculpa possível do dia. Eles se iludem ao acreditar que podem prospectar uma ou duas vezes por semana e tudo bem. Mas eu conheço a verdade de fato, e você também. Nunca funciona assim.

Procrastinação é uma doença horrível que assola a humanidade. Ninguém está imune. Você a tem e eu a tenho. Na verdade, eu tenho um PhD em procrastinação, sou um legítimo especialista. Uma vez, comprei um livro chamado *How to Stop Procrastinating* [*Como Parar de Procrastinar*, em tradução livre] (minha resolução de ano-novo). Aquele livro ficou em minha mesa de cabeceira por três anos sem ser lido, até que finalmente eu o vendi em uma venda de garagem.

Cada fracasso importante em minha vida foi resultado direto de um colapso em minha autodisciplina de fazer pequenas coisas todos os dias. Francamente, todo fracasso de fato é composto disso. O impacto cumulativo de muitas decisões ruins, deslizes em autodisciplina e coisas deixadas de lado até que seja tarde demais. Como se não bastasse, meus fracassos com frequência vieram acompanhados de um vergonhoso crescente de atividade desesperada, apressada e desperdiçada, tentando dar uma adiantada e fazer tudo de uma vez para salvar minha pele.

É da nossa natureza humana procrastinar. É normal e fácil. É fácil dizer "Ah, estou cansado, vou fazer exercícios amanhã". É fácil dizer "Vou começar a dieta amanhã, vou parar de fumar depois deste maço, vou terminar a prospecção de hoje na sexta-feira, vou começar a ler aquele livro na próxima semana!". Faz parte da nossa natureza se enganar com essas promessas.

Mas não há recompensa para a procrastinação. Deixar de fazer as pequenas coisas todos os dias vai arruinar seus esforços para alcançar seus objetivos. A falta de disciplina vai, lenta e certamente, abocanhar seu sucesso e por fim, levá-lo embora.

Para ser um prospector fanático, você precisa desenvolver autodisciplina para fazer um pouquinho de prospecção todos os dias. Você não pode esperar até o fim do ano, ou mesmo até o fim do mês, para prospectar. Você tem de prospectar todos os dias.

Procrastinação é fácil, mas o custo é alto. Muitos vendedores não entendem o preço que pagaram até acordarem um dia e perceberem que estão de cara com a Lei Universal da Necessidade, com um pipeline vazio e um gerente de vendas irado, remoendo uma grande pilha de "deveria ter feito", arrependimento e fracasso.

Como diz o ditado: "Procrastinação é o túmulo no qual a oportunidade está enterrada."

Perfeccionismo

Eu observava enquanto Jeremy arrumava sua mesa com perfeição. Organizava seu computador. Certificava-se de ter o roteiro certo. Ele pesquisava com cuidado cada cliente em potencial da lista. Fazia pesquisa pelo Google, pelo LinkedIn, pelo site da empresa e revisava com detalhes o histórico e as anotações de ligações no GRC.

Uma hora se passou. Então, duas. Finalmente ele fez a primeira ligação, para um cliente potencial sobre o qual tinha feito uma pesquisa meticulosa. Sua ligação caiu na caixa de mensagens, assim como a seguinte e a próxima. Ele suspirou: "Ninguém mais atende ao telefone hoje em dia."

Depois de três ligações, ele parou imediatamente de arrumar as coisas em sua mesa. Vinte minutos depois ele pegou suas coisas e foi a campo visitar fregueses com quem já estava fazendo negócios. Em sua busca por perfeccionismo, Jeremy conseguiu fazer sete ligações de prospecção em cerca de três horas, não conseguindo nada em troca por seu esforço.

Valarie tem uma sala bem ao lado de Jeremy. Tão logo se sentou à sua mesa, ela rodou uma lista em seu GRC e começou a discar. Uma hora depois, ela havia feito 53 ligações, falado com 14 tomadores de decisão e marcado duas reuniões com clientes potenciais. Então, ela enviou 39 e-mails de prospecções. Não estava perfeito.

Ela passou por alguns obstáculos e fez duas ligações que teriam ido melhor se ela tivesse pesquisado com antecedência. No entanto, ela conseguiu muito mais que Jeremy. Valarie também estava ganhando mais do que ele — quase US$100.000 a mais em comissões —, e era a representante de vendas número um em sua divisão.

Em seu artigo no *Huffington Post*, *"14 Signs Your Perfectionism Has Gotten Out of Control"* [14 Sinais de que Seu Perfeccionismo Saiu de Controle, em tradução livre], Carolyn Gregoire escreve: "A grande ironia do perfeccionismo é que, enquanto se caracteriza por ser um intenso guia para o sucesso, pode ser exatamente o que o impede. O perfeccionismo está fortemente relacionado ao medo do fracasso (que, em geral, não é o melhor motivador) e a comportamentos sabotadores, como procrastinação excessiva."[1]

Essa afirmação descreve perfeitamente por que o perfeccionismo é o arqui-inimigo da prospecção fanática. Ele gera tanto a procrastinação quanto o medo da rejeição (fracasso).

O grande e já falecido Zig Ziglar afirmava: "Qualquer coisa que valha a pena ser feita vale a pena ser malfeita." Sempre acreditei que sucesso conturbado é bem melhor do que mediocridade perfeita. Vou ganhar do representante que gasta um bloco de chamadas pesquisando meticulosamente cada cliente potencial do dia pegando somente uma lista direcionada e telefonando. Claro, vou perder algumas coisas aqui e ali se não ler cada anotação no GRC, mas não haverá diferença suficiente para compensar a discrepância de atividade entre mim e o representante que deixa tudo perfeito antes de fazer uma única ligação de prospecção.

Para ser claro, não estou dizendo que pesquisar ou organizar seu bloco de prospecções é uma ideia ruim. Se está ligando para clientes potenciais da diretoria ou vendendo um produto complexo e caro, é uma boa ideia pesquisar seu cliente com antecedência, a fim de que sua mensagem seja relevante para a situação particular deles. *Antecedência* é a palavra ideal, no entanto. Faça pesquisas antes e depois das Horas de Ouro, a fim de que elas não prejudiquem seu bloco de prospecções.

Entretanto, quando fazer uma pesquisa perfeita, encontrar a organização perfeita ou a hora perfeita para ligar vira uma obsessão que você usa para se proteger de uma potencial rejeição, ou você está se iludindo ao acreditar que está funcionando quando não está chegando a lugar nenhum, precisa assumir o controle da situação.

A maior parte do problema do perfeccionismo é o diálogo interno. A voz dentro de sua cabeça dizendo a você que, quando tiver todas as informações alinhadas perfeitamente, os clientes potenciais vão cair em suas mãos. Esse diálogo interno se manifesta em comportamentos que tendem a fazer você trabalhar duro tendo tudo pronto e perfeito, mas sem fazer nada de fato.

Paralisia a Partir da Análise

Relutância em fazer ligações é um rótulo comum que é um tapa na cara de vendedores que fracassam na prospecção. O termo evoca a imagem de um vendedor olhando fixamente para o telefone ou para a porta da frente de um cliente em potencial, com seus joelhos tremendo, palmas das mãos suando, mergulhado em ansiedade, sem disposição para dar o próximo passo.

Relutância em fazer ligações é um rótulo fácil de aplicar porque parece abranger todos os pecados em vendas. Mas algumas pessoas não são relutantes, só estão no emprego errado. Se você é essa pessoa, com tanto medo de fazer ligações a ponto de não conseguir controlar seus dedos na hora de ligar ou fazer seus pés se mexerem, com tanto medo de falar com estranhos, que acha difícil ir trabalhar ou mesmo sair da cama, saia. Vá fazer outra coisa. Este livro não vai ajudá-lo. Você não tem relutância em fazer ligações, você está fazendo algo que odeia, e acredite em mim: a vida é muito curta para ficar fazendo uma coisa que se odeia.

Outra razão, a mais comum, para o que parece ser relutância em fazer ligações é a paralisia a partir da análise. Esse problema é causado em parte pelo perfeccionismo e é totalmente ajustável. Aqui está como a análise paralisadora soa quando sai da boca de um vendedor:

"Bem, e se eles disserem não?"

"E se eles disserem isso ou aquilo?"

"Como eu saberei se …?"

"O que eu deveria fazer se …?"

Em vez de apenas ligar, mandar o e-mail ou entrar pela porta e lidar com o que vem a seguir, o representante continua com uma compulsão de "e se", frequentemente seguido de uma tentativa de colocar cada informação em seu lugar.

Interrompendo os 3 Ps

Quando estou trabalhando com vendedores que estão sendo travados por todos ou por um dos 3 Ps, eu os faço focar somente uma ligação. Depois, a seguinte. E a seguinte. Uma ligação de cada vez. Às vezes, pego uma lista e me sento perto deles para ligar também. Quando eles veem que os clientes potenciais não estão acabando comigo, fica mais fácil para eles relaxar e tomar uma atitude.

Às vezes, eu tenho de ser um pouco mais direto para fazê-los pularem para a prospecção. A solução é pressioná-los com mais força do que o "apenas faça". É só pegar o telefone e fazer a ligação. Deixar os "e se" tomarem conta de si mesmos. Sei que pode soar um pouco ríspido, mas às vezes um empurrão é necessário para romper um ciclo destrutivo. Não é muito diferente de quando aprendi a nadar.

Eu tinha seis anos e estava tremendo. Meus dedos dos pés mal pendiam da beira do trampolim que se sobressaía acima do lago no Acampamento Athens Y, no norte da Geórgia. O corpo gigante de dois metros de altura do Treinador Poss, o professor de natação, formava uma torre acima de mim.

Havíamos passado os últimos cinco dias aprendendo braçadas, pernadas e como respirar, tudo na segurança do lado raso. Agora era a hora da verdade. Cada aluno tinha de pular do trampolim no lago escuro, frio e fundo e nadar os três metros ou mais até a costa. Parecia um quilômetro para mim.

Olhei para o Treinador Poss. "E se eu não conseguir nada? E se eu não voltar para a superfície?", supliquei. Fiquei na beira daquele trampolim olhando para a água, remoendo todos os piores cenários na minha cabeça.

O Treinador Poss começou a andar na minha direção. Ele não estava se divertindo nem comovido com a minha súplica. Só havia uma coisa da qual eu tinha mais medo do que pular no lago, e a cada segundo ela ficava mais perto. Ele já tinha arremessado, sem cerimônia, alguns nadadores iniciantes e relutantes do trampolim. Eu não queria aquela humilhação, então pulei.

Atingi a água fria e fui ao fundo. Por um momento, entrei em pânico. Então, comecei a dar braçadas, pernadas e irrompi na superfície. Lembrei-me das aulas e fui meio que remando a caminho da costa. As braçadas não estavam perfeitas, mais estilo cachorrinho que nado de peito, mas eu consegui. Consegui!

Depois disso, ninguém conseguia me manter longe daquele trampolim. O Treinador Poss me ensinou a nadar porque me forçou a isso. Ele não estava preocupado. Ele sabia que eu não ia me afogar.

Todos nós nos encontramos no aperto esmagador dos 3 Ps. Observo vendedores eternamente obcecados e pensando demais nos potenciais resultados de ligações de prospecção quase todos os dias de minha vida profissional. Eles se convencem de que precisam reunir mais fatos, de que só precisam de um pouquinho mais de treino ou que esse não é o momento certo. Eles desperdiçam tempo preocupando-se com os "e se" e me olham como filhotes de cachorro, suplicando por mais tempo para deixar tudo certo antes de mergulhar.

A mente humana tem horror do desconhecido. Em seu estado natural, ela quer estar sã e salva. Ela não gosta de saltar de um trampolim para um lago frio ou pegar o telefone e ligar para um estranho. Ela entra em pânico diante da mudança e se atém ao *status quo*. Então, ela começa a nos convencer de que todos os tipos de consequências terríveis e graves estão iminentes. Mas, em algum momento, você precisa fazer alguma coisa. Às vezes, você só precisa de um Treinador Poss ou de um Treinador Jeb para empurrá-lo e fazê-lo tomar uma atitude.

Independentemente de sua situação, a única coisa da qual você pode ter certeza é que deixar os 3 Ps ficarem no caminho de sua prospecção tem um alto custo, emocional e financeiro.

8 | Tempo

O Grande Equalizador das Vendas

Para ter sucesso em vendas, simplesmente converse com várias pessoas todos os dias. E isso que é empolgante — teu um mundo de gente por aí!

— Jim Rohn

No início de toda palestra, seminário e treinamento de campo sobre Prospecção Fanática, pedimos aos participantes que nos contem seu maior desafio em vendas. Fizemos essa pergunta mais de 10.000 vezes. Oitenta por cento dos profissionais de vendas e líderes de vendas que vão às nossas sessões afirmam que, na maior parte do tempo, lutam com a administração do tempo.

"Simplesmente nunca parece ter tempo suficiente para prospectar com todas as outras coisas que tenho de fazer" é um refrão constante.

Sim, vendedores e líderes de vendas são ocupados. Sim, organizações de vendas estão pedindo mais de seus vendedores do que nunca antes. Sim, há propostas para elaborar, contratos para aprovar, pedidos para entrar no sistema, ligações para gravar no GRC, reuniões para ir e sacos para puxar. Para vendedores, no entanto, a maioria dos problemas de administração de tempo é autoinfligida.

A diferença entre quem tem o melhor desempenho e todos os outros vendedores que estão pegando migalhas do chão é que os melhores profissionais de vendas são mestres em maximizar o tempo principal das vendas para... vender.

Os que possuem o melhor desempenho organizam seu dia em blocos de tempo distintos, voltados a atividades específicas, concentrando seu foco e eliminando distrações dentro desses blocos. Eles desenvolvem um plano externo de vendas por território que minimiza o tempo dirigindo e um plano de vendas interno que organiza sua base de dados e recursos para extrair o máximo de cada dia de vendas. Eles delegam às equipes de apoio tarefas não essenciais e não relacionadas a vendas. Eles são flexíveis, adaptáveis e criativos em sua busca por maximizar o tempo para vendas e minimizar distrações que roubam seus cheques de comissão.

24

A única constante para cada vendedor é o tempo. Tempo para prospectar, tempo para descobrir, tempo para reuniões, tempo para demonstrações, tempo para apresentações, tempo para fechamento e, infelizmente, tempo para tarefas administrativas, entrada de dados no GRC e papelada.

Cada vendedor tem exatamente 24 horas todos os dias, e apenas um montante dessas horas está disponível para vendas. É como você usa de maneira eficiente e efetiva essas "Horas de Ouro" que faz a diferença principal entre ser fraco, médio e superastro. Quando você dominar o tempo, o território e o gerenciamento de recursos, vai diminuir seu nível de estresse e fazer mais dinheiro.

Este capítulo não é um tratado exaustivo sobre ferramentas de administração de tempo. Ferramentas de administração de tempo existem aos montes. De aplicativos do Google ao calendário do Outlook, ao seu GRC e aos milhares de aplicativos de ponta para celulares, não há escassez de ferramentas disponíveis para ajudá-lo a administrar o tempo, tarefas e recursos. Minha recomendação é encontrar as que funcionem melhor para você, e então usá-las da maneira que melhor funcione para você. Se desejar, acesse FanaticalProspecting.com [conteúdo em inglês] para algumas dicas e informações sobre gerenciamento de tempo.

Meu objetivo principal é criar consciência de como a administração de tempo é crucial para seu sucesso e resultados, e ajudá-lo a mudar sua maneira de pensar sobre como agenda e gerencia o tempo para prospecção e outras atividades de vendas. Quero que observe honestamente as consequências das escolhas que está fazendo sobre onde e como investe tempo e como essas escolhas podem estar travando você.

Adote uma Mentalidade de Diretor-executivo

A mentalidade de CEO (diretor-executivo) é o componente mais crucial de tempo, território e gerenciamento de recursos. A menos e até que você esteja disposto a aceitar responsabilidade total de ser o dono de seu tempo, nada mais importa. Quando adota a mentalidade de um diretor-executivo, você escolhe ver a si mesmo como diretor-executivo da Você, Inc.

Para causar um efeito dramático, peço aos vendedores de nossos Campos de Treinamento de Prospecção Fanática que peguem seu cartão da empresa, risquem o título que estiver ali e escrevam CEO. É meio clichê, mas traz à tona o ponto que, em vendas, você controla todo o seu destino. Esse é o maior motivo por que amo tanto vendas.

Afinal, os diretores-executivos são os responsáveis pelos resultados de sua organização. Eles não podem colocar a culpa em mais ninguém. Espera-se que eles deleguem, e a batata quente para com eles. No entanto, diretores-executivos têm limitações, porque recursos são escassos. A tarefa do diretor-executivo é criar o retorno mais alto possível de investimento com os recursos escassos que estão disponíveis.

Do mesmo modo, em vendas você é limitado por recursos escassos. Seu trabalho é gerar o ROI (retorno sobre investimento) mais alto possível para sua empresa e a maior comissão resultante possível para si mesmo com esses recursos escassos. E o recurso mais escasso que você tem é tempo.

Prospectores fanáticos adotam uma mentalidade de diretor-executivo. Eles acreditam que eles, e somente eles, têm de prestar contas do próprio sucesso ou fracasso. Eles assumem total responsabilidade pelo gerenciamento do próprio tempo, território e base de dados de prospecção (GRC) e dos recursos.

Como diretores-executivos da própria empresa de vendas, eles não permitem que nada se intrometa em suas Horas de Ouro e são diligentes e disciplinados com a maneira como empregam seu tempo. Eles também estão cientes de que não vivem em um mundo perfeito.

Não importa o quanto você planeja e o quanto é disciplinado com seu tempo, prospecções e os clientes: seu chefe e, às vezes, a vida vai lhe pregar peças. O verdadeiro teste para diretores-executivos em seu mundo de negócios é sua capacidade de encontrar soluções criativas para obstáculos inevitáveis. Do mesmo modo, prospectores fanáticos não permitem que obstáculos inesperados os deixem mais lentos. Eles não culpam os outros. Não inventam desculpas. Em vez disso, quando se deparam com obstáculos, distrações e surpresas, eles se adaptam e encontram soluções criativas que lhes permitem resolver os problemas enquanto continuam a encher o pipeline.

Proteja as Horas de Ouro

O maior desafio para vendedores é não deixar as atividades improdutivas interferirem nas Horas de Ouro. É um desafio por vários motivos:

- Sempre haverá clientes, gerentes e colegas que vão lhe demandar de forma não relacionadas a vendas, mas que exigem sua atenção.
- Quando seus índices de atividade de prospecção estão altos, você vai naturalmente ter mais tarefas de sequência, como demonstrações, apresentações, propostas, entrada de dados no GRC, contatos, pedidos de aprovação, implementações, chamadas de continuação, ligações de entrada e assim por diante.
- Fazer atividades não relacionadas a vendas parece importante — como se você estivesse fazendo coisas.
- Atividades não relacionadas a vendas são a desculpa perfeita para evitar o trabalho duro da prospecção. Essa é a razão principal pela qual vendedores cavam seus próprios buracos. Atribuições se transformam em desculpa para não prospectar.

Deixe-me esclarecer as coisas. Vendedores são pagos para vender. Ponto. Fim de papo. Reclame e se queixe de tudo que precisa fazer se quiser, mas isso não vai mudar o fato de que seu trabalho é interagir com clientes potenciais durante as Horas de Ouro e fazê-los entrar e passar pelo pipeline.

Portanto, se você é vendedor e não está fazendo coisas relacionadas diretamente a vendas durante as Horas de Ouro, não está fazendo seu trabalho.

Ouvi as mesmas desculpas esfarrapadas um milhão de vezes:

- "Um minuto, Jeb, e todas aquelas coisas que meu gerente ou meus clientes precisam que eu faça? Quando devo terminá-las?"
- "Se a empresa não colocasse tanta coisa nas minhas costas, talvez eu tivesse tempo de vender alguma coisa de verdade [olhos virando — tom sarcástico]."
- "E meu equilíbrio entre trabalho e vida pessoal? Não sou pago para fazer essas coisas depois do trabalho. Tenho família, cachorro, jogo de golfe, amigos, coisas que preciso fazer!"

Aqui estão suas escolhas:

Iluda-se. Você pode continuar no mesmo caminho, iludindo-se que atribuições durante as Horas de Ouro são trabalhos com venda de verdade, mas você não pode se iludir e ter sucesso ao mesmo tempo.

Diga não. Uma das maneiras mais efetivas para se livrar de atividades não relacionadas a vendas é tão somente dizer não. Você não tem que assumir ou fazer tudo o que os outros lhe trazem. Toda vez que alguém lhe trouxer uma tarefa que tem potencial para tirar suas Horas de Ouro dos trilhos, e não é uma missão crucial, diga não. Não vai ser fácil. No entanto, se você impuser limites razoáveis consistentemente, não vai levar muito tempo para os outros captarem a mensagem.

Priorize. Mantenha suas prioridades em ordem. Nunca soube de um vendedor que estivesse constantemente batendo suas metas e tenha sido despedido por não fazer tarefas administrativas, não relacionadas a vendas. Importunado, talvez, mas despedido, nunca. Por outro lado, milhares de vendedores entram pelo cano por não baterem suas metas. Nem tudo é prioridade e, em alguns casos, isso quer dizer que há tarefas que talvez não serão feitas. Tudo bem. Mantenha o pipeline cheio e feche os negócios, e ninguém mais vai se lembrar.

Faça atividades importantes não relacionadas a vendas antes ou depois das Horas de Ouro. Sempre haverá atividades não relacionadas a vendas que você deve fazer para ter sucesso no trabalho. Propostas, preparação antes de ligações, contratos, pedidos, relatórios e entrada de dados no GRC são importantes, mas não são atividades de vendas. Faça essas coisas antes e depois do período de vendas principal — nas Horas de Platina.

Sim, já conheço as desculpas: "Mas, Jeb, tenho família, uma vida... coisas para fazer." Eis a questão: em vendas, tempo é dinheiro, e o dinheiro está nas Horas de Ouro. Se quer fazer mais dinheiro, vai ter de fazer alguns sacrifícios. Se quer maximizar sua renda, vai ter de acordar cedo, ir para cama tarde e fazer algum trabalho nos finais de semana para se certificar de que não esteja desperdiçando suas Horas de Ouro com atividades não relacionadas a vendas.

Delegue. Uma das coisas mais eficazes que você pode fazer com tarefas não relacionadas a vendas é delegá-las. Impulsione ao máximo sua equipe de apoio. Em toda organização, há pessoas imbuídas de resolver problemas específicos e fazer as coisas acontecerem. Se não sabe quem são essas pessoas, faça perguntas e continue fazendo-as até descobrir. Às vezes, há pessoas designadas formalmente a ajudá-lo, e às vezes há um sistema informal. Se você não tiver um apoio a vendas disponível, considere contratar alguém para ajudá-lo. Você pode contratar alguém pessoalmente ou encontrar com facilidade assistentes virtuais que vão trabalhar para você, sob demanda, por hora. Se você é representante de vendas independente, como um corretor de imóveis, assessor financeiro ou corretor de seguros, conseguir um assistente é uma jogada esperta.

Os melhores profissionais de vendas protegem as Horas de Ouro com unhas e dentes. Eles dizem muito não. Quando um colega representante os interrompe para bater papo sobre o fim de semana ou uma indisposição sobre uma recente mudança na política, eles não vão em frente. Quando gerentes e a equipe corporativa tentam despejar atribulações neles, eles não aceitam. Os melhores representantes colocam placas de "não perturbe" nas portas quando estão nos blocos de prospecção, a fim de manter as distrações longe.

Sua missão diária é simples: esprema o máximo que conseguir das Horas de Ouro ao gerenciar seu tempo com sabedoria. Se você não estiver prospectando, qualificando, reunindo informações ou fechando negócio durante as Horas de Ouro, estará comprometendo sua carreira e sua renda, e não estará fazendo seu trabalho.

A Fina Arte de Delegar

Delegar é a maneira como você ganha escala. É como você faz mais coisas com as mesmas 24 horas. No entanto, delegar também exige que você deixe o controle para trás e confie em outras pessoas.

O desejo de controlar tudo que está acontecendo com os clientes e contas é como muitos vendedores se metem em encrenca e causam a si mesmos um estresse imensurável. Eles fizeram promessas a seus clientes e querem controlar os resultados. Entendo. O problema é que não conseguem se dividir em dois e, no fim, param de prospectar porque estão atolados em atividades não relacionadas a vendas que outros poderiam fazer. Você só pode ganhar escala desta forma quando usa os talentos de outros para realizar mais.

A delegação eficaz começa com comunicação eficaz. Vendedores criam caos e colapsos de comunicação quando não passam instruções claras para sua equipe de apoio. Aí, quando erros são cometidos, os mesmos vendedores jogam suas mãos para o alto e exclamam: "Se quer que seja bem feito, faça você mesmo."

Sua equipe de apoio não pode ler sua mente. Quando você reserva um tempo com antecedência para desenvolver um plano, articular instruções claras, assegurar-se de que todos sabem aonde estão indo e têm um mapa para chegar lá, vai descobrir que está acrescentando horas à sua semana de vendas. Pode parecer tedioso no momento, mas a disciplina para ir devagar e fazer as coisas certas desde o começo na verdade permite que você acelere.

Acompanhamento, acompanhamento, acompanhamento. Depois de delegar uma tarefa à sua equipe de apoio, você precisa proporcionar comunicação e acompanhamento consistentes e contínuos. Um de meus ditados favoritos é: "Em Deus nós acreditamos; todos os outros, nós acompanhamos." Se, sistematicamente, você deixa de dar seguimento às tarefas que delegou, você vai se ver com vários problemas no último momento, porque tarefas cruciais não foram feitas ou ficaram incompletas.

Invista em construir relacionamentos com sua equipe de apoio. Sempre fiquei abismado com vendedores que tratam sua equipe de apoio com indiferença e desrespeito. Em um artigo recente da *Harvard Business Review*, *3 Behaviors that Drive Successful Salespeople* [3 Comportamentos que Movem os Vendedores de Sucesso, em tradução livre], Ryan Fuller cita um convincente estudo da VoloMetrix que demonstrou uma correlação direta entre sucesso em vendas e o investimento do vendedor em construir um sistema de apoio interno e de networking forte.[1] Nunca se esqueça de que as pessoas de sua equipe de apoio são humanos, exatamente como você. Mostre a elas que você se preocupa, ouça e dê o mesmo respeito que espera em troca e, acima de tudo, agradeça.

Dividir Seu Tempo em Blocos Vai Transformar Sua Carreira

O vice-presidente de vendas estava desesperado por uma solução. Sua equipe de vendas estava atrasada em relação aos números, e as coisas não estavam melhorando. Passei um dia no local observando sua equipe de vendas, examinando o funil e analisando os números de atividades. Foi chocante. O padrão para cada representante era 50 ligações de teleprospecção a cada dia, com objetivo de marcar três reuniões para descoberta.

Analisei os dados de ligações nos 90 dias anteriores. Em média, cada representante estava fazendo menos da metade das ligações exigidas e agendando somente duas reuniões por semana. Pense nisso por um momento. Essa é uma equipe de vendas interna. O dia inteiro deles é voltado para marcar reuniões por telefone com clientes potenciais e eles mal estavam passando de duas chamadas de prospecção em uma hora.

A falta de atividade de prospecção estava colocando em risco a empresa toda. Quando reuni a equipe de vendas e lhes mostrei os números, houve desculpas, um monte de desculpas. "Você não entende, Jeb! Temos tantas outras coisas para fazer — reuniões, dar sequência aos negócios fechados no pipeline, trabalho administrativo. O GRC é estranho, o café é descafeinado, demora muito para mandar correio de voz, as pessoas não atendem ao telefone pela manhã, à tarde, às quartas-feiras, ou durante a lua cheia…" e assim por diante.

Já vi de tudo e mais um pouco, só mais do mesmo. Tudo isso eu já tinha ouvido antes. Então, apontei o fato de que o pipeline estava vazio e perguntei como eles poderiam estar gastando tanto tempo com ligações sequenciais e trabalho administrativo quando, basicamente, não havia nada para colocar na sequência. Eles só me olharam. O clima esfriou.

Antes que se lançassem em mais desculpas, dei a eles dez minutos para irem às suas salas, reunirem uma lista de 50 clientes em potencial e me encontrarem de novo na sala de treinamento quando tivessem terminado.

Dez minutos depois, com as listas em mãos, dei a eles 30 minutos para ligar para 25 clientes potenciais com o objetivo de marcar duas reuniões para descoberta. O olhar atônito nos rostos deles entregou a história toda. Eles ficaram inquietos em seus assentos e olharam fixamente para os telefones. Duas pessoas disseram que se sentiam melhor ligando da própria sala. Eu nem me movi. Chega de desculpas. Então, com mais alguns cutucões, eles puseram a mão na massa.

Trinta minutos depois, cada representante tinha feito, em média, 22 ligações e marcado pelo menos uma reunião. Mais ligações e reuniões do que haviam feito em um dia inteiro de oito horas. Após algum treino e aconselhamento extra, eles estavam fazendo em média 29 ligações em 30 minutos e marcando duas reuniões.

Prendi a atenção deles. Os vendedores estavam balançando a cabeça, dizendo que não tinham a menor ideia de que era possível fazer tanta coisa em um período de tempo curto. O vice-presidente de vendas e seu presidente-executivo estavam estupefatos. Eles não conseguiam acreditar no que fizemos em um período de tempo tão curto. Tudo o que fiz, no entanto, foi alavancar o Corolário de Horstman para a Lei de Parkinson.

Corolário de Horstman

A Lei de Parkinson afirma que o trabalho tende a se expandir para preencher o tempo destinado a ele. O Corolário de Horstman é o contrário. Ele descreve como o trabalho se contrai para caber dentro do tempo disponível. Eu tão somente mudei o paradigma com que os representantes estavam trabalhando: em vez de dar a eles um dia inteiro para fazer suas chamadas de prospecção, dei-lhes 30 minutos.

Repito esse exercício com vendedores dentro de organizações pelo mundo todo e os resultados são sempre os mesmos. Vendedores e líderes ficam totalmente estupefatos com a quantidade de coisas que conseguem fazer quando dividem o tempo, focam uma só atividade e estabelecem um objetivo final para essa atividade.

Dividir o tempo em blocos é transformador para vendedores. Muda tudo. Quando você se disciplina em dividir seu tempo e concentrar suas capacidades, vê um impacto maciço e profundo em sua produtividade. Você se torna inacreditavelmente eficiente quando divide seu dia em blocos curtos de tempo para atividades específicas. Você faz mais coisas em um tempo mais curto com resultados muito melhores.

Por exemplo, um representante de vendas médio dentro da Sales Gravy faz em torno de 120 ligações para clientes potenciais por dia vendendo publicidade laboral para empresas que estão contratando vendedores. Para a maioria das pessoas, parece um número imenso de ligações, e de fato é. Mas o que realmente as faz esfregar os olhos é quando ficam sabendo que fazemos tudo isso em apenas três horas. Sobra bastante tempo para atualizar o GRC, construir apresentações, fazer chamadas sequenciais, criar propostas, fechar negócios e realizar vendas cruzadas para clientes ativos.

Agendamos nossos blocos de prospecção em três "Horas do Poder" espalhadas ao longo do dia — manhã, meio-dia e tarde. Durante as Horas do Poder não fazemos nada além de chamadas de teleprospecção. Desligamos o e-mail e removemos todas as outras distrações. Não fazemos pesquisa, nem nos deixamos sugar pelo gerenciamento do GRC ou entramos em sites de mídias sociais, nem aceitamos desculpas. Não fazemos intervalos para café ou para ir ao banheiro.

Minimizamos a inatividade entre ligações tendo em mãos nossas listas de chamadas direcionadas, disponibilizadas e pesquisadas com antecedência (trabalho da Hora de Platina). Fazemos anotações durante o bloco de tempo e esperamos até que esse bloco termine para entrar em nossas chamadas e atualizar o GRC — tempo reservado especificamente para atividade de GRC. Também agendamos blocos para e-mail e prospecção social.

Não me leve a mal. É um trabalho intenso, extenuante e cheio de rejeição. Fazemos chamadas na maior velocidade que conseguimos. No entanto, as Horas do Poder funcionam de um jeito brilhante por dois motivos:

1. Nosso trabalho se contrai para caber no tempo destinado, então conseguimos fazer mais coisas em menos tempo.
2. Qualquer um consegue ficar focado durante uma hora.

A boa notícia é que a maioria dos vendedores consegue marcar todas as reuniões de que precisam para manter seu pipeline cheio de novas oportunidades em uma ou duas horas por dia, quando a atividade está concentrada em definir blocos de prospecção. Se você investir somente uma hora por dia para 25 a 50 chamadas de teleprospecção e mais uma hora para prospecção por e-mail e social, posso garantir, de modo absoluto e sem equívoco, que em menos de 60 dias seu pipeline vai estar cheio.

Mantenha-se Firme

Vamos supor que você teve uma reunião com uma cliente potencial interessante para fazer uma demonstração online e uma apresentação. Você ligou para essa cliente por quase dois meses para conseguir a reunião. Está no calendário dela, e ela está esperando que você esteja na conferência às 9h Às 8h50, um de seus colegas representantes chega ao lado de sua mesa e diz que vai sair para pegar café e quer saber se você quer ir.

Você iria? Você simplesmente sairia pela porta e arruinaria a reunião? Claro que não! Isso seria completamente irresponsável e burro. Você diria a seu colega que tem uma reunião importante e que não pode ir.

Blocos para prospecção deveriam ser agendados ou "bloqueados" em seu calendário como qualquer outro compromisso. Eles são reuniões com você mesmo. A chave para fazer os blocos de prospecção funcionarem é tratá-los como sagrados, da mesma maneira como você enxerga uma reunião marcada com um cliente, prospecção, seu chefe ou um evento importante com sua família.

Quando o assunto é dividir o tempo em blocos, você tem de se manter firme. Não deixe nada nem ninguém — nem mesmo você — interferir nisso ou roubar seu tempo. Muitos dos profissionais de vendas que fazem nossos cursos penduram placas em suas portas para avisar aos outros que os deixem em paz enquanto estão com seus blocos de telefonemas.

É disciplina, pura e simples. Você, acima de todos os outros, precisa se assegurar de que vai agendar seus blocos de prospecção e mantê-los sagrados. Ninguém mais além de você pode fazer isso.

Concentre Seu Poder

O que torna os blocos de prospecção tão produtivos é a concentração de todo o seu poder em um único foco. É claro que isso vai de encontro a uma cultura que elevou o profissional multitarefas a um patamar lendário.

Talvez você seja o tipo de pessoa que acredita que pode fazer várias tarefas ao mesmo tempo. Você consegue receber e responder mensagens de texto da sua mãe, ler o feed de notícias de seu Facebook, aceitar ligações de clientes ativos, responder a e-mails e escavar seu GRC em busca de cada cliente potencial, tudo isso enquanto faz ligações de prospecção. Você se orgulha de ser um profissional multitarefas e, inclusive, fica se gabando de sua habilidade de fazer tantas coisas ao mesmo tempo.

A verdade é a seguinte: *você é péssimo nisso!*

A neurociência básica refuta a crença humana ilusória de que somos bons em múltiplas tarefas. Na verdade, nosso cérebro não executa várias tarefas. Em vez disso, quando estamos trabalhando em mais de uma coisa de cada vez, nosso cérebro vai e volta em círculos entre essas coisas. Ele faz isso tão rápido que temos a ilusão da multitarefa. É por isso que somos péssimos.

Seu cérebro não foi programado para fazer várias coisas ao mesmo tempo. Claro, ele foi projetado para operar em ambientes complexos e processar múltiplas informações de uma só vez. Você pode fazer o jantar e assistir à TV ao mesmo tempo, dirigir e conversar. Mas seu cérebro não foi feito para conversar, andar, esfregar a barriga e mascar chiclete. Você simplesmente não consegue fazer múltiplas tarefas de uma só vez e bem.

Quando você tem muitas coisas acontecendo de uma só vez (especialmente tarefas complexas), seu cérebro começa a pifar e você começa a desacelerar. Não é diferente do que acontece quando você tem muitos programas complexos funcionando ao mesmo tempo no computador. Em algum momento, o processador não consegue dar conta de tudo e começa a funcionar cada vez mais lentamente.

Seja honesto. Você sabe que já trombou em outra pessoa ou quase foi atropelado por um ônibus enquanto ficava olhando para a tela do celular mandando mensagens. Você sabe que escapou da morte mais de uma vez enquanto passava batom, falava ao telefone ou checava e-mails ao dirigir seu carro.

A maioria dos vendedores com quem trabalho acredita que fazer múltiplas tarefas é o que deveriam estar fazendo. Eles fazem uma chamada, dão entrada em seu GRC, pesquisam o próximo cliente em potencial por uma busca na web ou mídias sociais, respondem a um e-mail do chefe, atendem a chamadas de clientes, monitoram fluxos de mídias sociais, enviam mensagens pelo LinkedIn InMail, enviam um e-mail de prospecção, mensagens de texto, mensagens instantâneas aos colegas…

Quando ressalto que, com tudo isso acontecendo, eles levaram uma hora para fazer quatro chamadas de prospecção, eles olham de volta e não acreditam. "Não", vão explicar, "fiz bem mais que isso." Ilusão proveniente das múltiplas tarefas.

Em segredo, você sabe que é péssimo em ser multitarefas; então, por que simplesmente não admite? Tornaria muito mais fácil enxergar a verdade sobre seus blocos de prospecção: talvez você esteja fazendo um contato de prospecção a cada três ou cinco minutos porque tem coisas demais acontecendo de uma só vez. A eficiência na prospecção diminui em proporção direta ao número de coisas que você está tentando fazer de uma só vez.

Recentemente eu estava trabalhando com um grupo de representantes de vendas de seguro comercial que fazia em média sete chamadas telefônicas de prospecção durante um bloco de uma hora. Isso dá oito minutos e meio por ligação. Não é que eles estivessem sentados sem fazer nada. Eles estavam ocupadíssimos com múltiplas tarefas. Ainda assim, eles mal estavam fazendo ligações suficientes para manter as luzes acesas e alimentar suas famílias. No dia seguinte, eles fizeram uma média de 47 ligações em uma hora. O que mudou?

Foi uma mera concentração de poder.

- Em vez de focar múltiplas tarefas ao mesmo tempo, eles focaram uma só: fazer a ligação.
- Em vez de dar entrada no resultado de cada chamada no GRC no momento da ligação, eles criaram uma lista antes e fizeram suas anotações nela. Eles separaram um bloco de 30 minutos antes do bloco de ligações para dar entrada em todas.
- Celulares foram desligados e colocados dentro de gavetas.
- O e-mail foi desconectado.
- Foram colocadas placas nas portas, alertando os outros de que estavam em um bloco de chamadas telefônicas.
- As pesquisas foram feitas, e os objetivos das ligações foram determinados antes do bloco telefônico.

O resultado foi eficiência e efetividade. O desempenho melhorou exponencialmente — mais clientes foram qualificados, mais reuniões foram marcadas e mais oportunidades novas foram colocadas no pipeline. Com todas as suas chamadas de prospecção para o dia zeradas em apenas uma hora, eles conseguiram concentrar seu poder em outros blocos de atividades, como criação de prioridades, vendas sociais, prospecção por e-mail, reuniões para descoberta, propostas e fechamentos.

Cuidado com o Ding

Laura abandonou a chamada de prospecção que estava prestes a fazer, olhou para baixo e procurou seu celular. O som que ele emitiu a impeliu a checá-lo. Duas mensagens de texto, um post no Facebook e um vídeo no YouTube depois, ela finalmente direcionou sua atenção de volta à lista de prospecção, mas não conseguia se lembrar de onde tinha parado. Sete minutos tinham passado desde que ela olhou para seu celular. Ela estava dispersa.

Durante as duas horas em que a observei, ela tinha perdido seu foco mais de 11 vezes. Quando chegavam e-mails, seu computador fazia "ding" e ela parava para olhar cada um — às vezes por um momento, e duas vezes ela parou totalmente para reclamar e responder.

Quando seu bloco de duas horas para prospecção chegou ao fim, ela tinha atingido somente uma fração de sua atividade-alvo. Então (eu não poderia ter inventado isso) ela se virou para mim e disse: "Veja, essas chamadas direcionadas que eles nos dão são ridiculamente absurdas. Não é possível que alguém consiga fazer tantas chamadas."

As duas coisas que mais tiram a atenção dos profissionais de vendas da prospecção são e-mail e celulares (mensagens de texto, mídias sociais, e-mail pessoal, navegar na internet, aplicativos). Quando chega algo novo em sua caixa de entrada ou nas redes sociais — *ding*, *bzzz*, *luzes*, *ação*! Como um relógio, sua concentração vai para um e-mail ou para o smartphone. Vinte minutos depois, você se pega assistindo a um vídeo de um chimpanzé montado em uma girafa em um circo e não consegue se lembrar como chegou lá.

Deixar as coisas piores é a natureza viciante de nossos celulares. Uma pessoa comum olha para a tela do telefone a cada sete minutos. Olhe para baixo — *ding* — e pronto, você é sugado. Mesmo enquanto eu escrevo este parágrafo meu iPhone está me chamando. Coloco-o em outro cômodo para conseguir focar meu bloco de escrita, mas eu sinto falta dele!

Você não consegue ser eficiente se ficar se distraindo constantemente. Além da distração em si, leva tempo para lembrar onde você parou antes de se distrair. Esse é o motivo pelo qual dividir o tempo em blocos e concentrar seu poder nesses blocos de prospecção vai deixá-lo muito mais produtivo. Colocar sua atenção em uma só coisa a cada vez é a chave.

Isso significa que durante blocos de prospecção, elaboração de blocos de propostas, de chamadas sequenciais ou qualquer que seja o bloco, você precisa desligar todo o resto. Agende blocos de tempo alternados para lidar com e-mail, assistir a vídeos de gatos ou ficar no Facebook.

O que Se Esconde em Sua Caixa de Entrada Pode e Vai Tirar Seu Dia de Vendas dos Eixos

Anthony Iannarino, autor do *The Sales Blog*, aconselha vendedores a não checarem e-mails logo de manhã. Talvez "aconselhar" seja um pouco fraco. Ele é enfático a respeito e chama isso de regra número um da prospecção.[2]

A maioria dos vendedores passa maus bocados ao começar as prospecções a cada manhã. Há dezenas de distrações convenientes. Iannarino afirma que uma das melhores maneiras de "evitar essas distrações é nunca checar seus e-mails logo de manhã".

O e-mail é o grande sugador de tempo do século XXI. É um fluxo de consciência que está sempre ligado. Ele o segue por todos os lados (em seu telefone, tablet, notebook e agora em trens, aviões e automóveis) e exige sua atenção.

O e-mail é o desvio dos desvios. O sugador de tempo de todos os sugadores de tempo. Se você está se coçando por algumas horas improdutivas que nunca vai conseguir de volta, basta abrir o e-mail e mergulhar.

Em nossa sociedade eternamente ligada, o e-mail se tornou um vício. Ficamos impelidos a checá-lo, arquivá-lo, gerenciá-lo, avaliá-lo, marcá-lo, colocá-lo na caixa de spam e respondê-lo imediatamente. Nós nos iludimos acreditando que, se não lidarmos com ele imediatamente, seremos julgados como irresponsáveis ou coisa pior.

Pense nisto: quando você está com um cliente, você o interrompe com um "Ei, pode esperar um segundo? Maria de contas a pagar acabou de me mandar um e-mail. É bobagem, mas preciso responder."? Você deixa seu telefone ou laptop apoiado na mesa, tocando e bipando enquanto está no meio de uma conversa sobre vendas? Soa ridículo? É claro que sim. Ainda assim, interrompemos um bloco de prospecção (um reunião com nós mesmos) para responder a e-mails triviais que podem esperar facilmente por uma hora — ou até o fim dos tempos — para serem respondidos.

Se você acordasse cedo comigo, pegasse uma xícara de café e se sentasse em salas de vendas, observando vendedores na natureza (tipo um daqueles filmes de natureza do canal Discovery com o narrador australiano), veria vendedores passarem pela porta de manhã, sentarem-se em suas mesas, tomarem um gole de café e mergulharem por muito tempo nos e-mails.

"Olhe mais de perto a intensa concentração da representante de vendas em seu inbox", diz o narrador com sotaque australiano. "Apenas um clique aqui e a resposta ali. Responde ao chefe. Dispara um e-mail desagradável para a contabilidade. Ah, cara, temos uma questão de atendimento ao cliente. Bem, você sabe como é: 'Se quer que seja bem feito, faça você mesmo.' Verifica o *status* de um pedido, lê um boletim informativo, um anúncio pessoal do RH — ah, esse link parece interessante. Três horas depois, nossa representante de vendas bem-intencionada está atolada e não chegou a lugar algum."

Quando você abre o e-mail logo de manhã, quase nunca há boas notícias. Aquele cliente importante com quem você estava tentando fechar negócio não recobrou o juízo de repente às duas da manhã e enviou uma observação informando que vocês têm um acordo.

Não. Você recebeu quatro mensagens de seu chefe dando-lhe trabalho não relacionado a vendas para fazer; um e-mail do RH dizendo que você não finalizou o treinamento compulsório de conformidade na intranet da empresa; um monte de clientes fazendo perguntas sobre quando vão receber seus pedidos; um cliente furioso que quer que você pare sua vida e ligue para ele porque ele telefonou para o serviço de atendimento ao cliente às 4h e não havia ninguém lá; e 72 e-mails Vejo Você Depois, PSC, Por Falar Nisso e Ah, Meu Deus que não exigem ação alguma. Mas você se sente impelido a responder imediatamente para que as pessoas saibam que você ainda está respirando.

Bloquear a primeira ou duas horas de cada dia para um bloco de prospecção telefônica focado é a marca dos prospectores fanáticos. Esse é o motivo pelo qual Anthony é tão enfático em deixar os e-mails para outra hora de seu dia. Ele explica que "uma vez que você se abre às demandas do mundo lá fora, é muito difícil trazer toda a sua atenção e foco às tarefas mais importantes que você precisa finalizar a cada dia. E a tarefa mais importante que você precisa finalizar a cada dia é prospectar".

"Mas, Jeb, e se um dos e-mails for importante? O que eu deveria fazer então? Você sabe que é ruim ignorar um cliente." Essa é uma das minhas reclamações preferidas de vendedores que não estão dispostos a encarar a verdade sobre o e-mail. É claro, alguns e-mails serão importantes. Mas importante não significa urgente. Raramente você vai pegar um e-mail urgente logo de manhã e, se pegar, Anthony é quem melhor responde: "Se algo é realmente importante, eles vão ligar ou enviar uma mensagem de texto no seu celular, não apenas enviar um e-mail."

Cuide primeiro do seu bloco de prospecção, depois dê conta dos e-mails.

Alavanque as Horas de Platina

Durante as Horas de Ouro, tempo é dinheiro. Literalmente. Para maximizar sua produtividade nas vendas e seus rendimentos, seu foco total deve estar em prospecção e atividades de relacionamento com clientes. Isso, é claro, significa que vai haver uma quantidade de tarefas que terão de esperar até antes ou depois das Horas de Ouro. Chamamos esse período de Horas de Platina.

Os profissionais de vendas que mais ganham dinheiro disponibilizam um tempo a cada manhã ou no fim da tarde para resolver questões importantes não relacionadas a vendas, antes que as demandas do dia de vendas comecem ou depois que elas foram delegadas. Eles usam as Horas de Platina para:

- Construir listas de prospecção.
- Pesquisar.
- Planejar antes das ligações.
- Desenvolver propostas e apresentações.
- Elaborar contratos e conseguir aprovação.
- Atividades de vendas sociais.
- Prospecção por e-mail.
- Pesquisa sobre clientes potenciais e planejamento objetivo de ligações.
- Planejamento e organização.
- Administração e relatórios.

- Responder a e-mails.
- Gerenciar o calendário.
- Gerenciar o GRC.

O objetivo das Horas de Platina é organizar seu dia de vendas a fim de que todo o seu foco possa ser direcionado a atividades de vendas de valor alto.

Meça Seu Valor

Quando eu tinha meus 20 anos, trabalhei para um empresário. O homem tinha milhões e administrava várias empresas de sucesso. Ele também era um líder prático que, por algum motivo, demonstrou interesse em mim. Por conta disso, eu tive a chance de passar um tempo com ele sempre que ele visitava minha cidade.

Um dia, durante o almoço, ele me perguntou o que eu tinha feito nos dois dias que folguei na semana anterior. Fiquei estupefato por ele sequer saber disso. Ele tinha milhares de pessoas trabalhando em sua empresa. Mas assim era o Phil. Ele sabia de tudo.

Expliquei que havia feito alguns consertos em casa. Orgulhoso, contei a ele (orgulhoso de minha façanha) que tinha aprendido novas técnicas de encanamento e de elétrica e fiz os consertos sozinho.

Ele se inclinou e perguntou: "Quantas horas você levou para fazer esse trabalho, incluindo ir e voltar à loja de ferragens para comprar e substituir as peças?"

Respondi que tinha levado a maior parte daqueles dois dias. "Mas isso não me abalou", exclamei. "Consegui fazer o trabalho!"

"Então, quantas horas em média você pensa que realmente levou?", perguntou ele.

Pensei a respeito e disse: "Eu chutaria que umas 12 horas, ao todo."

"Deixe-me fazer uma pergunta", disse ele. "Quanto tempo você acha que um encanador ou um eletricista profissional levariam para fazer o mesmo trabalho?"

"Não sei — provavelmente umas duas horas. Era uma coisa bem simples. É que eu não sou bom em coisas do tipo, então levei mais tempo. Nunca nada é fácil." Disse isso com sarcasmo.

"Bem, por que você não chamou um especialista para fazer o trabalho?", perguntou ele.

"Encanadores são muito caros", eu disse. "Para que pagá-los se eu mesmo posso fazer?"

"Quão caros?"

"Aqueles para quem liguei fizeram um orçamento de US$150 pelo conserto. É muita coisa para algo tão simples!"

Ele pegou papel e caneta e disse: "Tudo bem, vamos fazer as contas. Você é um dos nossos melhores funcionários. Quanto você acha que vai ganhar este ano com seu fixo e as comissões?" Pensei nisso por um instante, fazendo as contas de cabeça. "Provavelmente uns US$75.000."

"Quantas semanas por ano você realmente trabalha vendendo?"

"52", disparei.

"Não tão rápido." Ele balançou a cabeça. "Você tem algumas férias, reuniões, feriados e pode ser que fique doente, então não vai vender toda semana, não é?"

"Bem, não, não exatamente."

"Certo, então quantas semanas você vai trabalhar de verdade?"

"Quando você coloca desse jeito, talvez... 48?"

"É", respondeu. "É mais ou menos isso. E quantas horas por dia você está realmente disponível para atividades de vendas?"

Hesitando, respondi: "Seis ou sete, acho?"

"Sim, se você descontar o almoço e as pausas."

"Então, vamos fazer as contas: 6 horas por dia vezes 5 dias dá 30 horas de vendas; US$75.000 dividido por 48 dá US$1.563, dividido por 30 é igual a US$52 por hora."

Ele me deixou pensar nisso por um momento antes de prosseguir.

"Então, você vale US$52 por hora quando está trabalhando. Os consertos que fez nos dias de folga levaram 12 horas. Você mesmo os fez porque achou caro demais pagar US$150. Mas, com base em sua conta, custou US$624 para você mesmo fazer — se estivesse na sala de vendas em vez de em casa bancando o encanador. Você não acha que seu tempo seria gasto com mais sabedoria fazendo vendas? Você consegue enxergar que pagar US$150 para um especialista era na verdade uma pechincha?"

Fiquei sem resposta. Nunca tinha olhado para as coisas desse modo.

Ele continuou, explicando que a maioria das pessoas não tira um tempo para calcular quanto vale e, por não entenderem qual seu valor, elas perdem tempo com atividades que estão muito aquém de sua escala de remuneração, e isso as trava.

Essa foi uma das lições mais tocantes e da qual jamais me esqueci. *Conheça seu valor.*

Quando você conhece seu valor, você fica ciente do prejuízo que fazer um trabalho de US$10 por hora (como entrada de dados) durante o período de vendas de US$50 por hora causa em sua renda.

A Lei da Trivialidade descreve a tendência humana de desperdiçar tempo em atividades sem importância, enquanto tarefas cruciais são ignoradas. Esse é o motivo pelo qual muitos vendedores permitem que atividades sem relação com vendas se tornem uma desculpa por deixarem de focar atividades de vendas. Não é incomum que vendedores desperdicem 50% ou mais do próprio tempo em atividades de baixo valor.

Entender quanto você vale o ajuda a ganhar consciência do custo de focar em coisas triviais. É fácil ter uma amostra do seu valor. É só pegar sua meta de renda anual e dividi-la pelo número total de Horas de Ouro em cada ano, e vai descobrir quanto você vale por hora.

(Meta de Renda Anual) / (Número de Semanas de Trabalho × Horas de Ouro) = Quanto Você Vale por Hora

Use esse número por hora como um indicador para determinar se uma dada tarefa, atividade ou atribuição está movendo-o em direção a suas metas ou o afastando delas.

Quando você reservar tempo para adquirir uma compreensão clara do valor de cada Hora de Ouro, tomará decisões muito melhores sobre como investir seu tempo.

Gerenciamento efetivo de tempo tem a ver com as escolhas que você faz. O resultado é que você tem mais ou menos oito Horas de Ouro por dia para vender e conseguir se sustentar, e você tem uma escolha. Você pode desperdiçar essas horas, fazendo coisas que não lhe dão dinheiro, reclamando que "eles" lhe dão muita papelada, que há muitos relatórios, trabalho administrativo, trânsito, prospecções ruins ou qualquer desculpa esfarrapada do dia para justificar o fato de que você as está perdendo. Ou pode fazer planejamentos efetivos, dividir seu tempo em blocos e manter-se firme quando os outros tentarem danificar, interromper ou usurpar seu tempo para uso próprio.

9 | Os Quatro Objetivos da Prospecção

Eu não foco no que estou enfrentando. Eu foco nas minhas metas e tento ignorar o resto.

— Venus Williams

"Se você não sabe aonde está indo, pode acabar em outro lugar." O grande e frequentemente citado Yogi Berra disse essas palavras. Infelizmente, essa é a maneira como muitos vendedores abordam a prospecção — no improviso, esperando que dê certo.

Logo no começo, eu fui claro que meu objetivo é ensiná-lo como ser eficiente e efetivo em prospecção. Outra maneira de dizer isso é equilibrar quantidade e qualidade.

Saber o objetivo de cada ligação o torna mais eficiente porque você consegue construir blocos de prospecção e agrupar seus canais de prospecção em torno desses objetivos. Isso lhe permite se movimentar mais rápido e fazer mais contatos de prospecção em menos tempo. Falaremos mais sobre isso no Capítulo 10, "Impulsionando a Pirâmide da Prospecção".

Desenvolver um objetivo definido o torna efetivo porque, a cada ligação de prospecção, e-mail, contato por mídia social, evento para networking ou pedido de recomendação, você sabe exatamente o que perguntar e como ajustar para os problemas de seu cliente em potencial, para lhe dar uma razão estimulante para aceitar seu pedido.

O objetivo é o resultado principal que você espera do seu contato de prospecção. Há quatro objetivos prospectivos fundamentais:

- Marcar uma reunião.
- Reunir e qualificar informação.
- Fechar uma venda.
- Construir familiaridade.

Sua situação, área de atividade, base prospectiva e serviço são únicos, assim como serão seus objetivos de prospecção. Aqui estão algumas regras de ouro rápidas para você começar a desenvolver objetivos de prospecção:

- Se você está vendendo um produto ou serviço complexo, de alto risco ou alto custo, seu objetivo principal com frequência será uma reunião com o responsável pela decisão, o influenciador ou outro interessado que possa ajudá-lo a levar o negócio adiante. Seu objetivo secundário será reunir informação. Seu objetivo terciário será construir familiaridade.

- Se você está vendendo um produto ou serviço transacional de baixo risco e baixo custo, e está nas vendas internas, seu objetivo principal será fechar a venda e, em segundo lugar, reunir informação.

- Se você está vendendo um produto transacional de baixo risco e baixo custo, e está em vendas externas e prospectando por meio de qualquer outro canal que não pessoalmente (telefone, e-mail, mensagem de texto, social), seu objetivo principal será marcar uma reunião e, em segundo lugar, reunir informação. Se está prospectando pessoalmente ("batendo" na porta do cliente potencial), seu objetivo principal será fechar o negócio.

- Se você tem uma base de dados altamente qualificada de clientes potenciais em seu GRC, o objetivo principal da maioria de suas ligações de prospecção será marcar reuniões assim que a janela de compras se abrir para começar o processo de vendas. O objetivo secundário será construir familiaridade para aumentar a probabilidade de sua prospecção fazer contato quando a janela de compras se abrir.

- Se o produto ou serviço que você está vendendo só pode ser adquirido durante janelas de venda específicas, como quando um contrato termina ou dentro de um período orçamentário definido, reunir informação para qualificar a janela de compras será seu objetivo principal e construir familiaridade, seu segundo objetivo com a maioria das ligações. Você não quer desperdiçar esforços marcando uma reunião com um cliente potencial que não pode comprar por conta de amarras contratuais ou orçamentárias. Uma vez que você identificar a janela de compras, seu objetivo principal passará a ser marcar uma reunião.

- Se você é novo em seu território ou está trabalhando para uma startup ou uma nova divisão, seu objetivo principal será reunir informação a fim de poder identificar responsáveis por decisões e qualificar janelas de compras e orçamentos. O objetivo secundário será construir familiaridade.

Muitos vendedores vão de uma prospecção não qualificada para outra e se perguntam por que no fim do dia, semana ou mês, não venderam nada. É por isso que é tão importante ter um objetivo para cada contato de prospecção.

Prospecção É um Esporte de Contato

Prospectar, em vários sentidos, é um brutal esporte de contato que se esquiva da nuance, a arte e a elegância de movimentar um negócio através do pipeline de vendas. Para ser efetivo, você precisa saber o que quer e pedir por isso. Para ser eficiente, você precisa entrar em contato com a maior quantidade possível de clientes potenciais durante cada bloco de prospecção.

Prospectar não é para construir relações, vender ou bater papo com seu comprador. É para marcar a reunião, qualificar, construir familiaridade e, quando fizer sentido, entre no processo de vendas bem no lugar certo. Você não precisa de roteiros brilhantes. Você não precisa de estratégias complexas. Você não precisa complicar além da conta.

Você não tem tempo a perder com papos fúteis, conversa fiada ou roteiros prolixos (ou e-mails) escritos por algum cara do marketing que nunca esteve a menos de 15 metros de um cliente em potencial. Você precisa ir direto ao ponto, pedir o que quer e ir para o próximo contato.

Marque uma Reunião

A atividade mais valiosa no processo de vendas é marcar uma reunião — não importa onde você esteja no pipeline: reunião inicial, reunião de descoberta, apresentações, reuniões para fechamento e assim por diante.

Para deixar absolutamente claro, uma reunião é aquela que está em seu calendário e no calendário do cliente em potencial; em outras palavras, eles estão esperando que você apareça, pessoalmente ou por telefone, chamada de vídeo ou web conferência em um horário e data específicos.

Muitos vendedores entendem declarações de seus clientes potenciais, como "É só chegar", "Posso aparecer a qualquer hora" e "Pode me ligar", como uma reunião marcada. Sejamos claros. "Pode me ligar" e "É só chegar a qualquer momento" não são reuniões. Acreditar que são e colocar no calendário como tais é pura ilusão e, como já aprendemos, em vendas você não pode se iludir e ter sucesso ao mesmo tempo.

Só é uma reunião quando você tem um compromisso marcado com um horário específico. Considere quanto tempo é desperdiçado dirigindo até clientes potenciais ou telefonando quando eles não estão porque, para começo de conversa, nunca marcaram o compromisso de estar lá. Considere o custo emocional de acreditar que você tem compromisso marcado e depois descobrir que não tem.

Trabalhar com clientes potenciais que não se comprometem em dar o próximo passo — seja uma reunião inicial ou subsequente — é como nadar contra a corrente. Você gasta uma quantidade imensa de energia e emoção tentando fazer o negócio progredir, mas nunca chega a lugar algum.

Recentemente estive trabalhando com um representante interno que vende equipamento de capital a compradores do mercado intermediário do setor manufatureiro. Eu o acompanhei durante algumas semanas depois que ele e os colegas participaram de um programa de treinamento que elaboramos para sua empresa. Nosso diálogo:

Eu: "Armando, diga como as coisas estão indo."

Armando (suspirando): "Acho que normais."

Eu: "Normais? O que quer dizer?"

Armando: "Bem, esse negócio de reunião não está funcionando para mim."

Eu: "Como assim?"

Armando: "Ninguém aparece."

Eu: "Qual é a sua porcentagem de reuniões em que as pessoas não aparecem?"

Armando: "Não sei, acho que por volta de 80% delas."

Eu: "Certo, fale-me sobre o último que não apareceu."

Armando: "Eu tinha uma reunião marcada com Jessica Thomson, compradora da AmCorp International. Ela nunca comprou com a gente, e tínhamos uma reunião agendada para apresentar nossos produtos. Quando telefonei esta manhã às 10h, ela não atendeu ao telefone. Tentei várias outras vezes até que sua assistente atendeu, dizendo que ela estava viajando."

Eu: "Ela aceitou o pedido de reunião que você enviou por e-mail?"

Armando: "Bem, hum, eu, er, não enviei."

Eu: "Como assim?"

Armando: "Quando liguei para ela na semana passada, ela disse que estava superocupada e ficaria feliz em me encontrar outra hora. Ela disse que em geral estava disponível durante as manhãs e que eu poderia ligar a qualquer hora. Sugeri 10h hoje e ela disse que tudo bem, que era só telefonar a qualquer hora."

Eu: "Ela se comprometeu de verdade às 10h ou foi mais como uma dispensa só para desligar o telefone?"

Armando: "Acho que, quando você encara dessa forma, foi uma dispensa."

Armando e eu analisamos todas as reuniões que ele tinha em seu calendário nos sete dias seguintes e, sem surpresa, quase todas elas eram pedidos sem compromisso de "pode me ligar" que ele tomou como reais.

Ilusão não leva a lugar algum. Então, aqui está uma regra simples: só é uma reunião quando está no seu calendário e no calendário de seu cliente potencial, e ele está esperando você aparecer em um horário, data e local específico (físico ou virtual).

Reúna e Qualifique Informação

Sou grande fã da Pequena Liga de beisebol. É um rito de passagem que ajuda crianças a moldar caráter, honrar seus valores e aprender a perder e a ganhar.

Vários anos atrás, quando meu filho jogava na Pequena Liga, tínhamos o privilégio de estar em uma equipe com excelentes técnicos que investiam o próprio tempo em ajudar nossos filhos a aprender a amar o jogo. Ao longo do percurso, eles ajudaram nosso restrito grupo de pais a aprender umas lições também.

Em um de nossos jogos mais intensos, estávamos no fim do sexto inning com duas bolas fora e todas as bases ocupadas. O jogo estava acirrado. Com a corrida decisiva na terceira base, tudo o que precisávamos era de uma rebatida para ganhar o jogo e avançar às finais.

Quando nosso próximo batedor caminhava do banco em direção ao campo do batedor, o Treinador Sandro o puxou para uma última conversa. Ele se ajoelhou em frente ao jovem de dez anos de idade, pôs a mão em sua camiseta perto do colarinho e lhe deu um sábio conselho.

"O que quer que você faça", advertiu o Treinador Sandro, "não rebata nada esquisito".

Enquanto o Treinador Sandro retornava à sua posição na linha da terceira base, ocorreu-me que sua técnica era profunda quando aplicada a vendas e, honestamente, à vida.

Se você já jogou beisebol ou softbol ou assistiu aos seus filhos brincando, sem dúvida já viu um jogador correndo atrás de uma bola fora — alta demais, baixa demais ou bem fora da zona de ataque. O balanço desajeitado do taco, assobiando pelo ar, deixa o jogador sem equilíbrio e envergonhado. Às vezes é divertido assistir, mas sobretudo os fãs, técnicos e jogadores só fazem ecoar um gemido coletivo e se perguntam por que diabos o jogador deu uma tacada naquele arremesso.

Em vendas não é diferente. A cada dia, vendedores desperdiçam tempo, energia e emoção acertando acordos esquisitos. Acordos não proveitosos, sem qualidade, que não estão na janela de compras, não têm orçamento disponível, não têm um responsável identificado pelas decisões, ou que não podem comprar por causa de contratos.

Olhando de fora, é óbvio que esses negócios esquisitos e de baixa probabilidade nunca vão fechar e vão tomar o tempo e a atenção dos vendedores de oportunidades melhores. Ainda assim, apesar dos sinais óbvios, vendedores, tanto por ilusão como por esquecimento, se empenham em colocar esses negócios em seus pipelines e projeções, desperdiçando incontáveis horas trabalhando em negócios esquisitos que nunca vão fechar.

Infelizmente, os resultados são previsíveis. Quase todos esses vendedores sofrem um golpe.

Profissionais experientes em vendas são superdisciplinados em qualificar clientes em potencial. Eles entendem que tempo é dinheiro e que é perda de tempo trabalhar com quem não vão comprar. Eles sabem que compradores qualificados são escassos, e um momento gasto com quem nunca vai comprar os afasta de sua tarefa mais importante: encontrar clientes potenciais que vão comprar.

A qualificação começa com a coleta de informações durante a prospecção. Ainda que marcar uma reunião seja seu principal objetivo com clientes potenciais que você já pré-qualificou como compradores potenciais, coletar informação é seu objetivo principal com clientes potenciais que você não qualificou.

Eis o que quero dizer. Se desenhássemos uma curva gaussiana (em formato de sino) da distribuição estatística dos clientes em potencial qualificados em sua base de dados/GRC ou dos clientes potenciais em seu mercado (se você é uma startup e ainda não construiu uma base de dados):

- Uma pequena porcentagem estará totalmente qualificada e na janela de compras (pronta para uma reunião ou para comprar, no caso de um produto transacional de baixo risco).

- Uma porcentagem maior será totalmente qualificada — você conhece o responsável pela decisão, os principais influenciadores, o tamanho do negócio, o orçamento e seus concorrentes. Mas ela não estará em sua janela de compras, por conta de restrições orçamentárias ou obrigações contratuais.

- Uma porcentagem maior será semiqualificada — você terá alguma informação, mas haverá lacunas em seus dados.

- Uma porcentagem ainda maior será de potenciais compradores, mas você não terá quase nenhuma informação sobre eles ou a informação será ultrapassada.

- Uma pequena porcentagem que nunca será comprador ou estará falido, ou a informação na base de dados estará errada.

Sua força motriz como profissional de vendas deveria ser sempre passar o tempo com os clientes potenciais mais qualificados de sua base de dados. Isso significa que você vai querer:

- Marcar reuniões com os clientes potenciais altamente qualificados e/ou na janela de vendas.

- Alimentar os potenciais clientes que você qualificou, mas que não estão na janela de compras.

- Reunir informações sobre aqueles para as quais você tem poucos ou nenhum dado, a fim de poder qualificar seu potencial e conhecer suas janelas de compras.

- Eliminar os registros de clientes potenciais que estão errados, falidos, muito pequenas ou muito grandes, ou que nunca vão comprar.

Há especialistas em vendas que vão aconselhar você a marcar uma reunião com cada cliente potencial e qualificar depois. Muitos são irredutíveis a respeito disso. Entendo o ponto de vista deles. Eles observaram tantos vendedores usando qualificação como motivo para evitar fazer ligações que acham que a melhor maneira de fazê-los prospectar é levá-los a marcar reuniões e preparar a qualificação enquanto estiverem nelas.

Para ser franco, é provável que faça sentido apenas marcar a reunião independente de quão qualificado é seu cliente potencial se:

- Você vende um produto ou serviço que não é contratual.
- Há uma probabilidade alta de a maioria de seus clientes potenciais serem compradores, porque seu produto é algo que usam o tempo todo.
- Não há período orçamentário definido para fazer essas aquisições.
- O papel do responsável pela decisão é bem consistente e, em geral, de uma única pessoa.

No entanto, quando seu produto ou serviço é complexo e contratual (sobretudo quando o contrato exige exclusividade com um único fornecedor ou um número limitado deles), o ciclo de vendas é longo, a decisão é tomada em um patamar alto da organização, há um período orçamentário definido ou os orçamentos precisam ser aprovados com antecedência, sua melhor aposta é qualificar primeiro e, depois, marcar uma reunião.

Defina a Zona de Ataque

O primeiro passo para qualificar é definir a zona de ataque. Inúmeras empresas (sobretudo startups e pequenos negócios), organizações de vendas e vendedores não desenvolvem o perfil de um cliente potencial qualificado, incluindo o tempo ótimo para envolver o cliente potencial antes da janela de compras abrir.

Uma coisa óbvia: se você não definir a zona de ataque, vai gastar um tempão correndo atrás de contratos esquisitos. Esse processo não deveria ser difícil. Se você trabalha para uma grande empresa, vá conversar com seu gerente de vendas e alguns de seus representantes de maior sucesso. É bem provável que eles tenham a informação de que você precisa — modelos de tomada de decisão, tamanho da conta, janelas de compras, janelas orçamentárias, obrigações contratuais — para construir um perfil da sua oportunidade ideal.

Se você trabalha para uma empresa pequena ou uma startup, comece analisando as vantagens e desvantagens de seu produto e serviço. Procure padrões e semelhanças entre seus melhores clientes. Analise os negócios que você está fechando e adquira um entendimento mais profundo de eventos que disparam a abertura da janela de compras. Com base na informação que você conhece, avalie quanto tempo antes da abertura da janela de compra você deve fazer contato. Descubra modelos comuns de compradores. Então, desenvolva o perfil de cliente mais provável de fazer negócios com você e que, em longo prazo, seja rentável e feliz.

Uma vez desenvolvido o perfil de seu cliente ideal, você pode elaborar as perguntas de que precisa para qualificá-los e identificar as melhores oportunidades. Em seguida, comprometa-se a avaliar cada cliente em potencial, negócio e cliente, comparando-o a esse perfil. Quando não se encaixarem, construa a disciplina de deixar de lado.

Não estou dizendo que cada negócio deva se encaixar perfeitamente no perfil para que possa entrar em seu pipeline de vendas. Não é assim que o mundo real funciona. Em alguns casos, faz sentido assumir algum risco e dar tacadas fora da zona de ataque. No entanto, há uma diferença entre assumir um risco calculado e com base em dados e correr atrás de um negócio esquisito.

O objetivo final é manter seu pipeline cheio de negócios viáveis e qualificados, que tenham alta probabilidade de fechar. É por isso que prospectores fanáticos usam diariamente atividades de prospecção para qualificar suas bases de dados de maneira sistemática.

Atenção ao conselho do Treinador Sandro: "Não rebata nada esquisito."

Feche a Venda

Quando você está vendendo produtos ou serviços transacionais de baixo risco ou de custo relativamente baixo e prospectando por contatos telefônicos e pessoalmente, seu principal objetivo é fechar a venda naquele instante. Se está prospectando por e-mail, mensagens de texto ou canais sociais, seu objetivo principal é converter esse contato de prospecção em uma conversa sobre vendas que leva ao fechamento do negócio.

Quando seu objetivo é fechar a venda, a interação com o cliente potencial fica um pouco mais complicada porque você precisa entrar em contato, qualificar e pedir que eles reservem um tempo para uma conversa sobre vendas naquele instante.

Por telefone ou pessoalmente, quando você tem uma probabilidade mais alta de fechar com uma só ligação, significa que você tem de driblar rapidamente a resposta por reflexo ou dispensa iniciais, fazer uma ou duas perguntas para qualificar a oportunidade e conseguir um de acordo para uma reunião naquele instante, o que lhe dá a chance de fazer perguntas mais profundas, chegar a uma solução e fechar a venda.

Tudo isso acontece em um intervalo de poucos minutos e requer serenidade, confiança e um domínio fundamental do processo de vendas.

As técnicas para fechar uma venda em uma chamada de prospecção (daquelas que fecham de uma só vez) estão além do âmbito deste livro. No entanto, nos Capítulos 15, 16 e 18 vamos abordar as técnicas de que você precisa para passar pela dispensa inicial, pelas objeções de seu cliente potencial e propor a ele uma conversa sobre vendas.

Construa Familiaridade

Nossos dados e os dados que coletamos e analisamos a partir de um conjunto diversificado de fontes indicam que é preciso, em média:

- De 1 a 3 contatos para recuperar um cliente inativo.
- De 1 a 5 contatos para atrair um cliente potencial que está na janela de compras e que tem familiaridade com você e a sua marca.
- De 3 a 10 contatos para atrair um cliente potencial que tem um alto nível de familiaridade com você ou sua marca, mas não está na janela de compras.
- De 5 a 12 contatos para ter retorno de uma indicação interna quente.
- De 5 a 20 contatos para atrair um cliente potencial que tem alguma familiaridade com você e sua marca — dependendo da janela de compras.
- De 20 a 50 contatos para atrair um cliente potencial frio que não conhece você ou sua marca.

Essas são médias gerais. Dependendo do reconhecimento geral de sua marca, localização geográfica, canais de prospecção, produto, serviço, ciclo de vendas e vertical, você pode achar que esses números servem ou não a seu intuito.

A questão, no entanto, não são os números. É a história que esses números nos contam. A familiaridade tem um papel importante em atrair os clientes potenciais. Quanto mais um cliente potencial for familiarizado com você, sua marca e/ou empresa, mais provável será a disposição dele em aceitar e retornar suas ligações, responder a seus e-mails, aceitar uma solicitação de conexão por mídias sociais, responder a uma mensagem de texto e manifestar interesse quando você estiver prospectando pessoalmente. Vamos dar um mergulho bem mais profundo na Lei da Familiaridade no Capítulo 12.

Construir familiaridade quase sempre é um objetivo secundário ou terciário de um contato de prospecção, embora às vezes possa ser seu objetivo principal, sobretudo com estratégias prospectivas de campo. Familiaridade é um objetivo de prospecção que exige foco em longo prazo, porque é aprimorado por meio do impacto cumulativo de constante atividade prospectiva. É por isso que profissionais experientes de vendas criam campanhas de prospecção de clientes (CPCs) que impulsionam canais de prospecção para construir familiaridade de maneira sistemática.

Digamos, por exemplo, que você tenha feito uma pesquisa e descoberto os contatos de 100 gerentes de operações manufatureiras — os responsáveis pelas decisões mais prováveis para seu serviço. O problema é: eles não conhecem você e você não os conhece. Muitos deles talvez não tenham familiaridade alguma com sua empresa.

Nesse cenário, talvez seja preciso vários contatos por um longo período de tempo para conseguir atrair um único potencial comprador. Para conquistar a atenção deles, você precisará desenvolver um CPC que inclua ligações telefônicas e mensagens de voz, e-mail, mídia social, feira de negócios e conferências industriais. Seu objetivo principal é criar familiaridade suficiente para ter maior chance de atrair essas prospecções frias.

- Toda vez que deixar uma mensagem de voz, eles ouvem seu nome e o de sua empresa, e a familiaridade entre vocês aumenta.
- Toda vez que você envia um e-mail, eles leem seu nome e veem seu endereço eletrônico, o nome da empresa e a marca do serviço, e a familiaridade entre vocês aumenta.
- Quando você se conecta com eles pelo LinkedIn, a familiaridade aumenta.
- Quando você curte, comenta ou compartilha algo que postaram em um canal de mídia social, a familiaridade aumenta.
- Quando você os conhece em uma conferência do setor e coloca um rosto em sua voz, a familiaridade aumenta.

A questão é: se você não tem um plano e não conhece seus objetivos, seus blocos de prospecção serão muito menos eficazes e você vai desperdiçar tempo. No entanto, quando você constrói listas de prospecção mais eficazes, com objetivos claros, centrados em canais prospectivos específicos, seus blocos de prospecção ficam mais fáceis, rápidos, impactantes e geram resultados bem melhores.

10 | Impulsionando a Pirâmide da Prospecção

A única diferença entre uma multidão e um exército treinado é organização.

— Calvin Coolidge

Quando você chega no escritório de manhã e começa seu bloco de prospecções, para qual cliente você liga ou entra em contato primeiro?

No ano passado, fui contratado por uma empresa para desenvolver um programa de treinamento em prospecção para a organização de vendas dela. A equipe de vendas não estava atingindo seus números, e o diretor-executivo procurou minha firma para ajudá-lo a reverter essa tendência.

Meu primeiro passo foi me sentar e observar a equipe de vendas fazendo suas ligações de prospecção matinais. A equipe trabalhava em um ambiente de escritório moderno e confortável, e tinha um GRC de alto nível, que estava lotado de clientes em potencial já verificados e registros de contatos. Eles também tinham acesso maciço a mídias sociais e ferramentas de informações comerciais que proporcionavam uma visão profunda de seus clientes de prospecção, integradas ao GRC.

O diretor de vendas esperava que sua equipe de vendedores estivesse ao telefone qualificando e marcando reuniões às 8h. Eu me apresentei à equipe, sentei-me no canto e observei. Em particular, fiquei de olho no representante de vendas no cubículo mais perto de mim.

Após uma hora observando esse representante, fiz a ele uma pergunta simples. "Quando você pega o telefone de manhã, como sabe para qual cliente potencial ligar primeiro?"

Ele pareceu confuso com minha pergunta, e eu pude ver as rodinhas girando enquanto ele procurava a resposta "certa". Por fim, ele respondeu: "Não sei. Só faço login no GRC e começo a ligar."

Ficou claro pelos resultados da equipe de vendas que todos eles compartilhavam da mesma filosofia. Não havia o menor sentido em seu padrão de prospecções. Eles apenas apareciam de manhã, abriam o GRC, passavam um filtro rudimentar para configurar a localização geográfica específica e ligavam para o primeiro cliente potencial que surgisse.

Eles estavam perdendo uma quantidade enorme de tempo telefonando de maneira aleatória por meio de sua base de dados. Sem plano. Sem objetivo. Sem metodologia de qualificação. O resultado era uma experiência infeliz de prospecção, um pipeline ralo, reuniões marcadas no desespero e demonstrações com clientes potenciais fracamente qualificados só para conseguir algum tipo de recompensa.

Após o bloco telefônico, reuni a equipe e desenhei um triângulo (pirâmide) na lousa branca da sala de treinamento. Fiz novamente a pergunta ao grupo todo: "Quando você pega o telefone de manhã, como decide para qual cliente potencial ligar primeiro?"

Olhares vazios, até que um dos representantes mais jovens disse: "Geralmente escolho um código municipal ou postal em meu território, elaboro uma lista e começo telefonando para o primeiro cliente potencial dessa lista."

Continuei com: "É possível organizar essa lista de um jeito mais concreto?"

Cri-cri-cri.

"Certo, deixe-me perguntar de um jeito diferente. No melhor dos casos, se você pudesse ligar para qualquer lista de clientes potenciais, quais deles você ia querer em sua lista?"

Eles estavam pensando um pouquinho mais agora. Finalmente, alguém soltou: "Os mais dispostos a comprar?"

"Bingo! Exatamente isso. Como você poderia identificar os clientes potenciais que têm maior probabilidade de comprar?" perguntei.

Alguém soltou: "Clientes potenciais que tenham um orçamento."

Agora eles estavam pensando.

Outro: "Clientes potenciais que tenham contratos a vencer com a concorrência."

Do fundo da sala: "Clientes potenciais que foram indicados." "Clientes potenciais importantes." "Clientes potenciais com mais de 50 funcionários."

Depois, mais.

"Clientes potenciais que nos telefonaram ou preencheram um de nossos formulários na web."

"Clientes potenciais que vieram até nossa tenda na última feira comercial."

"Clientes potenciais totalmente qualificados, mas com quem não conseguimos marcar uma reunião."

Finalmente eles estavam entendendo.

Vencendo à Egípcia: Gerenciando a Pirâmide de Prospecção

Vendedores que têm dificuldades com prospecção veem sua base de dados prospectiva como um quadrado. Em outras palavras, eles tratam cada cliente em potencial exatamente do mesmo jeito. Por esse motivo, eles atacam a base de dados de maneira aleatória — sem nenhum sistema nem objetivo.

Há vários problemas nessa abordagem. Primeiro, é estatisticamente ineficiente. Quando sua primeira ligação e as ligações subsequentes são feitas meramente ao acaso, há possibilidade ou não de que você ligue para um cliente potencial que está pronto para entrar em ação. No entanto, já que apenas um pequeno número de clientes potenciais vai estar na janela de compras a qualquer momento, a probabilidade estatística de que você ligue para potenciais clientes pouco qualificados é alta.

O resultado são blocos de prospecção ineficazes que dão a sensação de que você não está indo a lugar algum, que está sendo muito mais rejeitado e mantendo sua produtividade baixa. Os resultados de suas vendas, sua renda, confiança e autoestima vão sofrer.

Quem tem desempenho máximo não tem interesse algum em caçar ou peneirar oportunidades, então elaboram suas listas para deixar os blocos de prospecção eficientes e eficazes. Eles segmentam as prospecções de acordo com o potencial ou o tamanho da oportunidade e a probabilidade de que se converta em venda. Eles organizam seus blocos de prospecção e ficam em uma posição vencedora, com clientes em potencial altamente qualificados que estão na janela de compras.

Quem tem desempenho máximo vê a própria base de dados de prospecções como uma pirâmide.

- Na base da pirâmide estão os milhares de clientes potenciais sobre as quais se sabe muito pouco além do nome da empresa e, talvez, alguma informação de contato. Eles não sabem se a informação sobre a prospecção está correta (e há uma boa chance de não estar).

    Ação: O objetivo para estes clientes potenciais é movê-los para cima na pirâmide, coletando informações para corrigir e confirmar dados, preencher as lacunas e começar o processo de qualificação.

- Mais acima na pirâmide, a informação melhora. Há sólidas informações de contato, inclusive endereços de e-mail. Talvez haja informações sobre concorrentes, telefones úteis de produtos ou serviços, volume do orçamento e outras informações demográficas. Também pode haver as informações de contato dos responsáveis pela decisão e influenciadores.

    Ação: O objetivo para estes clientes potenciais é identificar a janela de compras e todos os potenciais interessados.

- Movendo mais para o alto, janelas de compra em potencial foram identificadas. Há os registros de contato completos dos responsáveis por decisão e influenciadores, inclusive perfis sociais.

    Ação: Seu foco neste estágio é implementar campanhas de fomento para ficar diante de responsáveis por decisões confirmados, em antecipação a uma futura janela de compras não identificada.

- Mais adiante ficam os clientes em potencial a se conquistar. Essa é uma lista altamente direcionada das melhores entre as melhores oportunidades em seu território. É um número limitado: 10, 25, 50, 100.

    Ação: O foco em relação a prospecções a se conquistar inclui contatos frequentes e regulares, identificação dos interessados, qualificação da janela de compras, monitoramento de eventos de gatilho e construção de familiaridade.

- Perto do topo estão indicações quentes de entrada e referências.

    Ação: Esses potenciais clientes exigem acompanhamento imediato para serem qualificados e/ou transferidos para o pipeline.

- No ápice estão as prospecções altamente qualificadas, que estão se movendo para a janela de compras por conta de necessidade imediata, vencimento de contrato, evento de gatilho ou período orçamentário.

    Ação: Esses são seus clientes em potencial de mais alta prioridade e deveriam estar no topo de sua lista diária de prospecção. O objetivo é transferi-los para o seu pipeline.

A chave para alavancar a filosofia da pirâmide prospectiva é um foco sistemático diário em coletar informações qualificadas que identifiquem janela de compras e interessados, e leve os clientes potenciais pirâmide acima com base nessas informações.

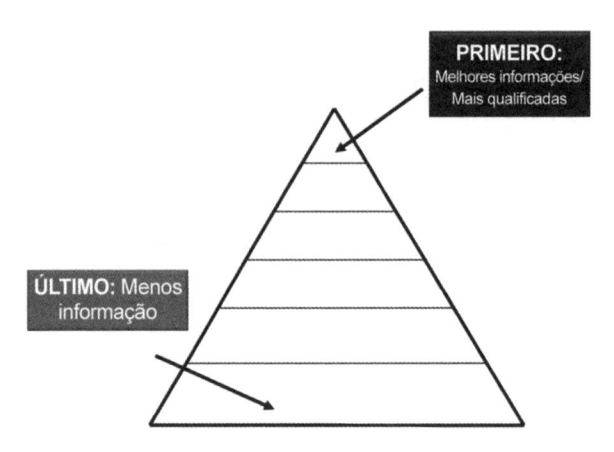

Figura 10.1 - A Pirâmide de Prospecção (Organizando Blocos de Prospecção)

Listas Poderosas Conseguem Resultados Poderosos

Ser um prospector mais eficiente e eficaz começa e termina com uma lista de prospecção organizada e direcionada. Uma lista de prospecção de alta qualidade é como um trilho para seu trem prospector. Ela elimina o desperdício de tempo caçando e peneirando clientes potenciais qualificados, e o ajuda a focar um objetivo específico dentro de um canal particular de prospecção.

O fato triste é que a maioria dos vendedores está trabalhando com base em listas construídas de maneira deficiente ou, em muitos casos, sem lista alguma. Algumas empresas tentam fornecer listas para seus representantes, mas a maioria não o faz, e as que oferecem com frequência o fazem de maneira deficiente.

Construir listas de prospecção eficazes e robustas requer esforço e disciplina consistentes, motivo pelo qual vendedores não as fazem. É muito mais fácil abrir o GRC e só começar a telefonar para o primeiro cliente potencial registrado que encontrar.

Este é um alerta. A qualidade da lista com que você trabalha durante cada bloco de prospecção tem um impacto mais significativo no sucesso de seu bloco do que qualquer outro elemento, exceto sua mentalidade.

Quando você constrói listas poderosas, você consegue resultados poderosos.

Listas deveriam ser construídas com base nos seguintes filtros (ou outras metodologias, dependendo da situação específica). Use estes elementos em conjunto para conferir impacto máximo à sua lista de prospecções:

- Objetivo da prospecção: Marcar uma reunião, juntar informação, fechar a venda, construir familiaridade.
- Canal de prospecção: Telefone, e-mail, rede social, mensagem de texto, pessoalmente, networking.
- Nível de qualificação: Mais qualificados no topo da lista — menos qualificados na base da lista.
- Potencial: Oportunidades maiores no topo da lista — potencial mais baixo na base da lista.
- Probabilidade: Maior probabilidade de atingir seu objetivo no topo da lista — probabilidade menor na base da lista.
- Planejamento de território: Dia da semana, código postal, rua, rede geográfica, cidade.
- Indicações internas.
- Clientes potenciais a conquistar.
- Responsável pela decisão/papel do interessado.
- Indústria ou mercado vertical.
- Clientes que adquirem um tipo específico de produto ou serviço.
- Clientes sazonais.
- Clientes inativos.
- Ligações de uma feira comercial ou conferência recente.

Alguns desses filtros podem ser automatizados em seu GRC, enquanto outros talvez exijam decisões manuais. Automatize o processo o máximo possível com filtros predefinidos, perspectivas e relatórios para facilitar a extração de listas com base em seus objetivos de prospecção.

Haverá somente poucos clientes em potencial em sua base de dados que estarão na janela de compras, e você precisa aparecer na frente deles antes que comprem ou que a janela da insatisfação gerada por um evento de gatilho se dissipe. Comece cada manhã com um bloco de prospecção focado em uma lista destes clientes potenciais de topo de pirâmide enquanto você está renovado, sentindo-se no seu melhor e motivado.

Por essas prospecções estarem na janela de compras, vai ser muito mais fácil transformá-las em uma reunião, demonstração ou venda. Começar o dia ligando para as prospecções do topo de sua pirâmide vai gerar ganhos iniciais. Esses ganhos lhe darão confiança e motivação para lidar com o restante do dia de vendas.

Depois de esgotar suas prospecções de potencial alto, foque sua atividade prospectiva em qualificar e alimentar atividades com versões de conquista. Faça isso focando qualificar as centenas ou milhares de potenciais clientes na parte baixa da pirâmide.

Se a cada dia você começar no topo da pirâmide e marcar reuniões de qualidade no início, você terá tempo de sobra para qualificar de maneira sistemática os outros clientes em potencial em sua base de dados, elevando-os para o topo de sua pirâmide. Com o tempo, você terá mais blocos de prospecção de sucesso, uma base de dados de prospecção dinâmica e um funil cheio.

Amanhã de manhã, quando você se preparar para fazer suas ligações de prospecção, dê uma olhada no primeiro nome da lista e pergunte-se: "Este é o melhor cliente potencial para quem ligar?" Depois, familiarize-se com os filtros e tipos de ferramentas em seu programa de GRC e construa sua própria pirâmide de prospecção.

11 | Domine Sua Própria Base de Dados

Por que o GRC É Sua Mais Importante Ferramenta de Vendas

> *A coisa mais dispendiosa que você pode fazer em vendas é perder tempo com o cliente potencial errado.*
>
> — Jeb Blount

Odeio falar ou escrever sobre GRCs. É tedioso e cansativo. Também é desestimulante, porque eu sei que vendedores não têm nenhum apreço pelo GRC. Honestamente, doeu em mim incluir esse assunto importante e tedioso. Mas eis a verdade nua e crua, com frequência, ignorada:

Não há arma ou ferramenta em seu arsenal que seja mais importante ou impactante para seu fluxo de renda de longo prazo do que sua base de dados de clientes potenciais. Nada. Sua base de dados é o que o ajuda a ganhar dinheiro agora e no futuro. Não faz diferença o que você vende; uma base de dados bem administrada, ativa e arejada é a galinha dos ovos de ouro que está sempre produzindo.

Seu GRC é a ferramenta de vendas mais importante em seu arsenal porque:

- Permite que você gerencie os detalhes e tarefas relacionadas a vários contatos diferentes sem ter que se lembrar de tudo.

- Deixa você organizado, gerencia seu pipeline e evita que seus negócios e relacionamentos saiam dos trilhos. Facilita sua vida ao fazer o trabalho para você.

- Permite que você segmente e organize sua base de dados e construa listas de prospecção com base em qualquer campo ou grupo de campos na base de dados. Isso o torna exponencialmente mais eficaz e eficiente em suas atividades de prospecção.

- Ajuda você a qualificar clientes potenciais de maneira sistemática, para que você possa movê-las para cima na pirâmide de prospecção.

Quando você destrincha todas as tecnologias, um GRC é somente um sistema de preenchimento com base em um software que facilita o gerenciamento e o acesso a informações porque executa uma tarefa muito simples: ele se lembra de coisas importantes para você e o alerta sobre o momento em que essas coisas são importantes. Admita, você faz tudo rápido e se esquece das coisas. Em vendas, as pequenas coisas são grandes coisas, e um GRC bem administrado evita deslizes que poderiam custar seus acordos.

Domine Como um Diretor-Executivo

Aqui está a verdade sobre o GRC: se você não o *domina*, nunca vai atingir seu verdadeiro potencial de gerar renda. Dominá-lo significa aplicar a mentalidade de diretor-executivo que abordamos anteriormente. Significa:

- Ser responsável por manter a integridade de sua base de dados de prospecção.

- Não esperar até que seu gerente grite com você por ter ficado um mês sem atualizar um registro.

- Reservar tempo para fazer anotações detalhadas após ligações de vendas e registrar essas ligações.

- Colocar novos contatos no sistema em vez de levar por aí um monte de cartões de visita de clientes potenciais que você juntou.

- Em vez de ficar sentado reclamando sobre como você não entende o GRC, reservar tempo para aprender a respeito na base da tentativa e erro e ferramentas online de aprendizado.

Prospectores fanáticos dominam a base de dados. Eles a dominam porque a entendem. Sua base de dados é o local de onde vêm as listas direcionadas. É a base de dados que os deixa mais eficazes e eficientes. Deveria ser tão importante para você a ponto de comê-la, dormir com ela e bebê-la.

Tive um representante que trabalhou para minha empresa por nove meses. Esse cara era talentoso e sabia vender. Mas ele nunca conseguia manter seu pipeline cheio e nunca sequer chegou perto de fechar sua cota. Quando finalmente começamos a cavar fundo para ver o que estava acontecendo, descobrimos que ele só tinha acessado o GRC uma única vez durante todo o período em que trabalhou para nós. Triste, porém verdadeiro, e aí já era tarde demais. Nós o despedimos.

Alguns vendedores não enxergam como o sistema os beneficia pessoalmente. Eles têm um gerente de vendas os incomodando para atualizar o GRC, mas na cabeça deles estão fazendo isso pela empresa, não por eles mesmos. É uma questão de mentalidade. Esses vendedores se veem como funcionários subordinados, enquanto prospectores fanáticos acreditam que são os vice-presidentes do próprio território. Eles estão trabalhando para si mesmos.

Posso dar meus pitacos. Posso alertá-lo das consequências. Posso explicar os benefícios. Mas a única pessoa que pode motivá-lo a explorar o GRC por inteiro e investir de maneira diligente em construir uma base de dados de qualidade é você. Se escolher não investir em sua base de dados, como diz o ditado, depois não adianta chorar.

Uma Lata de Lixo ou uma Mina de Ouro

Na maioria das vezes, vendedores tratam a própria base de dados mais como uma lata de lixo do que como uma mina de ouro. Anotações sobre as chamadas não são inseridas. Registros não são atualizados. Ligações não são registradas. Essa falta de atenção aos detalhes causa redução do valor e da integridade da base de dados, fazendo vendedores lutarem para marcar reuniões e abordar os clientes potenciais certos, na hora certa, com a mensagem certa, porque eles não sabem para quem telefonar.

O gerenciamento e a construção de sua base de dados realmente darão bom resultado quando você coletar informações e as qualificar. Com o tempo, por meio de incessante prospecção e pesquisa, você adquire um cenário claro que o ajuda a qualificar a oportunidade por inteiro. Você vai conhecer os principais responsáveis pelas decisões e os influenciadores, quanto seus clientes potenciais compram e quanto pagam, quem são seus concorrentes, potenciais pontos de crise e, o mais importante, quando a janela de compras se abre.

Construir uma base de dados é como montar um quebra-cabeça. Leva tempo, muito trabalho, e às vezes não há muita evidência de que está dando um bom resultado. A chave é reconhecer o valor cumulativo de pequenas vitórias. Frequentemente ouço um representante de vendas lamentando uma ligação que ele sentiu não ter dado muito certo em vez de comemorar a pequena pepita de informação que descobriu sobre um responsável por decisões que acrescentou outra peça à qualificação do quebra-cabeça.

Quando o assunto é construir uma base de dados poderosa, minha filosofia é simples: coloque cada detalhe de cada contato e cada interação com cada contato em seu GRC. Faça anotações boas e claras. Nunca procrastine. Não pegue atalhos. Desenvolva a disciplina para fazer a coisa certa da primeira vez e, com o tempo, isso gerará um bom resultado.

12 | A Lei da Familiaridade

Depois de ver muita coisa do mundo, agora tendo a voltar aos mesmos lugares. Eu aprecio a familiaridade.

— Louise Nurding

Quanto mais familiaridade um cliente potencial tem com você, sua marca e/ou sua empresa, mais provável será que ele aceite e retorne suas ligações, abra seus e-mails, aceite um pedido de conexão por mídia social, responda a uma mensagem de texto, aceite um convite para um evento ou para webinar, baixe informações de um link que você enviou, participe de conversas sobre vendas e, por fim, faça negócio com você.

Essa é a Lei da Familiaridade.

Ela tem respaldo de dados que indicam que pode levar de 20 a 50 contatos para se aproximar de um cliente potencial com pequena ou nenhuma familiaridade com você ou sua empresa, mas somente de 1 a 10 contatos para se aproximar de um cliente inativo, de uma indicação quente ou um cliente potencial com um alto nível de familiaridade com você, sua empresa ou sua marca.

A falta de familiaridade é o motivo de você receber tantas objeções quando pede pelo tempo de seus clientes potenciais. Quando eles não o conhecem, é muito mais difícil passar pela porta.

A Lubrificação da Prospecção

É por isso que é de seu maior interesse investir tempo e esforço para construir familiaridade com seus clientes potenciais. A familiaridade lubrifica a prospecção, porque faz com que a decisão do cliente em disponibilizar tempo para você seja menos arriscada.

Chega a ponto, inclusive, de um cliente potencial se comunicar com prontidão e construir uma relação de "primeiro nome" com você — mesmo que não estejam interessados em comprar no momento. Sean Burke, presidente-executivo da KiteDesk, chama isso de Limiar da Familiaridade.

Quando você adquire confiança suficiente para cruzar o limiar da familiaridade, também ganha a habilidade de se comunicar com mais liberdade, inclusive através de inbox nas mídias sociais e mensagens de texto, sem ser considerado um intrometido.

Você não vai cruzar o limiar da familiaridade com a maioria dos seus clientes potenciais porque nunca vai ter tempo suficiente de fazer esse nível de investimento com todos eles. Cruzar o limiar da familiaridade requer um investimento significativo de tempo, inteligência, emoção, energia e tecnologia. É por isso que você precisa elaborar suas listas de conquistas a realizar e desenvolver planos estratégicos de prospecção para focar seu tempo e atenção em construir familiaridade com seus clientes potenciais mais valiosos.

As Cinco Alavancas da Familiaridade

O limiar da familiaridade é, também, o motivo de os representantes seniores de sua empresa — aqueles que estão no mesmo território há anos — fazerem parecer tão fácil. Os anos de investimento que dedicaram a construir familiaridade em seu território deram bons resultados. Se você desse uma olhada mais de perto nos esforços deles, descobriria que houve cinco alavancas que, com o tempo, os ajudaram a construir familiaridade.

Prospecção Persistente e Consistente

O primeiro passo em criar familiaridade é por meio de prospecção diária persistente e consistente. A cada vez que você liga, manda e-mail, encontra cara a cara, saca um cartão de visitas e deixa uma mensagem de voz, você cria familiaridade. Essa é uma das razões principais para a persistência compensar. Quanto mais vezes eles veem ou ouvem seu nome, mais familiar você se torna a eles e às pessoas que dão acesso a eles e os protegem. Em termos simples, quanto mais você prospectar, mais familiar você se torna para sua base de prospecção.

Indicações e Apresentações

"Ron, você mencionou que ainda tem ligações próximas com sua antiga empresa. Você sabe quem toma as decisões em treinamento de vendas por lá?" Eu estava conversando com o responsável pela tomada de decisões de um dos meus principais clientes.

"Sim. É Mary Walker. Ela trabalhava para mim. Excelente senhora, você vai gostar dela." Ele olhou para baixo, para o telefone. "Vou pegar o número dela para você."

Alguns segundos se passaram e ele me deu a informação de contato dela. Então, perguntei: "Você se importaria em dar uma ligada para ela e fazer uma apresentação?"

Ele olhou para cima e disse: "Claro, sem problema." Então, ele ligou, Mary atendeu, e ele disse: "Estou aqui com um cara chamado Jeb Blount. Ele tem nos ajudado a desenvolver nosso currículo de treinamento em vendas. Vocês dois precisam se conhecer. Ele vai dar uma ligada para você."

O caminho mais poderoso e direto para a familiaridade é uma indicação ou uma apresentação. A indicação lhe dá credibilidade instantânea, porque você passa a se beneficiar de uma pessoa que já é da confiança de seu cliente potencial. Há três tipos básicos de indicações:

1. *Indicações de clientes* vêm de clientes satisfeitos que confiam em você. A chave para gerar essas indicações é desenvolver um processo sistemático e disciplinado de pedir indicações.

2. *Indicações pessoais* vêm de amigos, família e conhecidos. Essas são pessoas que conhecem você e estão dispostas a lhe enviar clientes potenciais. Reserve tempo para informar suas conexões pessoais sobre o que você faz e seus clientes potenciais ideais para que eles saibam o que procurar. Então (isso é crucial), continue lembrando-os para que não se esqueçam de você.

3. *Indicações profissionais* vêm de relações que você desenvolveu com outros profissionais em indústrias relacionadas ou com vendedores que talvez telefonem para o mesmo tipo de clientes potenciais, mas que não competem com você. Essas são as típicas relações mutuamente benéficas. Para criar essas indicações, você precisa buscar, formar e investir de maneira contínua nessas relações profissionais. Quanto mais ampla sua rede profissional, mais referências você vai criar.

Li dezenas de livros sobre indicações. Esses livros oferecem conselhos, técnicas e dicas excelentes para gerar referências. Por questão de tempo, vou lhe dar uma breve sinopse da mensagem central que é comum a cada um desses livros. O verdadeiro segredo para gerar indicações é:

- Proporcionar uma experiência memorável ao cliente.
- Pedir.

É isso. Direto e simples. Ainda assim, em frente a um grupo de representantes de vendas B2B no mês passado, perguntei: "Quantos de vocês proporcionam excelente serviço aos clientes? Levantem a mão."

Todas as mãos da sala se levantaram.

"Quantos de você pediram pelo menos uma indicação na semana passada?"

Nenhuma mão se levantou.

"E no último mês?" De novo, nada de mãos.

"E no último trimestre?" Uma mão se levantou.

"E no último ano?"

Três mãos levantadas de um total de uns 100 vendedores.

Chocante? Na verdade, não. Faço regularmente essa pergunta a grupos de vendedores. A resposta é sempre a mesma. Não vou fazer você perder tempo discutindo por que vendedores não pedem, porque a resposta é mais que óbvia: ou eles temem ser rejeitados ou simplesmente não pensam nisso.

É relativamente fácil, comedido e pouco arriscado pedir uma indicação a um cliente satisfeito. É assim:

"Patrícia, obrigado novamente pelo negócio. Estou contente em saber que está satisfeita conosco. Estou trabalhando duro para reunir mais clientes como você. Será que você poderia me apresentar a outras pessoas em sua rede que poderiam querer nosso produto?"

Sim, há maneiras mais estratégicas e poderosas de pedir. Sim, há maneiras de facilitar para que seus clientes o ajudem com as indicações. O mais importante, no entanto, é a disciplina em pedir.

Networking

Há oportunidades de fazer network em sua comunidade ou seu território toda semana. O primeiro lugar para verificar é(são) a(s) câmara(s) comerciais em seu território. Depois, vá ao Google ou Bing procurar calendário de eventos de outros negócios e organizações cívicas em sua região. Por fim, pergunte a seus clientes potenciais e consumidores a quais eventos, conferências e feiras de negócios eles vão.

Então *vá!* Será que eu consigo ser mais claro? Vá apertar mãos. Vá conhecer pessoas. Vá saber sobre elas. Você vai conseguir conexões e indicações, e nada constrói melhor a familiaridade do que o contato cara a cara. Falaremos sobre prospecção social e mídias sociais no próximo capítulo, mas networking é a verdadeira prospecção social.

Para ter sucesso em networking, largue mão de ser um folheto de marketing ambulante e falante e enfie nessa sua cabeça dura que ninguém se importa com você ou com o que tem a dizer. Eles querem falar sobre si mesmos.

Você não vai a eventos de networking para vender. Você não está lá para marcar reuniões, conseguir contatos ou fechar negócios. Você está lá para criar conexões com outras pessoas. Essas outras coisas você consegue depois que as conexões estiverem estabelecidas. Não deve haver nenhum toma-lá-dá-cá nas suas conversas.

Você cria conexões quando faz perguntas, ouve e fica genuinamente interessado em outras pessoas. Maya Angelou afirmava: "As pessoas vão se esquecer do que você fez ou disse, mas elas sempre vão se lembrar de como você as fez se sentir." Leve isso a sério ao investir tempo em eventos de networking.

Fazer o acompanhamento depois dos eventos de networking é a chave para consolidar suas novas relações e familiaridade. Use bilhetes escritos à mão para lembrar a outra pessoa de sua conversa fazendo referência a algo que você falou. Tenho o hábito de manter no carro uma pilha de envelopes selados e bilhetes de agradecimento. Escrevo meus bilhetes enquanto as conversas ainda estão frescas.

Quando a conversa foi positiva, também mando uma curta mensagem de texto para agradecer à pessoa pelo tempo em que conversou comigo, seguida de um pedido de conexão pelo LinkedIn para consolidar ainda mais a familiaridade.

Por fim, registro minhas ligações no GRC na manhã seguinte, no mais tardar. Se eu prometi enviar algo, agendar uma reunião ou apresentá-los a outra pessoa, agendo uma tarefa e entro em ação depois de 24 horas do evento.

Depois, faço um acompanhamento regular até colocar meus clientes potenciais de networking no pipeline.

Familiaridade da Empresa e da Marca

Eis a boa notícia. Se você é sortudo o suficiente por trabalhar em uma empresa famosa ou vender uma marca reconhecida, prospectar é exponencialmente mais fácil do que para o representante que vende para uma startup ou para uma empresa pequena e desconhecida. Em alguns casos, tudo o que você precisa fazer para começar uma conversa ou marcar uma reunião é mencionar o nome ou o produto de sua empresa.

A máquina de marketing das grandes empresas está sempre na ativa, impulsionando o reconhecimento da marca e gerando indicações através de propaganda tradicional, mídias sociais, marketing de conteúdo, feiras comerciais e conferências. Isso dá ao representante que trabalha com a marca de uma empresa grande uma vantagem decisiva na guerra pela atenção de seus clientes potenciais.

Se você trabalha para uma startup, para uma marca emergente ou para uma empresa pequena e desconhecida sem uma estratégia firme de marketing, está quase sempre em desvantagem. É muito mais difícil conseguir que as pessoas queiram encontrá-lo quando elas não estão familiarizadas com sua empresa. Por esse motivo, equipes de vendas de empresas pequenas e startups são intrinsecamente uma parte integral do processo de construção da marca e consciência de mercado. Em conjunto com (ou, em alguns casos, apesar de) recursos limitados de marketing, você precisa participar ativamente e se fazer ouvir.

Você pode ser chamado, e eu sugiro que se voluntarie, para escrever e postar em blogs relevantes, ser parte ativa de feiras comerciais, construir e catapultar seu network em mídias sociais, contribuir para artigos técnicos e e-books, criar podcasts e hospedar webinars. E quando o assunto é mídia social, você pode criar uma consciência maciça da marca para uma audiência direcionada comprometendo-se a ser ativo, aumentar seu network e compartilhar conteúdo.

O que quero dizer é que, quando você está em uma organização pequena, todo mundo faz de tudo, e é comum que vendas e marketing sejam misturados em vez de separados em silos.

Para representantes que trabalham para uma marca bem reconhecida, a chave é ficar fora das engrenagens da máquina de marketing e deixar que o marketing faça o próprio trabalho.

Marca Pessoal

Familiaridade também se constrói por meio da marca pessoal, ou seja, fazendo um investimento direto em melhorar a consciência de seu nome, experiência e reputação.

Esta é a maneira definitiva de construir familiaridade porque as pessoas compram *você*. Elas compram e confiam em você porque acreditam que você é a única pessoa que pode resolver o problema particular delas.

Nunca na experiência humana foi tão fácil construir familiaridade por meio da marca pessoal. Distribuir conteúdo hoje é fácil. É só entrar na sua rede social favorita e fazer a festa. Aponte, dispare, escreva, clique e publique: está tudo na ponta de seus dedos. Você pode divulgar seu nome e construir sua reputação rapidamente e por um custo muito pequeno.

Há, no entanto, uma metodologia de marca pessoal tão pouco usada que a considero uma arma secreta na guerra pela familiaridade. Ela tem um histórico extraordinário em produzir resultados e gera familiaridade, credibilidade e contatos instantâneos.

O segredo: falar em público regularmente.

Falar em público é um método poderoso para conhecer pessoas e desenvolver relações comerciais porque cria um ambiente em que clientes potenciais procuram você.

Quando você fala em público, ao menos por um momento, é considerado uma celebridade menor que as pessoas querem conhecer. Depois de fazer seu discurso, as pessoas vão até você, começam a conversar, revelam suas questões de negócios por vontade própria e voluntariamente entregam as próprias informações de contato.

É fácil conseguir um horário para palestrar. Organizações como a câmara do comércio, o Rotary Club, as organizações comerciais e outros grupos de negócios e civis sempre estão precisando de palestrantes convidados. Tudo o que você precisa fazer, na verdade, é ligar e se voluntariar, e eles vão colocá-lo na agenda com prazer. Se você frequenta feiras comerciais e reuniões de associações, é só ligar para quem organiza as reuniões e dizer a eles que você gostaria de ser palestrante ou dar um workshop. Esse pessoal fica procurando por especialistas no assunto para agregar valor a seus programas.

Embora menos eficaz, você também pode falar em webinars e eventos de streaming ao vivo disponibilizados por associações de indústria e comércio e na sua própria empresa.

Falar permite que você apresente seu conhecimento. Isso também lhe dá visibilidade e credibilidade tremenda. E, porque tão poucos concorrentes seus falam, isso vai destacá-lo, aprimorar sua marca pessoal e gerar um senso maior de familiaridade com seus clientes potenciais.

Aviso

As informações neste capítulo vêm com um aviso. É fácil passar todo o seu tempo criando familiaridade. Se você fizer isso no lugar de outras atividades de prospecção, daqui a um mês vai acordar com um pipeline vazio e um chefe irritado gritando com você.

Como tudo em vendas, construir familiaridade tem a ver com equilíbrio. Você tem de equilibrar a necessidade de vendas hoje com um investimento no futuro.

13
Venda Social

Vendas são um misto de arte e ciência. Arte é persuadir as pessoas a assumirem compromissos. Ciência é persuadir as pessoas certas.

— Jeb Blount

A influência da wmídia social na sociedade atual é incontestável. Milhões de pessoas estão conectadas em sites de mídias sociais — constantemente verificando e atualizando os próprios status. Como ferramenta de negócios, a mídia social passou de inovadora para onipresente.

No momento em que escrevo este livro, *venda social* é um dos jargões em alta na carreira de vendas.

Não há dúvida de que o canal de venda social (por vezes denominada prospecção social) é um componente crucial para uma metodologia equilibrada de prospecção.

Acredito que, para a carreira de vendas, a mídia social é o avanço tecnológico mais importante desde o telefone. Nunca houve uma época em que tanta informação sobre tantos compradores fosse tão fácil de acessar. E não somente informação de contato, mas contexto. Por meio desse canal social, temos vislumbres de nosso comportamento prospectivo, desejos, preferências e gatilhos que guiam nossa atitude na hora de comprar e abrem as janelas de compras.

O canal social nos fornece a habilidade de construir familiaridade com facilidade e economia, por meio de técnicas de baixo impacto e não intrusivas. Podemos facilmente mapear compradores, influenciadores, *coaches* em potencial e outras partes interessadas em nossos contatos de prospecção e estrategicamente descobrir motivações para a compra e interesses que levem à conversas cara a cara mais impactantes e robustas. Podemos monitorar nossos concorrentes e tendências do setor de um jeito que não era possível ou economicamente viável no passado.

A tecnologia que nos permite explorar, analisar e usar essa gama infindável de dados está despontando a passos largos. Isso é tanto uma boa quanto uma má notícia. A boa é que a tecnologia vai deixar ainda mais fácil a utilização do canal social para construir seu pipeline e acelerar o processo de vendas.

A má notícia? À medida que o banco de dados muda e as opções para explorar esses dados aumentam, o ecossistema social fica mais sobrecarregado e o gasto para explorar esses dados sobe rapidamente.

Os proprietários dos canais sociais — LinkedIn, Google, Facebook e Twitter — estão fortemente cientes de que detêm todos os dados e cartas na mão. As empresas que constroem softwares que desbloqueiam esses dados estão tendo de pagar para ter acesso a eles. Para obter lucro, esses custos estão sendo passados para você. Em outras palavras, no futuro, para extrair o máximo das vendas sociais, você vai precisar trazer sua carteira junto.

Ainda assim, a venda social está incorporada de modo indissociável à estrutura da prospecção fanática. Os que têm desempenho máximo sabem disso, e é por isso que eles estão rapidamente adotando táticas de vendas sociais ao prospectar e estão dispostos a desembolsar para ter acesso.

Meu foco neste capítulo é lhe dar estrutura para se tornar mais eficaz e eficiente com mídias sociais em sua rotina de prospecção. Vou ajudá-lo a entender os objetivos principais e os cinco Cs da prospecção social, ao lado de cinco categorias de ferramentas de vendas sociais que o ajudarão a ter mais sucesso em seus esforços.

Cinco Objetivos da Prospecção Social (Resultados)	Os Cinco Cs do Processo de Prospecção Social (Eficaz)	Ferramentas de Prospecção Social (Eficiente)
Promoção da marca pessoal e construção de familiaridade	Conexão	Ferramentas de participação
Prospecção interna via educação e insights	Criação de conteúdo	Ferramentas de criação
Atenção ao evento gatilho e ao ciclo de compras	Curadoria de conteúdo	Ferramentas de curadoria
Pesquisa e coleta de informações	Conversão	Ferramentas de distribuição
Prospecção externa via encontro direto	Consistência	Inteligência e ferramentas de dados

Como o cenário das vendas sociais vem mudando com tanta rapidez, vou evitar me aprofundar nas características/táticas específicas dos principais sites de mídias sociais e suas ferramentas. Francamente, por conta de os sites de mídias sociais terem recursos tão fartos, seriam necessários inúmeros livros adicionais para oferecer tudo aquilo que você jamais teria necessidade de saber e, quando esses livros fossem publicados, estariam desatualizados.

Então, em vez de tentar encher este capítulo com coisas que você nunca vai precisar saber sobre prospecção social, elaborei um farto conjunto de recursos que estão constantemente sendo atualizados. Se desejar, acesse www.FanaticalProspecting.com [conteúdo em inglês]. Lá, você poderá encontrar alguns módulos de treinamento virtual, tutoriais, artigos, e-books e vídeos sobre prospecção social.

Venda Social Não É uma Panaceia

Ao lado da crescente conscientização do poder dos canais sociais, tem havido uma tendência perturbadora de recém-proclamados gurus das "vendas sociais" afirmarem que elas vão resolver todos os seus problemas com vendas.

Recentemente, testemunhei um desses "gurus" declarando que todas as outras formas de prospecção estavam mortas e aconselhando vendedores a focarem toda a energia em vendas sociais (é claro, usando um complexo sistema de nove passos que ele estava oferecendo por um desconto especial). De forma irônica e hipócrita, a jogada dele foi feita através de um e-mail frio.

Outra especialista fez uma chamada fria para meu vice-presidente de vendas na Sales Gravy a fim de expor o programa de vendas sociais dela como um programa avançado de geração de oportunidades que eliminaria para sempre as chamadas frias. Ele a desafiou: "Se seu programa é tão bom, por que está me fazendo uma chamada fria? Não sou eu quem deveria estar ligando para você?" Aquilo interrompeu imediatamente a ligação.

Venda social não é uma panaceia. Contato e taxas de conversão por telefone e e-mail reduzem taxas de conversão em mídias sociais. O canal social reforça, aumenta e, às vezes, intensifica seu empenho em prospectar. Com certeza tem impacto na familiaridade. Mas não substitui o empenho focado e deliberado em prospecções externas.

O Desafio das Vendas Sociais

De vez em quando, entretanto, contrato um novo representante de vendas que me desafia nessa premissa. No ano passado, um de meus novos representantes foi até minha sala e declarou a morte do telefone. Ele tinha lido um artigo de um "especialista" em vendas sociais e, depois, assistido a um de seus webinars. Meu representante afirmava que tinha aprendido a eliminar a chamada fria (quer dizer, *todas* as chamadas) com uma estratégia mais potente pelo LinkedIn.

"Além disso", ele me disse, "ninguém mais atende ao telefone. O comprador 2.0 quer conversar com vendedores nos próprios termos." (Lembro-me de ter pensado com meus botões: "Comprador 2.0? Que diabos é isso?")

Ele chegou a pronunciar as palavras "velha guarda" enquanto discutíamos sua posição sobre telefonar versus LinkedIn, e eu apontei o telefone e insisti a ele que o pegasse e começasse a ligar.

Então, eu o desafiei. Ele poderia empregar sua "estratégia da nova guarda" durante uma semana, e eu iria com a da velha guarda, abriria nossa base de dados de prospecções, pegaria o telefone e interromperia o dia do "Comprador 2.0".

Ao final do primeiro dia, ele orgulhosamente veio à minha sala para transmitir que suas solicitações de contato tinham sido aceitas por sete pessoas — "Bons clientes potenciais", disse ele.

"Maravilha! E então, quanto você vendeu?", perguntei.

"Você não entende, Jeb. Não funciona assim", retrucou ele. "Isso leva tempo."

Olhei para minha folha de chamadas. Tinha finalizado 73 ligações, feito 19 contatos e fechado a venda de dois negócios para os quais já tinha informações de cartões de crédito — dinheiro de verdade no banco.

Repetimos o exercício por mais quatro dias. No fim da semana, eu havia fechado 17 contas novas e recebido pagamento em todas elas. Ele havia tido sucesso em conseguir que uma penca de pessoas aceitasse suas solicitações de conexão, curtiu e comentou em vários posts, seguiu páginas de empresas, entrou em grupos, postou um monte de conteúdo e... não vendeu nada.

Por desencargo de consciência, também uso mídias sociais. Fechei a venda de dois negócios com clientes potenciais quando eles me retornaram depois de eu ter deixado uma mensagem de voz, enviar um e-mail para só então os adicionar no LinkedIn. Também enviei solicitações de contato aos clientes para quem vendi e àqueles com quem tinha conversado por telefone, mas não consegui fechar. Ao montar minhas listas de ligações, pesquisei as informações em perfis no LinkedIn que pudessem deixar minhas chamadas mais relevantes. Em outras palavras, eu inseri a mídia social em um esforço equilibrado de prospecção, em vez de fazer dela meu canal exclusivo.

Depois de nosso exercício, uma aposta de US$10 e uma conversa de *coaching* que incluiu uma calculadora com a qual eu lhe mostrei quanto ele teria ganhado em comissão se tivesse feito 17 vendas, meu novo representante concordou que teria enchido sua conta bancária mais rápido com uma abordagem equilibrada, que incluísse interromper pessoas em vez de ficar o dia todo no canal social esperando que elas o interrompessem.

Antes de se jogar de cabeça nessa realidade brutal, meu novo representante tinha adotado a metodologia de um "guru" que prometeu um fluxo infinito de clientes potenciais prontos para comprar, com esforço mínimo e nenhuma rejeição.

Se você decidir acreditar nesta bobagem, talvez precise manter seu currículo preparado, e se pensa que vendas sociais são o novo feitiço que vai transformá-lo no próximo astro das vendas, prepare-se para ser sacolejado de volta para a realidade.

As vendas sociais não vão resolver as angústias de seu pipeline ou proporcionar um fluxo infinito de chamadas de entrada com pouco esforço. É preciso muito mais que conexão pelo LinkedIn, curadoria de conteúdo e esperança para estimular os compradores de hoje a tomarem providência. A venda social consome tempo, drena o intelecto e exige uma longa rotina de empenho diário consistente para ter algum resultado.

Então, talvez o melhor lugar para começar seja estabelecendo o que a venda social não é.

Venda Social Não É Venda

Vamos deixar claro desde o início. A venda social *não é* venda. Se você está tentando vender coisas no LinkedIn, Twitter, Google+ ou Facebook, é quase como se não estivesse vendendo nada ao mesmo tempo que irrita suas conexões a ponto de transformá-las em ex-contatos, além de causar um dano grave à sua reputação e relações.

O que quero dizer é que as pessoas não querem ser importunadas por vendedores ou "vendidas" em mídias sociais. Elas preferem conectar, interagir e aprender. Por esse motivo, o canal social é mais apropriado para construir familiaridade, alimentar os contatos, pesquisar, prospectar chamadas de entrada variadas e ter consciência de eventos de gatilho.

Com exceção da caixa de entrada social, que pode ser um suplemento e uma alternativa à tradicional caixa de entrada de e-mails, a prospecção social trata-se de variedade, tato e paciência. Com clientes potenciais complexos e corporativos, o canal social se torna a peça fundamental de um jogo de xadrez estratégico projetado para influenciar os principais interessados e habilmente transportar esses negócios para o pipeline no momento oportuno (abordarei a prospecção via caixa de entrada quando discutirmos prospecção por e-mail.)

Venda social é uma expressão composta que abrange várias atividades — todas feitas para enriquecer o processo de vendas e encher o pipeline com clientes potenciais mais qualificados e motivados. Essas atividades incluem:

- Pesquisa social.
- Networking social.
- Geração de oportunidades sociais.
- Marketing de atração social.
- Prospecção social.
- Monitoramento social de eventos de gatilho.
- Inteligência competitiva social.
- Gerência de relações com o cliente (GRC) social.
- Gestão de contas social.

Dito isso, é crucial que você inclua vendas sociais em seu arsenal de vendas e trabalhe para se tornar um mestre em impulsionar o canal social. Não importa o que está vendendo, integrar o social às suas prospecções e processo de vendas não é mais uma opção.

Escolhendo os Canais Sociais Certos

Pergunta: Por que as pessoas roubam bancos?

Resposta: Porque é lá que o dinheiro está.

Em quais canais sociais você deveria estar ativo? Em que deveria investir seu tempo limitado? A resposta é simples: vá aonde seus clientes potenciais estiverem.

LinkedIn, Facebook, Twitter, Google+, Pinterest, Instagram, Tumblr, Foursquare, Swarm, Ello, SoundCloud, YouTube, Snapchat, WhatsApp, SlideShare — a lista de sites de mídias sociais é longa (tenho certeza de que me esqueci de algumas), e novos canais sociais vão continuar aparecendo. É o suficiente para fazer sua cabeça girar. O cenário das mídias sociais é complexo. A tarefa de dominar e se envolver em mídia social é desanimadora e, para ser franco, esmagadora — tanto que a maioria das empresas tem uma pessoa (empresas pequenas) ou uma equipe inteira (empresas grandes) incumbida de gerenciar mídias sociais. Só para ver quanto esforço é exigido.

Como profissional de vendas individual, não há de forma alguma como manter todas elas e ainda ter tempo para vender. Mesmo que você tente estar presente em todos esses canais, é uma tarefa extenuante.

É por isso que você não deveria tentar. Descobri que consigo gerenciar, de maneira efetiva, de três a quatro canais por vez, e que me saio muito melhor quando trabalho só com dois. Muito mais que isso começa a ficar chato e meus esforços são minimizados. Pare um pouco e responda a estas duas perguntas:

1. Em quais canais sociais vou encontrar meus consumidores e clientes potenciais?
2. Com quais canais sociais eu me sinto mais à vontade?

A primeira pergunta é, de longe, a mais importante. Se seus consumidores não estão no Twitter, por exemplo, não se preocupe com isso. Mas, se estão no Twitter, é melhor você descobrir como usá-lo. O ROI de seu investimento em vendas sociais (tempo, dinheiro e emoção) vai crescer de maneira significativa se você estiver brincando no mesmo parquinho que seus clientes potenciais. Por exemplo, se você vende software em nuvem para empresas de serviços financeiros, não participaria de uma feira comercial para fazendeiros. O mesmo vale para o social.

Também é importante participar de canais nos quais se sinta à vontade e dos quais goste. Eu, por exemplo, passei muito tempo no Twitter porque eu adoro. Minha audiência está espalhada por quase todos os canais principais, mas o Twitter é de longe o meu favorito e fica evidente na minha base de seguidores (siga-me em @salesgravy; conteúdo em inglês).

Se não gosta de um canal em particular, sua tendência será ignorá-lo e sua atividade não será consistente. Mas vamos cair na real: se seus clientes potenciais estão em um canal que você detesta, sugiro que você descubra como gostar dele para que faça parte de seu dia de vendas.

Para a maioria dos vendedores, no entanto, o LinkedIn será o canal social básico. Primeiro, você precisa marcar presença, porque o LinkedIn é o canal social para profissionais. Segundo, se você está em vendas B2B ou em B2C de alto volume, o LinkedIn é onde seus clientes potenciais se encontram. Terceiro, o LinkedIn tem um conjunto sólido de ferramentas e funções feitas para vendedores e vai ajudá-lo a partir de todos os seus canais de prospecção.

(Para mais, visite também FanaticalProspecting.com [conteúdo em inglês], lá você poderá pesquisar alguns canais sociais mais atualizados para ajudá-lo a escolher em que e como investir seu tempo).

Cinco Objetivos da Prospecção Social

Está ouvindo aquele barulho alto de sucção? São as mídias sociais roubando tempo das Horas de Ouro dos vendedores ao redor do mundo. Horas e horas de horário nobre de vendas desperdiçadas com cabeças enfiadas em laptops, tablets e smartphones: "vendas sociais".

O canal social é hipnotizante e viciante. Ele foi feito para ser assim, para fisgá-lo e fazê-lo ficar voltando por mais. É por isso que aquelas curtidas, compartilhamentos, estrelas, notícias e numerosinhos no seu telefone existem. Eles atiçam sua curiosidade e competitividade.

A mídia social é uma grande máquina de fazer dinheiro que devora seus dados e seu tempo e os vende para publicitários. Para fazer isso, ela precisa que você seja fisgado. Quando passa o dia todo nas mídias sociais, não pense nem por um minuto que isso é diferente de ficar parado em frente a uma tela de TV.

É claro, a diferença entre um canal de TV e o canal social é que você pode realizar algo de verdade no último quando tem a disciplina de focar seu tempo na criação de resultados específicos que o ajudem a identificar clientes potenciais e transferi-los para o pipeline. Esses resultados incluem:

- Promoção da marca pessoal e construção de familiaridade.
- Prospecção de entrada via educação e insights.
- Consciência do evento gatilho e do ciclo de compras.

- Pesquisa e levantamento de informações.
- Campanhas estratégicas de prospecção.
- Prospecções de chamadas de saída.

Você precisa aprender a usar as mídias sociais da maneira correta para que seu tempo seja bem usado. *Eficiente* e *eficaz* são o mapa da mina. Seu investimento de tempo em canais sociais deve ser focado em aumentar o tamanho e a viabilidade de seu pipeline. De outro modo, você só está desperdiçando.

Promoção da Marca Pessoal

Aqui estão duas perguntas que você precisa fazer constantemente a si mesmo ao se dedicar à prospecção social:

1. Minha presença online dá suporte aos meus esforços em construir uma reputação como profissional de vendas que resolve problemas e em quem se pode confiar?
2. Isso ajuda as pessoas a se familiarizarem com meu nome e marca de um jeito positivo?

Se a resposta a qualquer uma dessas perguntas for "não" ou "não tenho certeza", é hora de fazer um ajuste em sua estratégia. O motivo principal, o mais importante de todos para você se dedicar a vendas sociais, é aprimorar a familiaridade e desenvolver confiabilidade. Você quer ser visto e ouvido e avaliado como uma fonte viável para potenciais compradores.

Em um nível elementar, possíveis clientes vão procurá-lo online em um esforço de obter a essência de quem e o que você é antes de o conhecerem. O que eles vão descobrir vai fazer com que o julguem instantaneamente. Esses julgamentos vão impactar sua habilidade de influenciá-los e convencê-los a se comprometer a abrir mão de tempo, recursos e dinheiro. Você quer que sua presença profissional online o transforme na pessoa mais capaz de trazer soluções à situação.

Como a maioria das pessoas, você faz julgamentos rápidos ou elabora rápidas impressões sobre os outros quando é apresentado pela primeira vez. É assim que funcionamos como seres humanos. Com tantas informações atacando nosso sistema nervoso, nossos cérebros evoluíram para juntar rapidamente informações disponíveis sobre os outros (qual é sua aparência, como falam e agem) e compilá-las em uma foto instantânea da pessoa. Essas primeiras impressões, independente de sua validade, influenciam nossos sentimentos em relação à outra pessoa.

É verdade que, no mundo físico, às vezes você tem uma segunda chance de passar uma primeira boa impressão. Porém, no mundo virtual, a chance de mudar as primeiras impressões de você online é zero. Quando consumidores em potencial veem o "você online" e não gostam do que veem, eles apenas partem para outra.

É claro que, em espaços online, a vasta maioria dos profissionais de vendas tem o bom senso de não criticar o chefe, postar comentários políticos ou religiosos polêmicos ou ostentar quão bêbado ficou na noite anterior. Em vez disso, eles elaboram primeiras impressões online fracas de maneiras mais sutis.

Fico constantemente chocado com o modo vergonhoso com que alguns vendedores gerenciam a própria imagem nas mídias sociais. Os erros mais comuns são:

- Perfis mal redigidos.
- Perfis incompletos e desatualizados.
- Foto não profissional ou nenhuma foto.
- Postagens e discussões políticas e religiosas com opiniões extremas.
- Muita informação sobre questões pessoais.

Seus perfis nas mídias sociais são um reflexo direto de sua marca pessoal. Esses perfis são a ponta da lança das vendas sociais. Até que seus clientes potenciais o conheçam por telefone ou pessoalmente, você é quem você é online. Então, você precisa investir tempo em desenvolver e aperfeiçoar seus perfis sociais.

Hoje, não amanhã, tome providências para se assegurar de que sua imagem online mostre o melhor de você. Para mais, acesse FanaticalProspecting.com [conteúdo em inglês]. Você poderá encontrar mais informações sobre como construir páginas de perfis campeões em mídias sociais e também instruções e dicas para as principais redes em mídia social.

Aqui estão algumas das básicas:

Foto de rosto

De acordo com o PhotoFeeler.com, um site que ajuda as pessoas a escolherem a foto certa para perfis online: "Fotos de perfil são tão essenciais à comunicação moderna que uma boa imagem se tornou necessidade básica. E isso não poderia ser mais verdadeiro para nós, com vidas profissionais ligadas a perfis em mídias sociais."

Certifique-se de ter uma foto profissional de rosto em todos os seus perfis — inclusive no Facebook. Profissional significa deixar fora da foto seu gato, cachorro, filhos, férias, colegas de faculdade, óculos de sol descolados e garrafa de cerveja. Assegure-se de que a foto tenha sido tirada com boa iluminação e ângulo favorável, e que tenha um fundo neutro. Esqueça as poses cafonas, com os braços cruzados, mão no queixo ou erguendo os óculos, por exemplo. Você não quer sair na foto com cara de idiota.

Em vez disso, sorria e mantenha uma expressão agradável. Em um estudo[1] com base em cerca de 60.000 avaliações, o Photo Feeler descobriu que um sorriso verdadeiro tem impacto significante nas percepções que outras pessoas têm de sua competência, simpatia e influência com base em sua foto de perfil.

Uma boa prática que eu fortemente recomendo é postar a mesma foto de rosto em todos os seus perfis de redes sociais. Sua imagem é como seu logotipo. Você quer que ele seja conhecido.

Imagem de Capa

Uma potência do marketing de atração e do GRC, o HubSpot.com afirma que "ter um perfil em mídia social sem foto de capa é como ter um negócio-padrão sem loja".

A maioria dos sites de mídias sociais lhe permite carregar uma imagem de capa para seu perfil. Geralmente ela é um fundo situado no cabeçalho, mas às vezes pode ser o fundo da página inteira. É uma forma gratuita de deixar uma imagem contar sua história.

Certifique-se de ter uma imagem de capa profissional em todos os seus perfis sociais. As dimensões da imagem e especificações para cada rede social são diferentes e tendem a mudar. Você vai encontrar dezenas de recursos online que fornecem informações detalhadas sobre imagens de capa. Se você não é um artista gráfico, criar sua própria imagem de capa profissional pode ser desanimador. A boa notícia é que há muitos especialistas online que vão ajudá-lo a criar capas profissionais por um custo simbólico. Sugiro que você procure primeiro pelo www.fiverr.com [conteúdo em inglês]. Para uma opção de serviço automático e de baixo custo, recomendo o www.canva.com.

Resumo/Vida/Sobre Você

O especialista em promoção de marca pessoal William Arruda afirma que "um resumo eficaz no LinkedIn faz com que as pessoas queiram saber mais sobre você e, em última análise, se conectem a você". Isso também vale para o "sobre você" e seções de sua vida em cada um de seus perfis em mídias sociais. Você pode preencher o formulário extenso no LinkedIn, no Facebook e no Google+ e usar sua criatividade com descrições curtas e agradáveis no Twitter e no Instagram.

Escrever um resumo perfeito que se conecte com o leitor exige reflexão e empenho. É sua história e ela deveria fazer as pessoas quererem conhecer você.

Ele deve ser bem redigido, convincente e verdadeiro. Escreva em primeira pessoa e deixe-o coloquial. Sua biografia deve expor quem você é, o que mais preza (valores), o que faz melhor e por que consumidores e clientes podem contar com você e acreditar que você pode resolver os problemas deles.

Informações de Contato

Privacidade? Esqueça a privacidade. Você está em vendas. A melhor coisa que pode acontecer é um cliente potencial telefonar e interrompê-lo. Se você dificultar, eles não telefonam. Se não fornecer informações de contato, eles não podem telefonar. Então, facilite. Coloque suas informações de contato, inclusive telefone, e-mail e site nos seus perfis em mídias sociais.

Mídia e Links

Assegure-se de conectar os links de cada página de perfil social com suas outras páginas de perfil, e também com qualquer lugar em que mantenha um blog ou contribua com conteúdo. No caso do LinkedIn, você tem a oportunidade de acrescentar uma mídia farta, inclusive documentos, fotos, links, apresentações e vídeos. Reserve tempo para acrescentar informações que serão interessantes para seus clientes potenciais, instrua-os e dê a eles um motivo para se conectar com você (certifique-se de conferir com seu departamento de marketing se há permissão para acrescentar conteúdo relacionado à marca de sua empresa).

URLs Personalizados

A maioria dos sites de mídias sociais permite que você crie um URL personalizado para sua página, o que torna mais fácil para que as pessoas o encontrem e para que você compartilhe seu perfil.

História

Certifique-se de completar todo o seu perfil. Não deixe espaços, buracos ou perfis parcialmente completos. Isso transmite a mensagem que você não é confiável.

Atualize Regularmente Seus Perfis

Comprometa-se a gerenciar sua presença online revisando, atualizando e constantemente aprimorando todos os seus perfis online pelo menos uma vez por trimestre. As coisas mudam. Certifique-se de que seus perfis estejam mudando com você e que eles permaneçam recentes. Ao revisar seus perfis online, responda à pergunta: você *se* compraria?

Construindo Familiaridade

O canal social é o modo mais eficiente e eficaz de construir familiaridade. Para construí-la, você precisa estar presente e envolvido constantemente com clientes potenciais online, a fim de que eles o vejam com frequência e, com o tempo, fiquem mais à vontade com você.

Envolver-se significa curtir, compartilhar e comentar em posts e conteúdos em que eles estejam comentando e compartilhando. Você também precisa postar conteúdo que seja interessante para eles, parabenizá-los por conquistas e marcar presença em grupos dos quais participam.

Esteja ciente de que você sempre está no palco. Tudo, desde sua foto de perfil até coisas que você posta, curte, compartilha e comenta, é observado por consumidores em potencial, então é crucial que você gerencie sua mensagem.

Vivemos em um mundo hipersensível. Pessoas ficam ofendidas com facilidade pelas menores coisas. O politicamente correto dá a maior confusão. As palavras erradas, o curtir errado, o comentário errado podem impossibilitar seu cliente potencial de fazer negócios com você e, em casos extremos, viralizar e arruinar sua carreira. Você quer que as pessoas conheçam seu nome e seu rosto, mas, na profissão de vendas, "toda publicidade *não é* boa publicidade".

Familiaridade é uma faca de dois gumes. Quando as impressões sobre você são positivas, a familiaridade pode superar várias resistências e ajudá-lo a conseguir reuniões e participar de conversas sobre vendas com clientes potenciais. Quando eles têm uma impressão negativa de você, vão construir paredes para mantê-lo longe.

Pense antes de postar.

Prospecção de Entrada por Meio de Insights e Educação

O melhor resultado do investimento que você faz em mídias sociais é motivar clientes potenciais a contatá-lo. É muito mais fácil uma indicação de entrada se tornar uma reunião, venda ou informação qualificada do que uma chamada prospectiva de saída.

A familiaridade desempenha um papel central, mas passivo, na prospecção de entrada. Quando você é bem conhecido pelos clientes potenciais, eles vão contatá-lo de tempos em tempos à medida que entram na janela de compras de seu produto ou serviço.

Compartilhar e publicar conteúdo relevante, que seja intrigante para clientes potenciais e os ajude a resolver problemas, responder a perguntas em grupos e postar comentários fundamentados também pode abrir portas para os clientes o contatarem para mais informações ou lhe fazerem perguntas — sobretudo quando esses posts o situarem como um especialista.

Um jeito mais ativo de gerar ligações de entrada é compartilhar diretamente artigos técnicos, e-books e relatórios que solicitam que os clientes potenciais forneçam suas informações de contato para obter o conteúdo. Porém, essa abordagem direta em mídias sociais pode sair como papo de vendedor ou spam, e pode ser percebida como uma autopromoção explícita — o que pode não criar a melhor impressão de você.

Eu uso um método mais sutil. Quando publico um conteúdo original ou o link para uma página de blog, incluo links para artigos técnicos e relatórios no conteúdo. Isso tende a gerar oportunidades sem ferir minha reputação. Você pode usar uma tática similar com conteúdo gerado por sua equipe de marketing.

Impulsionando o Insight e a Educação para Fortalecer a Prospecção Estratégica

Fornecer insights e educação a clientes potenciais também é uma excelente maneira de fortalecer as prospecções de valor alto como parte de uma campanha estratégica de prospecção (CEP) [ou Strategic Prospecting Campaign, em inglês]. A prospecção estratégica é um abrangente esforço de longo prazo, que passa por múltiplos canais de prospecção. As CEPs são feitas para manter aquecido e bem alimentado o contato com parcerias na expectativa de uma futura janela de compras. Os objetivos centrais da prospecção estratégica são:

- Mapear responsáveis por decisões e influenciadores.
- Aquecer e alimentar os contatos certos.
- Identificar e desenvolver parcerias com potenciais coaches.

- Criar familiaridade pessoal e com a marca.
- Gerar boa vontade e acessar a Lei da Reciprocidade oferecendo algo de valor primeiro.
- Receber convite do cliente potencial quando a janela de compra abrir ou reduzir atritos quando você fizer contato para marcar as primeiras reuniões.

Para a maioria dos profissionais de vendas, as CEPs vão se limitar a uma porção de oportunidades de conquista, porque elas consomem tempo e exigem atenção contínua.

Com o foco e as ferramentas certas, você pode impulsionar canais sociais para cobrir mais terreno, conectar-se e desenvolver contatos como nunca antes. Ao combinar o social com telefone, o cara a cara, e-mail, networking e feiras comerciais, você constrói uma máquina robusta de prospecção estratégica, quase impossível de se derrotar.

Se desejar, acesse FanaticalProspecting.com [conteúdo em inglês] para mais informações sobre campanha estratégica de prospecção (CEP). Você poderá encontrar algumas ferramentas e técnicas que o auxiliarão a iniciar e gerenciar CEPs que dão resultados, tais como e-books e guias.

Eventos de Gatilho e Atenção ao Ciclo de Compras

Eventos de gatilho são mudanças disruptivas no *status quo* que abrem janelas de compra e compelem os compradores a entrarem em ação. Para alguns clientes potenciais, janelas de compra são previsíveis porque se baseiam em prazos orçamentários ou contratuais definidos. Para outros, janelas de compra são desconhecidas e aleatórias, e podem ser ativadas por questões internas ou mercados externos, pela economia, ambiente, segurança, empregos e outras tendências de mercado. Além disso, quando as pessoas para quem você vendeu no passado se mudam para outras empresas, a porta está aberta para você entrar.

A maioria das redes sociais lhe dá a habilidade de seguir pessoas sem estar diretamente conectado com elas. O Twitter e o Google+ dão um passo além e permitem, respectivamente, que você crie listas e círculos, o que facilita o monitoramento de grupos segmentados. O LinkedIn também oferece ferramentas (algumas gratuitas, outras pagas) que fornecem atualizações das pessoas que você está seguindo. É importante monitorar constantemente seu canal de notícias, listas, alertas de atualizações e discussões nos grupos em que seus clientes potenciais se encontram para perceber os eventos de gatilho.

Pesquisa e Coleta de Informações

As mídias sociais oferecem uma quantidade absurda de dados. Você pode levantar uma quantidade impressionante de informações sobre prospecções que podem ser alimentadas em seu GRC, usadas para desenvolver mensagens prospectivas e impulsionadas para mapear os responsáveis por decisões e planejar ligações com antecedência. O LinkedIn, o Facebook, o Google+ e o Twitter oferecem possibilidades poderosas de pesquisa que lhe dão acesso a informações detalhadas sobre clientes potenciais. Você também pode ficar em dia com o que seus concorrentes estão fazendo.

Para atalhos de pesquisa social, recomendo fortemente pegar uma cópia do livro de Sam Richter, *Take the Cold Out of Cold Calling* [Elimine a Frieza da Chamada Fria, em tradução livre]. O livro de Sam é a bíblia do uso dos recursos online e sociais para juntar informações.

Prospecção de Saída

O canal social também permite que você entre em contato direto com clientes potenciais para marcar reuniões ou levantar informação adicional. Você pode enviar uma mensagem diretamente a eles através da plataforma — por exemplo, em um e-mail do LinkedIn, mensagem pelo Facebook ou uma mensagem direta no Twitter — ou apenas pegar o telefone e ligar. Um número surpreendente de pessoas inclui o número de telefone e endereços de e-mail em seus perfis.

Os Cinco Cs das Vendas Sociais

Há cinco atitudes/atividades que definem as vendas sociais. Dominar estas atitudes e atividades torna eficaz o tempo investido em canais sociais.

Conexão

Há uma pergunta que faço em todos os Campos de Treinamento de Prospecção Fanática:

Quantos de vocês enviam solicitação de conexão no LinkedIn a cada vez que conhecem um cliente ou consumidor em potencial ou alguém que poderá ser um valioso acréscimo para sua rede de referências profissionais?

Raramente mais de 10% das mãos se levantam.

Por séculos, pessoas de muito sucesso têm compreendido o poder de conexões e como impulsioná-las para realizar seus objetivos. Conexões o deixam frente a frente com as pessoas certas com maior rapidez. Quando suas conexões o apresentam a pessoas dentro da rede ou da empresa delas, sua mensagem tem relevância imediata.

Em mídias sociais, tudo começa com uma conexão. Ao conhecer clientes potenciais por telefone e pessoalmente, você abre a porta para a familiaridade. Nesse momento, depois que acabaram de conhecê-lo, você tem a mais alta probabilidade de eles aceitarem sua solicitação de conexão. Ao enviar-lhes a solicitação de conexão logo depois que o conheceram, eles veem seu nome de novo, consolidando a familiaridade (dê sequência a essa solicitação de conexão com um bilhete de agradecimento escrito à mão e, aos olhos deles, você vira um superastro).

No LinkedIn, quando uma pessoa se conecta com você, você consegue ver todas as conexões dela, o que o ajuda a mapear detalhadamente um comprador e um influenciador, e a determinar se eles estão conectados e envolvidos em conversas com seus concorrentes, ou conectados com contatos de outras empresas em que você está tentando entrar.

Esse é o motivo pelo qual é de seu maior interesse enviar uma solicitação de conexão pelo LinkedIn sempre que conhecer um consumidor em potencial, um novo contato em uma prospecção e pessoas que têm potencial de se tornarem parte fundamental de sua rede profissional. A rede pode ser mais poderosa que todos os outros meios de prospecção.

O LinkedIn oferece ferramentas gratuitas e pagas que lhe permitem taguear, acrescentar notas e adicionar informações de contato a perfis, organizar, pesquisar, etiquetar a fonte do contato e gerenciar suas conexões. O LinkedIn está se tornando um GRC anabolizado. Com os aplicativos para celular do LinkedIn, você tem uma base de dados de contatos maciça e poderosa na palma da mão.

Há três maneiras de criar conexões:

- *Direta:* tanto no LinkedIn quanto no Facebook, você pode iniciar uma solicitação direta de conexão. No Facebook, o processo é simples: é só clicar em "Enviar solicitação de amizade".

  No LinkedIn, você tem a opção de enviar uma solicitação de conexão padrão e genérica (talvez lhe perguntem como você conhece a pessoa) ou pode personalizar sua solicitação de conexão. Recomendo fortemente enviar um bilhete personalizado junto com cada pedido de conexão que faça referências a quaisquer reuniões no passado ou conversas e dê um motivo para sua solicitação de contato.

  Embora o Facebook no princípio tenha sido uma ferramenta de entretenimento para acompanhar família e amigos, estou descobrindo que tenho mais conversas de negócios no Facebook e Facebook Messenger do que nunca antes.

- *Recíproca:* com o Twitter e o Google+, você pode obter conexões simplesmente ao seguir pessoas, porque, ao segui-las, elas vão retribuir e segui-lo de volta. A probabilidade de elas retribuírem é determinada pelo nível de familiaridade que elas têm com você, então faz sentido seguir ou fazer parte do círculo de pessoas assim que você as conhecer.

- *Passiva:* ao publicar conteúdo original ou com curadoria que se conecte com sua audiência e seja compartilhado, as pessoas vão se conectar com você e segui-lo. Essa é a maneira mais potente de construir conexões, porque a pessoa que está se conectando com você escolheu conscientemente adicioná-lo à própria rede, e porque acredita que você agrega valor à carreira ou à vida dela.

Criação de Conteúdo

Criar e publicar conteúdo original que seja relevante às questões e problemas que seus clientes potenciais estão enfrentando é o modo mais potente de construir confiança e credibilidade com sua base de clientes potenciais. Conteúdo original vai tipicamente assumir a forma de:

- Artigos.
- Vídeos.
- Apresentações em slide.
- Podcasts.
- Infográficos.
- Artigos técnicos.
- Estudos de caso.
- E-books (e livros tradicionais).

Publicar conteúdo original o coloca na posição de especialista. Torna você uma fonte de valor. Atrai clientes potenciais e os incita a contatarem-no ou a compartilharem sua mensagem com outros na organização. Quando pessoas que você ainda não conhecia curtem ou compartilham seu conteúdo, isso revela novos clientes em potencial e desenvolve contatos adicionais dentro das organizações com que você está trabalhando.

Você também adquire insights sobre eventos de gatilho e janelas de compra. Quando pessoas curtem, comentam ou compartilham suas informações, você conhece os problemas que elas estão enfrentando, as emoções e urgências delas, e oportunidades para ajudá-las.

Criar conteúdo de alta qualidade é poderoso, mas é muito, muito difícil. É necessário um investimento significativo de tempo e recursos intelectuais. Se você trabalha para uma organização grande com um marketing sólido e uma equipe de promoção de marca, também há uma chance muito boa de que eles o desestimulem a criar conteúdo sem expressa aprovação e supervisão deles.

Recomendo fortemente investir tempo em criar e publicar conteúdo original, porque as vantagens para sua reputação e carreira são enormes. Mas se desenvolver conteúdo original não é sua praia, uma maneira mais fácil de impulsionar conteúdo é através da curadoria.

Curadoria de Conteúdo

Intuitivamente, sabemos que vendedores que conseguem instruir, oferecer insights e resolver problemas são de longe mais valiosos que aqueles cuja primeira estratégia de vendas é empurrar produtos e serviços. No entanto, para agregar valor, você precisa *ser* valioso.

Acredite no que digo: vendedores que lidam com empresa, marca, produto ou serviço de autopromoção ligados a mídias sociais são banidos, bloqueados, reportados como spam e ignorados. Não faça isso!

No canal social, a principal maneira de disponibilizar valor é através de conteúdo que informa, constrói credibilidade, consolida familiaridade e o coloca na posição de especialista que dá conta de resolver problemas relevantes.

O conteúdo certo compartilhado na hora certa com os clientes potenciais certos pode criar conexões importantes e transformar relações passivas online em conversas em tempo real.

O desafio é que o canal social é uma voraz e insaciável fera devoradora de conteúdo. Ela deve ser alimentada diariamente para que você e sua mensagem continuem relevantes e presentes. Mesmo que você tenha tido tempo para criar toneladas de conteúdo original, acompanhar nunca seria o bastante. Então, a solução é uma coisa chamada curadoria.

Uma analogia simples para curadoria é o ato de recortar artigos de revistas e jornais e enviá-los a alguém. No social, entretanto, você está fazendo isso digitalmente e amplificando o impacto, indo de um rastro analógico individual para uma distribuição digital coletiva.

Em vez de publicar seu próprio conteúdo original, você impulsiona o conteúdo que está sendo criado e publicado por outros. Basicamente, você se torna um especialista ao agregar conteúdo relevante para seu público e compartilhá-lo em seus vários feeds de notícias em mídias sociais.

O compartilhamento pode ser um link direto que você posta ou compartilha/retuíta de uma fonte que está seguindo. O bom de compartilhar conteúdo é que, mesmo não o tendo produzido, alguns créditos pelo conteúdo atingem você.

Os pilares da curadoria de conteúdo são três:

- *Conhecimento:* você precisa saber o que está acontecendo em seu mercado — tendências, concorrentes e quem está sacudindo e agitando as coisas. Fique de olhos e ouvidos abertos, preste atenção no que está acontecendo a seu redor e consuma informações específicas de mercado. Descubra e siga os grandes cérebros que estão moldando o diálogo em seu mercado e saiba onde o conteúdo significativo está sendo publicado.
- *Intenção:* quando você faz curadoria com propósito, começa a reunir conteúdos relevantes com base em uma estratégia geral, em vez de apenas compartilhar de maneira aleatória e disparatada. Você reserva tempo para ler e entender o que está compartilhando, lhe permitindo acrescentar comentários e conclusões perspicazes ao conteúdo compartilhado e, mais adiante, lapidar seu status de especialista.
- *Ferramentas:* curadoria de conteúdo consome tempo demais, então você vai querer potencializar ferramentas que apresentem conteúdos relevantes a você e automatizem a distribuição do conteúdo que deseja compartilhar.

Conversão

Vamos cair na real. Você quer que o tempo e o esforço investidos em prospecção social gerem resultados reais e tangíveis. Você quer mais acordos em seu pipeline, fechar mais vendas e aumentar seu rendimento. Se não, qual é a finalidade disso tudo?

O canal social impulsionado do jeito certo pode, e deve, gerar ligações de entrada. Embora seja uma simplificação exagerada, prospecção social é como construir sua própria e pequena máquina de marketing de atração. É aí que entra o propósito. Você precisa planejar e trabalhar ativamente para gerar oportunidades e reuniões que iniciem conversas sobre vendas.

Consistência

Prospecção social é árdua. É necessário trabalhar. Não é fácil, simples ou automática. Obter e agregar valor ao canal social exige disciplina consistente, focada e regrada. Consistência é crucial. O social não funciona se você só aparece por um tempo. Você dilui seus esforços se for casual e aleatório.

Dividir o tempo em blocos e implementar ferramentas que automatizem algumas das atividades são a chave para ser eficiente. Você precisa separar de 30 minutos a uma hora por dia (preferencialmente antes ou depois das Horas de Ouro) para se envolver com atividades de prospecção social planejadas e intencionais. Tenha disciplina para limitar suas tarefas ao bloco de tempo que você reservou para suas atividades de vendas sociais e mais nada.

Talvez você sinta que não está realizando muito em blocos curtos diários de prospecção social, mas o impacto cumulativo de atividade diária fica enorme com o tempo.

Ferramentas de Prospecção em Mídias Sociais

Potencializar as ferramentas certas para prospecção social permite que você trabalhe no canal enquanto continua focado em atividades de valor alto. Há uma infinidade de ferramentas que automatizam a atividade de vendas sociais para você. Algumas ferramentas estão tão próximas quanto seu GRC, algumas estão embutidas nos próprios canais sociais e há dezenas de aplicativos que podem facilmente ser carregados no celular ou no navegador Chrome.

Você deve se preparar, no entanto, para o custo. Ainda que a maioria das ferramentas ofereça algum nível de acesso livre, há uma tendência de o mesmo ser reduzido à medida que a ferramenta adquire popularidade. Os desenvolvedores dessas ferramentas não as estão construindo por motivos altruístas. Eles estão fortemente cientes do alto custo, em termos de tempo e recursos, para catapultar a prospecção social de maneira completa e efetiva. Eles sabem que tempo é dinheiro e, desde que você esteja disposto a entrar com dinheiro, eles prometem poupar seu tempo. A boa notícia é que quase todas essas ferramentas, com exceção de soluções de nível empresarial, permitem que você experimente ou use gratuitamente um número limitado de recursos. E sua empresa também pode disponibilizar algumas delas para você.

No momento em que escrevo este capítulo, novas ferramentas estão surgindo e outras sendo extintas, renovadas ou adquiridas e relançadas como outras ferramentas. Ontem, uma de minhas ferramentas favoritas se tornou inutilizável porque o canal social que ela me ajudava a gerenciar cortou-a de seu API. Isso está acontecendo com mais frequência à medida que os principais canais sociais querem limitar o acesso e cobrar mais.

Por causa da dinâmica em jogo, estou fornecendo uma lista limitada de ferramentas nesta seção. Se desejar, você poderá encontrar uma lista abrangente e periodicamente atualizada em *Guide to Social Selling Tools* e artigos em FanaticalProspecting.com [conteúdo em inglês, para membros pagantes].

Ferramentas de prospecção social se enquadram em cinco categorias básicas.

- *Curadoria de conteúdo:* essas ferramentas o ajudam a encontrar e/ou reunir com facilidade conteúdo novo para divulgar em seus canais sociais. Ferramentas como o Feed.ly, Google News e Sprout.it facilitam identificar o tipo de conteúdo que você quer compartilhar, agregar esse conteúdo de múltiplas fontes e passá-lo para seu desktop ou smartphone. Ferramentas como o Pocket (um dos meus aplicativos favoritos) permitem que você reúna conteúdos que encontra online para compartilhar mais tarde.

- *Criação de conteúdo:* ferramentas que o ajudam a criar seu próprio conteúdo existem aos montes. O LinkedIn Pulse é uma fantástica ferramenta de publicação que lhe permite postar artigos longos diretamente no LinkedIn. Do mesmo modo, o Tumblr é uma ferramenta social de blog fácil de usar. Para vídeos, o YouTube, ao lado de diversos aplicativos para celular, oferece uma gama de ferramentas de edição e publicação. O SlideShare permite que você poste apresentações e é de propriedade do LinkedIn, então você consegue postá-las diretamente em seu perfil no LinkedIn. O Canva.com é uma ferramenta impressionante de edição de imagens e criação de infográficos.

- *Distribuição:* postar conteúdo que você cria ou para o qual tem curadoria em múltiplos sites sociais a cada dia consome tempo demais e é chato. Ferramentas de distribuição como o HootSuite, o Buffer e o HubSpot (muito cara) permitem que você carregue o conteúdo que deseja compartilhar durante as horas em que não esteja vendendo e automatize a distribuição desse conteúdo em um calendário definido. Configure e esqueça.

- *Envolvimento:* ferramentas como o HootSuite, HubSpot, Bit.ly e TweetDeck, ao lado das ferramentas de análise embutidas na maioria dos canais sociais, permitem que você veja e analise como as pessoas estão se envolvendo com seu conteúdo e se esse conteúdo é eficaz.

- *Inteligência:* essas ferramentas o ajudam a coletar informações sobre empresas, pessoas, eventos de gatilho e janelas de compra. Meu favorito de todos é o Google Alerts. Você também vai encontrar um conjunto crescente de ferramentas de inteligência sendo construído e embutido na maioria das redes sociais

Prospecção Social + Prospecção de Saída = Uma Combinação Poderosa

O problema à sua frente é que, no oceano de conteúdos que inunda o canal social, está ficando cada vez mais difícil se destacar e se fazer notar (motivo por que os canais sociais estão ganhando tanto dinheiro vendendo posts patrocinados). Se está começando do zero, sem nenhum seguidor ou com um público pequeno em plataformas sociais consagradas, como o LinkedIn, pode levar de seis meses a dois anos para criar peso suficiente que lhe atraia clientes potenciais.

Isso não significa que uma estratégia de vendas sociais direcionada e estritamente focada não possa ser eficaz. Significa somente que ela vai exigir cada vez mais esforço e dinheiro para conseguir um retorno razoável de seu investimento.

Esse é o motivo por que mesmo o HubSpot, o vovô do movimento de marketing de atração, e o LinkedIn, o grande mandachuva do movimento de vendas sociais, combinam estratégias de prospecção de entrada e de saída.

Prospecção de saída e prospecção social de entrada andam juntas como arroz e feijão. Venda social impacta a familiaridade, é excelente para pesquisa e conhecimento de eventos de gatilho e vai gerar ligações de entrada. No entanto, é uma estratégia de longo prazo e passiva, que exige paciência e variedade, e é improvável que produza resultados imediatos ou atinja uma escala que gere indicações de entrada suficientes que lhe permitam atingir seus objetivos de venda e rendimento.

Prospecção de saída, por outro lado, é uma abordagem ativa para encher o pipeline encontrando clientes potenciais pessoalmente, por telefone, por e-mail, através da caixa de entrada de redes sociais ou mensagem de texto. É a arte de interromper o dia de seu cliente potencial, iniciar uma conversa, marcar uma reunião ou coletar informação.

Aliada à social, a prospecção de saída fica extremamente poderosa. As vantagens conjuntas incluem:

- Amplificação da familiaridade, que aumenta a probabilidade de seu cliente potencial se envolver.
- Listas de prospecção mais direcionadas, com foco nas prospecções de maior qualificação e em compradores individuais.
- Potencialização de eventos de gatilho para abrir ou passar pelas janelas de compra no momento certo.
- Cuidado e instrução de clientes potenciais antes das janelas de compra esperadas ou projetadas.
- Pesquisa para obter informações de contato.
- Mapeamento de compradores, influenciadores e coaches (CIC).
- Qualificação.
- Refinamento e aumento da relevância de sua mensagem de prospecção de saída.

Mais uma vez, trata-se de equilíbrio: de seus canais de prospecção, metodologias e técnicas de eficiência e eficácia em relação a seu recurso mais escasso: tempo.

14 | A Mensagem Importa

Para cada venda que você perde por estar entusiasmado demais, perderá uma centena por não estar entusiasmado o suficiente.

— Zig Ziglar

"O que digo quando eles atenderem ao telefone?"

"O que eu escrevo?"

"Como abordo esse tipo de cliente potencial?"

"Como vou responder se perguntarem...?"

Todos nós queremos que essas palavras mágicas escorram de nossas línguas como mel e que nossos clientes potenciais fiquem maravilhados e em completa submissão. Sei que vendedores fantasiam em segredo sobre ter a abordagem perfeita, que faz clientes potenciais desmaiarem e dizerem sim a suas solicitações o tempo todo.

A má notícia é: isso não vai acontecer.

A boa notícia é que, com um pouco de introspecção, empenho dedicado e prática, você consegue elaborar mensagens impactantes que levem os clientes potenciais a tomarem providência e desviar com habilidade de respostas por reflexo, dispensas e objeções.

Conforme já definimos, o que torna a prospecção tão difícil é que você está interrompendo o dia de alguém e que a interrupção gera resistência imediata e, às vezes, respostas não tão agradáveis de seu cliente potencial. As palavras e a maneira como você as usa — não importa qual canal prospectivo você esteja impulsionando — podem aumentar a gravidade da reação e da subsequente rejeição, ou reduzir a resistência, derrubar muros emocionais e melhorar a probabilidade de clientes potenciais qualificados responderem positivamente quando você lhes pedir um pouco do seu tempo.

Em nosso mundo louco e atribulado, em que todo mundo se encontra em um estado de estresse quase constante, pedir tempo a seu cliente potencial é a solicitação mais difícil que você vai fazer durante todo seu processo de vendas — incluindo pedir uma decisão em relação à compra. Essa é uma das principais razões para as ligações de prospecção encontrarem tanta resistência.

Muitos vendedores congelam ao primeiro indício de rejeição, usam uma abordagem sem sentido ou cafona que desestimula os clientes potenciais e dizem coisas como: "Adoraria ter um minuto seu para contar a você sobre minha empresa."

Mensagens como essa não agregam valor algum e criam resistência instantânea porque, inconscientemente, o cliente potencial ouve: "Adoraria ir até seu escritório e desperdiçar uma hora de sua vida falando tudo sobre mim, meus produtos e meus desejos. Não seria incrível você passar seu valioso tempo ouvindo meu papo?"

Vendedores estão cometendo erros graves nas mensagens por telefone, pessoalmente, via e-mail e nas mídias sociais, porque não percebem que os clientes potenciais não vão abrir mão do próprio tempo para:

- Uma enxurrada de características de produtos e serviços.
- Um papo entusiasmado sobre a empresa deles ser a "número um disso" ou a "maior naquilo".
- Listas regurgitadas de fatos e números genéricos.
- Catálogos de marketing.
- Informações irrelevantes.
- Ou qualquer outra porcaria estúpida cuspida das bocas e dos teclados de vendedores.

Ninguém quer saber de papo de vendedor. Você odeia, eu odeio e clientes potenciais odeiam. Esse papo faz os clientes sentirem que você não está ouvindo e faz com que eles se sintam sem importância. Esse é o motivo principal para você enfrentar tanta resistência para conseguir que clientes potenciais abram mão do próprio tempo.

Eles ficam indignados por você interromper o dia deles para lhes contar sobre como vai desperdiçar mais tempo falando sobre si mesmo e sobre uma enxurrada de dados genéricos e comuns. Eles preferem fazer um tratamento de canal a passar uma hora ouvindo um vendedor falastrão.

Os clientes potenciais se encontram com você pelos motivos deles, não pelos seus. Você deve articular o valor de passar um tempo com você no contexto do que é mais importante para eles. Sua mensagem deve demonstrar interesse sincero em ouvi-los, conhecê-los e resolver seus problemas particulares. Essa é a maneira de quebrar a resistência inicial e conseguir uma reunião, obter a chance de coletar informações e qualificação ou iniciar uma conversa sobre vendas no momento certo.

O que quero deixar claro é que mensagens de prospecção não são complexas. Cuidado para não complicar demais as coisas. Sua mensagem de prospecção é feita para um único propósito: convencer rapidamente seu cliente potencial a ceder o tempo dele a você.

O Que Dizer e Como Dizer

Na maioria das interações de prospecção, você tem meros segundos para conseguir a atenção de seu cliente potencial. Nesses poucos e preciosos momentos, a mensagem importa. O que você diz (as palavras que usa) e como diz (pistas não verbais) são cruciais para seu sucesso.

Passei a maior parte da minha vida em torno de cavalos. Os cavalos têm uma habilidade inata de sentir o medo e vão tirar vantagem de cavaleiros no momento em que sentirem que a pessoa está com medo ou não tem segurança. Os cavalos são cinco vezes mais pesados e maiores do que uma pessoa comum. Se o cavalo não acreditar que você está no comando, ele pode e vai derrubá-lo.

Os clientes potenciais não são diferentes. Se pressentem medo, fraqueza e falta de confiança, eles vão calar ou passar por cima de você. A transmissão importa. Prospectores fanáticos exalam confiança, motivo pelo qual eles têm tanto sucesso em abrir portas que outros acreditavam estar fechadas a sete chaves.

Uma das verdades sobre comportamento humano é a tendência das pessoas de responder do mesmo jeito. Se você está relaxado e confiante, vai transmitir essa emoção ao seu cliente potencial. Se quer que eles fiquem empolgados em conhecer você, fique empolgado em conhecê-los. Uma conduta e um tom relaxados, confiantes e entusiasmados vão abrir portas quando nada mais abrir. A comunicação não verbal inclui:

- Tom, inflexão, altura e velocidade de voz.
- Linguagem corporal, expressões faciais.
- A maneira como se veste e sua aparência externa.
- Estrutura frasal, gramática, pontuação e as palavras usadas na comunicação escrita — e-mail, mensagens de texto e mensagens sociais.

Entusiasmo e Confiança

Confiança e entusiasmo são as duas mensagens não verbais mais poderosas e persuasivas que você envia a clientes potenciais.

Uma definição simples de confiança é "sentimento ou crença de que você pode fazer alguma coisa bem ou ter sucesso em algo".[1]

Entusiasmo é definido como "uma forte empolgação com algo; algo que inspira zelo ou fervor".[2]

Ficar entusiasmado e sentir-se confiante diante da rejeição pode ser muito difícil. Esse é o motivo por que faz sentido desenvolver técnicas para construir e demonstrar confiança e entusiasmo mesmo quando não se sentir confiante ou entusiasmado.

O ponto de partida é quando você desenvolve seu modo de pensar e resistência mental que lhe permitem retomar o foco e recuperar-se rápido da rejeição e do esgotamento. Mesmo os melhores entre nós, que têm experiência e sucesso, passam por dificuldades com entusiasmo e confiança de vez em quando.

Estudos sobre comportamento humano de praticamente todos os cantos do mundo acadêmico têm provado sucessivamente que podemos mudar nossas sensações ao mudarmos as expressões faciais, as palavras que usamos, a forma como falamos para nós mesmos e a nossa postura física. Em outras palavras, o que está acontecendo dentro de você se manifesta em sua confiança e entusiasmo externos.

Essa resposta não é somente psicológica.[3] É fisiológica.[4] Chegam estudos de todo o mundo acadêmico afirmando que os hormônios cortisol e testosterona têm papel significativo na confiança. O trabalho de pesquisadores, incluindo Amy Cuddy, da Universidade de Harvard, revela que sua postura e linguagem corporal podem moldar suas emoções — inclusive o entusiasmo e a confiança.

A pesquisa de Cuddy demonstra que a "postura de poder", ficar em pé em uma postura de confiança mesmo quando não se sente confiante, impacta os níveis de testosterona e cortisol no cérebro, e isso influencia a confiança.[5]

Mas isso não é novidade. Líderes de opinião, especialistas em autoajuda, professores e mães têm nos dado o mesmo conselho há anos. *Sente-se com a coluna reta e se sentirá melhor. Mantenha a cabeça erguida.* A maioria dos treinadores internos de vendas ensinam aos vendedores que colocar um sorriso no rosto vai transferir o sorriso a suas vozes. Alguns treinadores sugerem que você deveria colocar um espelho ao lado do telefone quando estiver prospectando, a fim de ficar atento à sua expressão facial.

Sabemos que quando se veste bem, você se sente melhor. Quando coloca os ombros e o queixo para cima, você parece e se sente confiante. Diga a si mesmo que vai ter sucesso e suas chances de sucesso sobem. Use palavras, frases e um tom de voz assertivos e pomposos, e ficará mais poderoso e confiável — e é mais provável que receba um sim quando pedir o que quer.

Aja com entusiasmo, tenha pensamentos entusiasmados e use linguagem entusiasmada, e vai começar a se sentir entusiasmado e, no fim, ficar entusiasmado. Mesmo a atitude simples de dizer "Estou ótimo!" quando alguém pergunta como você está pode elevar seu humor e fazê-lo se sentir ótimo — mesmo que não esteja.

O que Você Diz

A prospecção é feita, em primeiro lugar, para envolver um cliente potencial e convencê-lo a abrir mão do próprio tempo. Você não precisa elaborar abordagens rebuscadas ou pensar em roteiros complicados. Na verdade, é aí que a maioria dos vendedores erra.

Você está interrompendo o dia de seu cliente potencial. Se um vendedor estivesse interrompendo o seu dia atribulado, o que você ia querer? Pense a respeito.

- Você ia querer que ele fosse rápido e direto ao ponto para poder retomar sua jornada.
- Você ia querer que ele fosse claro e transparente sobre as próprias intenções — dizer a você o que ele quer.
- Você ia querer que a interrupção fosse relevante para sua situação, problemas ou questões.

Sua mensagem prospectiva precisa ser rápida, simples, direta e relevante. A parte do relevante é o elemento crítico. Os clientes potenciais vão concordar em ceder-lhe seu precioso tempo por seus próprios motivos, não pelos seus. Quanto mais baixo for o risco para eles abrirem mão do próprio tempo, mais provável será que eles o façam.

É por isso, por exemplo, que é mais difícil receber um sim quando se pede por uma reunião de uma hora para fazer uma demonstração completa do que quando se pede uma reunião de descoberta de 15 minutos, para determinar se há interesse suficiente e motivos para dar o próximo passo.

Você baixa o risco para seu cliente potencial ao responder OQGCI — a pergunta mais importante na cabeça deles:

O que Eu Ganho com Isso?

É claro, nem sempre é possível saber qual motivo vai baixar o risco o suficiente para seu cliente potencial dizer sim a seu pedido. Às vezes, você vai ter que adivinhar.

Em seu livro *Smart Calling [Ligações Inteligentes, em tradução livre]*, Art Sobczak chama essas hipóteses sobre OQGCIs de "Possíveis Propostas de Valor". Ele sugere que, para cada classe de cliente potencial e de tomadores de decisões, você deveria reservar tempo para definir os possíveis motivos que criariam OQGCI o bastante para que eles lhe cedessem um pouco do próprio tempo.

Jill Konrath, autor de *SNAP Selling [Vendas Num Estalar de Dedos, em tradução livre]*, afirma que em nosso cenário atual de negócios, em que possíveis responsáveis por decisões estão absurdamente ocupados, ser capaz de transmitir propostas de valor convincentes é o caminho para "estimular curiosidade e abrir portas".⁶ Jill define proposta de valor como "uma demonstração clara dos resultados tangíveis que um cliente consegue ao usar seus produtos ou serviços. É o resultado focado, e destaca o valor comercial de sua oferta".⁷

Konrath sugere que uma proposta de valor vencedora tem três papéis-chave:

1. *Focar um objetivo de negócios mensurável:* você vai conseguir a atenção deles quando focar uma métrica que impacte o desempenho.

2. *Desfazer o status quo:* o *status quo* é poderoso. As pessoas têm horror à mudança e só vão mudar o *status quo* quando sentirem que podem melhorar a situação atual de maneira significativa — aumentar vendas, reduzir custos, melhorar eficiência, diminuir estresse e assim por diante.

3. *Oferecer prova ou evidência:* quando é capaz de fornecer informações sobre o quanto você ajudou clientes potenciais em situações similares, você ganha credibilidade instantânea.

Quanto maior for o risco para seu cliente potencial abrir mão de tempo para encontrar você, mais convincente e persuasiva sua proposta de valor precisa ser. Por exemplo, se está pedindo a um executivo a nível de diretoria que abra mão do próprio tempo, você tem de aparecer com um motivo forte o bastante para tanto, porque o tempo dele é incrivelmente precioso. Você tem que elaborar um caso bem estruturado que seja específico e pertinente para seu cliente potencial. Por exemplo:

"Ajudei várias empresas em seu segmento de mercado a reduzirem o tempo de rentabilidade em lançamentos de novos produtos em até 50%. Na verdade, o lançamento IDEK SaaS da Aspen Systems foi a chegada mais rápida ao ROI na história da empresa. Com nosso sistema, eles tiveram uma melhora de 41% em relação ao último lançamento."

Por outro lado, se você trabalha para uma marca conhecida e está se encontrando com proprietários de pequenos negócios que usam com regularidade produtos como os seus, pedir alguns minutos para "saber mais sobre o negócio deles" pode funcionar como um encantamento. Por quê? Porque proprietários de pequenos negócios gostam de falar sobre si mesmos, e o risco de reservar alguns minutos para encontrar você é baixo.

Por exemplo: "Estou ajudando vários restaurantes na cidade a fazerem economias significativas em suprimentos. Pensei que poderíamos nos encontrar para que eu pudesse passar um tempo conhecendo vocês e seu restaurante, e ver se o que temos a oferecer os pode servir."

Sou fã das Afirmações de Poder de Mike Weinberg e do processo de desenvolvimento da história sobre vendas, detalhado em sua obra *New Sales. Simplified.* [*Novas Vendas. Simplificado.*, em tradução livre]. Mike faz um trabalho magistral ao detalhar o processo de construir histórias atraentes que consigam a atenção do cliente potencial. Mike diz que nossa Afirmação de Poder deve responder a:

- Questões do cliente potencial.
- Suas propostas associadas a essas questões
- Diferenciadores competitivos.

Weinberg diz que você precisa responder à pergunta: "Por que meus clientes escolhem fazer negócios comigo?" Esse é o modo como você define por que você é realmente diferente da concorrência — não somente sua empresa, produto ou serviço, mas *você*. Como afirma Weinberg: "Diferença chama a atenção de seu cliente potencial."

OQGCI — O Poder do Porquê

De acordo com Robert Cialdini, autor de *As Armas da Persuasão*: "Um princípio conhecido do comportamento humano afirma que, quando pedimos a alguém que nos faça um favor, teremos mais sucesso se dermos um motivo. As pessoas simplesmente gostam de ter motivos para o que fazem."

Não uso muito a expressão *proposta de valor*. Honestamente, não gosto da expressão. Ela parece complicada. Gosto de coisas simples e diretas. Em prospecção, tudo o que você realmente precisa fazer é dar a seu cliente potencial um motivo bom o suficiente para encontrá-lo, e ele vai dizer sim. Não precisa ser perfeito — apenas bom o suficiente para passar pela porta.

Também sou realista. Para ser eficiente em prospecção, você precisa juntar vários contatos de clientes potenciais em um período curto de tempo. Na maioria dos casos, você vai estar prospectando um grupo similar de clientes potenciais que compartilha um conjunto de questões em comum. Parar para elaborar uma proposta de valor perfeita e única para cada um deles é ineficaz e impraticável.

Em vez disso, você precisa de uma mensagem atraente que funcione a maior parte do tempo com a maioria de seus clientes potenciais. Ela tem que ser rápida, direta e convincente, mas não pode soar como um roteiro cafona. Tem que ser natural e autêntica.

É claro, se está ligando para um contato do topo da hierarquia ou um cliente de alto potencial, é crucial elaborar algo específico e relevante que responda à questão particular dele sobre OQGCI.

Mas vamos cair na real. Para a maioria dos vendedores, na maior parte do tempo, você não vai estar nessa situação. Você precisa de uma mensagem que possa ser transmitida em dez segundos ou menos e que dê ao seu cliente potencial um motivo ou um "porquê" bom o suficiente para conseguir um sim dele.

Em um estudo emblemático sobre comportamento humano, a psicóloga Ellen Langer e uma equipe de pesquisadores de Harvard demonstraram a força bruta do *porquê*. Langer fazia sua equipe de pesquisadores furar a fila de pessoas que esperavam para acessar a máquina de xerox.

Ela descobriu que, quando o pesquisador pedia com educação para passar na frente da pessoa que estava esperando para fazer cópias sem dar um motivo — "Com licença, tenho cinco páginas. Posso usar a máquina?" —, as pessoas disseram sim em cerca de 60% das vezes. Entretanto, quando o pesquisador modificava o pedido com um motivo válido — "porque estou com pressa" —, as pessoas, em média, disseram sim em 94% das vezes.

Aqui é onde a pesquisa fica interessante. Quando o pesquisador dava um motivo absurdo, como "Com licença, tenho cinco páginas. Posso usar a máquina? Porque preciso fazer cópias", as pessoas ainda disseram sim em 93% das vezes. Foi uma descoberta verdadeiramente espetacular. Dizer a palavra *porque* — dar um motivo — era mais importante e convincente do que o motivo em si.

Agora, quero deixar bem claro que não estou aconselhando você a inventar coisas sem sentido e usá-las nas prospecções. O que estou dizendo é que focar palavras simples e diretas, como *porque*, funciona e que é improvável que passar horas agonizando por uma proposta complexa lhe dê algo mais eficaz em prospecção do que um simples e direto *porquê*.

Por exemplo, só dizer "gostaria de 15 minutos do seu tempo porque quero saber mais sobre você e sua empresa" funciona surpreendentemente bem com muitos clientes potenciais.

O que aprendemos com o estudo da máquina de xerox de Langer[8] é que, ao pedirmos às pessoas que façam algo para nós, como abrir mão do próprio tempo, é mais provável que elas o façam quando damos a elas um motivo.

Atravessando a Ponte para o *Porquê*

Pontes conectam.

Construir pontes de solução para os problemas de seus clientes potenciais usando a linguagem deles, e não a sua, é um dos temas centrais em vendas. No contexto do processo de vendas, construir pontes ajuda a passar acordos pelo pipeline e fechar a venda.

No contexto da prospecção, sua ponte é o *porquê* que dá a eles um motivo bom o suficiente para que abram mão de tempo e o passem com você. Há dois tipos de ponte que você vai usar ao prospectar: a direcionada e a estratégica.

Pontes direcionadas são aquelas comuns a um grupo grande de clientes potenciais similares — funções do tomador de decisões, setor vertical, aplicação do produto ou serviço e assim por diante. Pontes direcionadas são mais adequadas quando você tem pouca informação sobre um cliente potencial específico e o custo/benefício de fazer várias pesquisas não compensa.

Por exemplo, se você trabalha com serviços empresariais e tem uma base de dados de clientes potenciais de 10.000 SMB, reservar tempo para pesquisar cada um antes de ligar não faria sentido algum. Um uso melhor de seu tempo é fazer o maior número possível de ligações para contatar e qualificar tantos clientes potenciais quanto possível na menor quantidade de tempo disponível.

Quando você não tem detalhes dos problemas, questões ou preocupações deles, vai precisar deduzi-los com base em tendências econômicas ou em seu conhecimento do que acontece com outros negócios no mesmo setor, região geográfica ou segmento de mercado, ou então com o produto de determinado concorrente.

Você vai reiterar e refinar naturalmente sua mensagem ao se envolver em mais conversas com esses clientes potenciais. Aqui está um exemplo:

"Oi, Candace, aqui é o Jeb Blount, da Sales Gravy. Estou ligando para marcar uma reunião com você para mostrar nosso novo software de automação de vendas integradas. Muitos de nossos clientes estão frustrados porque leva tempo demais para alavancar a produtividade total de novos vendedores, e acham que isso está impedindo o crescimento de seu negócio. Nosso software geralmente reduz em 50% o tempo de entrada e os custos para novos representantes de vendas, e torna superfácil gerenciar a entrada de novos representantes, dando a você a tranquilidade de que precisa para seus novos contratados começarem a vender rápido. Meu horário das 14h na quinta-feira está vago. O que acha de marcarmos uma reunião rápida para eu saber mais sobre você e verificar se faz sentido agendar uma demonstração?"

Você vai perceber que eu insinuei que Candace estivesse frustrada porque ela está levando tempo demais para fazer os novos vendedores acelerarem e venderem. Não sei ao certo se essa é a questão dela, mas é uma opinião altamente provável, porque a maioria dos executivos sentem ansiedade quando vendedores novos não estão vendendo.

Pontes estratégicas são específicas para um cliente potencial de valor alto e para determinado indivíduo (papel de tomador de decisão) nessa prospecção. Em geral, você vai elaborar pontes estratégicas para níveis empresariais, conquista de prospecções e executivos de diretoria. Pontes estratégicas exigem pesquisa para que sua ponte ou seu *porquê* seja específico e relevante, reduza riscos e dê a eles um motivo atraente para abrir mão do próprio tempo.

wPara desenvolver uma ponte específica para seu cliente potencial, primeiro você vai precisar determinar o objetivo de seu contato de prospecção:

- Você está tentando obter mais informações para qualificar mais adiante a oportunidade, o papel de tomador de decisão ou a janela de compras?
- Você quer marcar uma reunião inicial?
- Você está buscando ser apresentado para outra pessoa?

Definir com antecedência seu objetivo para que saiba o que está pedindo vai ajudá-lo a desenvolver uma ponte que dá a seu cliente potencial um motivo para concretizar o passo.

A seguir, pesquise seu cliente potencial. Configure os alertas do Google para que as informações sobre a empresa ou sobre ele vão direto para sua caixa de entrada. Revise observações e histórico em seu GRC. Pesquise a empresa/divisão/localidade por meio de pesquisas online, visitando o site deles, comunicados de imprensa e páginas da empresa no LinkedIn, Google+, Twitter e Facebook. Visite as páginas de perfil de mídias sociais de seu contato. Revise postagens para verificar jargão, valores centrais, RP, prêmios, eventos de gatilho, iniciativas, mudanças e problemas que você pode resolver. Pesquise tendências de mercado e leia os artigos comerciais mais recentes.

Elabore sua mensagem de modo a demonstrar que você consegue se identificar com a situação específica deles. Faça uma ponte específica para o problema que estejam enfrentando usando a linguagem deles (proveniente de sua pesquisa). Exemplo:

"Oi, Windsor, aqui é o Jeb Blount, da Sales Gravy. Estou ligando para marcar uma reunião com você. Li no *Fast Company* que vocês estão contratando mais cem representantes de vendas para acompanhar o crescimento. Imagino que esteja sendo um pouco estressante trazer tantos representantes e fazê-los produzir.

Trabalhei com várias empresas de seu segmento para reduzir o tempo de ascensão de novos representantes. Na Xjam Software, por exemplo, reduzimos em torno de 50% o tempo de realização de ROI para os novos representantes deles. Embora eu não saiba se nossa solução serviria para sua situação particular, tenho algumas ideias e as melhores práticas que tenho visto funcionar bem em empresas como a sua, e pensei que talvez você estivesse interessado em saber mais sobre elas. Que tal marcarmos uma reunião rápida na quinta-feira às 14h?"

O Segredo para Elaborar Pontes Convincentes

Frustração. Ansiedade. Estresse. Medo. Tranquilidade.

O que essas palavras têm em comum? Elas descrevem emoções. Palavras emocionais demonstram empatia e o conectam com os sentimentos de seu cliente potencial. O verdadeiro segredo para elaborar mensagens prospectivas que se transformam em reuniões, informações ou vendas é começar por uma premissa simples, mas poderosa:

Pessoas tomam decisões com base em emoções primeiro e depois justificam com a lógica.

É por isso que a lógica de vendas através de funcionalidades não funciona. Confie em mim. Seus clientes potenciais têm horror a papo de vendedor. Aliás, esse é o motivo de estar encontrando tanta resistência com esses roteiros longos que seu departamento de marketing escreve para você.

Os clientes potenciais querem que você os entenda e também a seus problemas (emocionais e lógicos), ou que pelo menos esteja tentando entendê-los, antes de concordarem em reservar tempo para encontrá-lo. Eles só abrem mão do próprio tempo se você lhes oferecer:

- *Valor emocional:* você se conecta diretamente com eles no nível emocional — em geral se identificando com as emoções dolorosas deles, como estresse, preocupação, insegurança, desconfiança, ansiedade, medo, frustração ou raiva e lhes proporcionando tranquilidade, segurança, opções, menos estresse, menos preocupação, ou esperança.

- *Valor de insight (curiosidade):* você oferece informação que lhes dá poder ou influência sobre outras pessoas. A maioria dos clientes potenciais se preocupa em manter vantagem competitiva — seja uma empresa ou uma só pessoa. Eles ficam ansiosos com a possibilidade de haver algo no mercado que não conheçam. Não saber é desconcertante — sobretudo se um concorrente tem uma melhor prática, informações, sistema ou processo que eles não têm.

- *Valor tangível (lógico):* executivos e contatos em funções técnicas e centradas em dados vão valorizar dados e estudos de caso. Quanto e quais resultados você pode transmitir, transmitiu, vai transmitir que sejam adequados à situação deles em particular?

A maneira mais eficaz de elaborar a mensagem certa é simplesmente se colocar no lugar do seu cliente potencial. Olhe para as coisas através dos olhos deles e use a empatia que Deus lhe deu para perceber as emoções que demonstram e refletir sobre o que pode ser importante para eles. Considere como se sentiria nessa situação. Comece respondendo a estas perguntas sob a perspectiva de seu cliente potencial:

- O que causaria estresse em você? Quando você sente estresse?
- O que deixa você preocupado? Quando você se preocupa? Por que se preocupa?
- O que gera ansiedade? Quando você sente ansiedade?
- Como você se sente quando fica sem tempo para coisas importantes?
- Como você se sente quando não tem dinheiro o suficiente para atingir seus objetivos? Quando isso acontece?
- Como você se sente quando não tem recursos suficientes para atingir seus objetivos? Quando isso acontece?
- Como você se sente quando não tem conhecimento suficiente para atingir seus objetivos? Quando isso acontece?
- Como você se sente quando não consegue atingir seus objetivos?
- Quando você fica sobrecarregado e como se sente com isso?
- O que impacta sua tranquilidade ou sensação de segurança?
- Como seria ter opções limitadas?
- O que está fazendo você se sentir frustrado ou preso?
- O que o deixa furioso?
- O que o leva a sentir desconfiança?
- O que lhe dá medo?
- O que lhe dá angústia?
- Como você se sente quando ____ acontece?
- O que você gostaria de saber?
- Qual fato desconhecido o deixaria preocupado?
- Qual informação você temeria que chegasse às mãos de seus concorrentes?
- O que um concorrente poderia estar fazendo que deixaria você com vontade de fazer também?

- Qual informação poderia lhe dar uma vantagem fantástica?
- O que o levaria a ficar curioso?
- O que pode estar roubando seu tempo, dinheiro ou recursos?

Analise os pontos fortes e os fracos da entrega de seu produto e serviço. Revise ou defina suas vantagens competitivas e o valor que você traz ao mercado. Procure pontos em comum entre seus melhores consumidores. Analise os negócios que está fechando e adquira um conhecimento mais aprofundado sobre eventos de gatilho que abrem as janelas de venda.

Pense em como você conseguiria se identificar com a situação particular de seu cliente potencial e como você pode expressar isso através das palavras que usa, tom e inflexão de voz, e linguagem corporal.

E antes de prosseguir, responda à pergunta mais importante. A pergunta que vai evitar que você seja rejeitado nas ligações de prospecção:

O que levaria seu cliente potencial a dizer *"e daí?"* para sua mensagem?

Peça o que Você Quer

O elemento mais importante de qualquer contato prospectivo é *pedir* — o que você está pedindo que o cliente potencial faça ou disponibilize. Realmente não importa o que mais você diz ou faz. Se você não consegue pedir de maneira direta que seu cliente potencial tome providência, tudo o mais não passa de discurso acadêmico.

O principal motivo para prospectar ser uma tarefa muito complicada, empresas elaborarem roteiros longos e idiotas e vendedores divagarem em declarações passivas como "se ficar bom para você e se você não estiver ocupado demais nós talvez pudéssemos, tipo, nos encontrar por alguns minutos, o que acha?" é evitar fazer perguntas diretas, que carregam em si o potencial para a rejeição.

O motivo para muitas pessoas procurarem a saída mais fácil e buscarem atalhos e soluções mágicas em vez de apenas meter bala e pedir o que querem é o medo.

Esse é o motivo por que vejo tantas perguntas de vendedores que começam com "Qual é o truque" ou "Você pode me contar o segredo?". Também é a razão pela qual muitos vendedores são induzidos a acreditar em seminários e produtos que prometem transmitir o segredo da prospecção, só para depois descobrirem que não há segredo algum.

Aqui está a dura verdade: há somente uma técnica que realmente funciona para conseguir o que quer de um contato prospectivo.

Pedir.

É isso. Apenas peça. Peça para marcar reuniões, informações, peça para ter contato com o tomador de decisões, peça o próximo passo, peça pela venda. Peça o que você quer. Peça.

Se você está tendo dificuldade para conseguir reuniões, entender quem são os responsáveis por decisões, conseguir informações ou fechar o negócio, nove em cada dez vezes é porque você não está pedindo.

Por quê? Porque de nove a cada dez vezes você está com medo de ouvir um "não". Começando pela prospecção e durante todo o processo até o fechamento, você precisa pedir constantemente o que quer. De outro modo, seus negócios tendem a estagnar e morrer, ou você nunca vai conseguir passar pela porta, para começar. Há três passos para pedir:

1. Peça com confiança e assuma que vai conseguir o que quer.
2. Cale a boca.
3. Prepare-se para lidar com respostas por reflexo, dispensas e objeções.

Assuma que Vai Conseguir o que Quer

Rastreamos milhares de interações de vendas em um conjunto diverso de setores. Quando vendedores demonstram confiança e pedem com assertividade o que querem, clientes potenciais dizem sim em torno de 70% das vezes. Pedidos não assertivos têm uma taxa de cerca de 30% de sucesso. Quando você junta um *porquê* ao pedido, a probabilidade de conseguir um sim é ainda maior.

Jeffrey Gitomer, autor de *O Livro Vermelho de Vendas*, afirma que "a postura presuntiva é a estratégia de vendas mais forte no mundo".[9]

Assumir que você vai conseguir o que quer começa com seu sistema de crenças e autodiálogo. Quando diz a si próprio que vai ganhar e continua falando que sim, você reforça seu sistema de crenças interno. Assumir que vai conseguir o que quer é uma mentalidade de expectativas positivas que se manifesta em sua linguagem corporal externa, inflexão e tom de voz, e nas palavras que usa.

Como o pedido presuntivo tem uma taxa de sucesso maior, você vai conseguir mais vitórias e, com mais vitórias, sua confiança se eleva até as alturas.

Seja no telefone, em pessoa ou via e-mail ou mídia social, as palavras que você usa e o modo como estrutura essas palavras manda, em alto e bom som, uma mensagem de que você presume que vai conseguir um sim ou um não.

Não Presuntivo, Passivo e Fraco	Presuntivo e Confiante
"É uma boa hora?"	"Estou ligando porque…"
"Estava pensando se…?"	"Diga-me quem — como — quando — onde — o quê…"
"Tenho o dia inteiro livre."	"Estou superocupado conseguindo clientes novos, mas tenho um horário disponível às 11h."
"O que você acha?"	"Por que não vamos adiante e marcamos uma reunião?"
"Qual é o melhor horário para você?"	"Vou visitar um cliente perto de seu escritório na segunda-feira. Posso buscar você para almoçar."
"Eu estava, tipo assim, me perguntando se talvez você tenha tempo de responder a algumas perguntas, se estiver bom para você."	"Vários clientes meus dizem que estão tendo problemas com XYZ. Qual você sente que é seu maior desafio?"
"Esse seria um horário bom para você?"	"Que tal nos encontrarmos às 14h?"

Aliadas aos e-mails, a mensagem em mídias sociais e de texto, as palavras presuntivas e a estrutura frasal são a linguagem corporal do mundo escrito. Quando você escolhe palavras fracas e passivas, passa a mensagem de que não tem confiança.

Por telefone e pessoalmente, suas palavras e como você as transmite precisam combinar. Seu cliente potencial está avaliando de maneira inconsciente se suas palavras, tom de voz e linguagem corporal são coerentes. Se não forem, seu cliente potencial não vai confiar em você e vai criar resistência.

O mais importante é você ir ao ponto de maneira direta, rápida e concisa. Pedir diretamente aquilo que quer facilita que seu cliente potencial diga sim.

Tom e Inflexão de Voz e Linguagem Corporal

Ao encarar uma possível rejeição, o medo que você sente é real. É uma resposta psicológica acionada, em parte, por uma estrutura em forma de amêndoa em seu cérebro chamada amígdala, que ativa o mecanismo de lutar ou fugir. Essa parte de seu cérebro é projetada para mantê-lo vivo, mas infelizmente não faz distinção entre ameaças — uma cascavel enrolada e sibilando para você ou um cliente potencial prestes a dizer não.

Para a amígdala é tudo a mesma coisa. Então, ela prepara seu corpo e mente para lutar ou fugir, começa a desativar algumas partes não essenciais para conservar energia e a direciona para seus músculos. Basicamente, ela está preparando-o para um desempenho máximo a fim de que você fique vivo.

É por isso que você se sente fisicamente ansioso antes de fazer o pedido. Sua mente vacila, as palmas transpiram, o estômago dá um nó e os músculos ficam tensos enquanto você inconscientemente se prepara para o "não". Esse é o principal motivo de sua sensação de medo.

Superar o medo do "não" não é fácil. Tenho vendido durante a vida toda e tido um incrível sucesso nisso, mas ainda hoje tenho que lembrar a mim mesmo de que o "não" não vai me matar. Isso, aliás, é vital. Você precisa ensinar seu cérebro racional a dizer à sua amígdala, ou cérebro "reptiliano", que a ameaça não é real.

Comece aprendendo a antecipar a ansiedade que vem logo antes de pedir pelo que você quer. Então, habitue-se a gerenciar seu autodiálogo e reações físicas exteriores com relação a esse medo. Coragem, por sinal, é como um músculo. Quanto mais você a exercita, mais forte ela fica.

Essa consciência o ajuda a gerenciar sua linguagem corporal, inflexão e tom de voz e palavras, apesar do vulcão de emoções que pode estar entrando em erupção abaixo da superfície. Como um pato na água, você parece calmo e tranquilo e projeta uma expressão relaxada e confiante por fora, mesmo que esteja pedalando freneticamente logo abaixo da superfície.

Demonstra Falta de Confiança, Insegurança e Medo	Demonstra uma Conduta Relaxada, Confiante
Falar em um tom de voz agudo.	Falar com inflexão normal e um tom mais grave.
Falar muito rápido. Quando fala rápido demais, você parece não inspirar confiança.	Falar em um ritmo relaxado, com pausas apropriadas.
Tom de voz tenso ou defensivo.	Tom amigável — sorriso em sua voz.
Falar de um jeito muito intenso ou suave.	Modulação apropriada de voz com ênfase emocional apropriada nas palavras e frases certas.
Tom de voz fraco ou nervoso, com muitas palavras entrecortadas, "hmms", "ahs" e pausas desconfortáveis.	Tom cadenciado, devidamente direto e uma fala que vai direto ao ponto.
Falta de contato visual — olhar para o nada. Nada diz mais "não sou confiável" e "não sou confiante" do que pouco contato visual.	Contato visual direto, apropriado.
Mãos nos bolsos.	Mãos nas laterais ou à sua frente enquanto fala. Repare: isso é desconfortável, mas faz você parecer poderoso e confiante.
Gesticulações ou movimentos manuais descontrolados.	Usar gestos manuais de um jeito calmo e controlado.

(continua)

(continuação)

Demonstra Falta de Confiança, Insegurança e Medo	Demonstra uma Conduta Relaxada, Confiante
Tocar seu rosto ou colocar os dedos na boca — sinal claro de que você está nervoso ou inseguro.	Suas mãos em posição de poder — nas laterais ou na frente do corpo, de um jeito controlado e não ameaçador.
Encolhido, cabeça baixa, braços cruzados.	Postura ereta, queixo para o alto, ombros retos e para trás. Essa postura vai fazê-lo se sentir realmente mais confiante.
Ficar deslocando os pés para frente e para trás ou balançar o corpo.	Ficar parado em uma pose natural de poder.
Postura rígida, corpo tenso.	Postura relaxada, natural.
Mandíbula cerrada, olhar tenso na face.	Sorriso relaxado. O sorriso é uma linguagem universal que diz "sou amigável e de confiança".
Aperto de mão fraco, frouxo e com a palma transpirando. (Eca!)	Aperto de mão firme, confiante, dado juntamente com contato visual.

Cale a boca

A parte mais difícil de pedir é aprender a pedir e calar a boca. Depois que perguntou o que quer, você se arriscou e ficou vulnerável à rejeição. E o que acontece quando se sente vulnerável? Você tenta se proteger.

Nesse momento desconfortável depois da pergunta, sua cabeça começa a rodar à medida que a rejeição reluz diante de seus olhos. Aquele segundo intermediário de silêncio é insuportável. Parece uma eternidade.

Quando você não consegue gerenciar as emoções perturbadoras acionadas pelo silêncio, sua ligação se transforma em um trem desgovernado. Sua boca começa a se mexer. Você tenta superar as objeções que nem mesmo deram as caras, fica se explicando além da conta, oferece uma saída a seu cliente potencial e começa a tagarelar sem parar sobre as características e benefícios de seu produto, sua empresa, seu cachorro e de quando você ia à escola. Até que o cliente, que estava pronto para dizer sim, é impelido a lhe dizer não por *você*.

É por isso que, apesar de todos os sinais de alarme disparando em sua mente mergulhada em adrenalina, você precisa *calar a boca* e dar espaço para seu cliente potencial responder. Eis o porquê:

Quanto mais rápido você chega à resposta, mais rápido vai conseguir passar para o próximo cliente potencial ou lidar com um não ou um talvez. Isso é regido por uma simples regra de terços.

- *Chegue mais rápido ao sim.* Cerca de um terço das vezes eles vão dizer sim só porque você pediu. Seu objetivo é colocar esses "sim" na tabela e evitar falar até que a resposta mude. Isso faz de você supereficiente. Eles dizem sim a seu pedido. Você consegue o que quer. Ambos passam rapidamente para o tópico seguinte de sua lista.

- *Chegue mais rápido ao não.* Cerca de um terço das vezes o cliente potencial vai dizer não, e é isso mesmo. Às vezes, é uma ligação encerrada abruptamente, uma porta batida na sua cara ou um e-mail deletado. Às vezes é uma série de palavrões. Na maioria das vezes é o cliente potencial lhe dando um *não* bem direto e aleatório. Embora seja uma droga ouvir um não, também é uma bênção. Permite que você passe rapidamente para a próxima ligação, tornando-o mais eficiente.

- *Chegue mais rápido ao talvez.* Cerca de um terço das vezes o cliente potencial vai hesitar, dizer talvez, negociar ou lhe dar uma falsa objeção só para sair do telefone. É aqui que o bicho pega em prospecção, quando você tem a chance de transformar um talvez em um sim com reviravoltas efetivas em RDO.

Quando está preparado, você sabe exatamente como lidar com respostas por reflexo, dispensas e objeções (RDOs), e adquire a confiança para se calar e administrar o silêncio. Vamos mergulhar de cabeça em técnicas para reverter as RDOs no Capítulo 16.

15 | A Excelência da Prospecção por Telefone

"Sr. Watson — Venha aqui — Quero vê-lo." [Primeiras palavras inteligíveis faladas ao telefone]

— Alexander Graham Bell

Pergunta: "Como você faz um vendedor parar de trabalhar?"

Resposta: "Colocando um telefone na frente dele."

É uma piadinha que provoca risos nervosos em discursos e seminários.

Para milhares de vendedores, pegar o telefone e ligar para um cliente potencial é a parte mais estressante da vida deles. Muitos desses vendedores relutantes ficam olhando para o telefone, esperando em segredo que ele desapareça. Eles procrastinam, juntam informações e trabalham para se assegurar de que tudo esteja perfeito antes de ligarem. Eles encontram qualquer desculpa — é sério, *qualquer* desculpa — para fazer outra coisa virar prioridade.

Eles esgotam os chefes também. Lamentando que ninguém mais atende ao telefone. Argumentando que é uma perda de tempo. Reclamando que as pessoas não gostam de ser contatadas por telefone. Rotulando de chamada fria qualquer chamada para fora — mesmo quando eles estão retornando a ligação de chamadas de entrada — enquanto gravitam em direção aos chamados especialistas que asseveram que as chamadas frias estão mortas.

No mês passado, uma das cinco principais companhias de seguro dos Estados Unidos me contratou para dar um Campo de Treinamento em Prospecção Fanática. O executivo que me contratou disse que o maior desafio de seus novos agentes era prospectar. As palavras dele: "Estamos passando maus bocados só para fazê-los pegar no telefone e falar com as pessoas."

Quando cheguei na manhã do treinamento, ele me puxou para o lado e disse: "Espero não ter colocado você em uma situação ruim. Não passamos tempo discutindo a nova realidade do nosso setor, mas ninguém mais atende ao telefone. Estou vendo que você vai fazer blocos de chamadas telefônicas ao vivo, mas eu não esperaria muito delas." (Esse é o cara que me pagou uma nota para ensinar os agentes dele a prospectar com eficácia por telefone, e na manhã do treinamento ele já está pedindo desculpas porque acha que isso não vai funcionar.)

Fizemos três blocos de chamadas telefônicas ao vivo naquele dia, usando listas direcionadas que os agentes tinham trazido. No decorrer do dia, tivemos uma gigantesca taxa de contato de 51% — clientes potenciais ao vivo atendendo aos telefones. Isso não foi uma anomalia estatística. Foi gerado por 19 agentes que fizeram 1.311 chamadas de saída.

No fim do dia, sentei-me com meu cliente e mostrei a ele os números. Ele ficou tão empolgado — tipo "quando podemos ter você de volta e fazer isso de novo" — quanto perplexo. "Não entendo como você conseguiu esses resultados. Todo mundo me diz que as pessoas não atendem mais ao telefone."

"Quem está lhe dizendo isso?", perguntei.

"Os agentes", respondeu ele.

"As mesmas pessoas que você disse que não fariam ligações?", perguntei.

Ele concordou lentamente com a cabeça, enquanto sentia o peso dessa percepção.

Ninguém Atende a um Telefone que Não Toca

O mito de que telefone não funciona mais — porque as pessoas não atendem — é refutado diariamente em nossos Campos de Treinamento em Prospecção Fanática. O mito é refutado por nossa equipe de vendas na Sales Gravy e por milhares de equipes de vendas pelo país que subsistem de e insistem no telefone.

As estatísticas não mentem. Vemos uma taxa de contato por telefone que varia de 15 a 80%, dependendo da companhia, do produto e do nível de responsabilidade do contato. Por exemplo, na área de serviços financeiros, taxas de contato estão continuamente entre 25 e 40%.

Isso, por sinal, é muito mais elevado que taxas de resposta com e-mail e anos-luz mais elevado que as de prospecção social. Todas as nossas evidências do mundo real contradizem diretamente o mito de que ficar insistindo no telefone tem uma taxa de sucesso menor.

Melhor ainda. Temos estatísticas sobre prospecção telefônica que remontam aos anos 1990 e estamos percebendo tendências evidentes de que taxas de contato por telefone têm, na verdade, aumentado em torno de 5 pontos percentuais. Não sabemos o motivo exato de cada vez mais clientes potenciais estarem atendendo ao telefone, mas suspeitamos de três fatores:

1. *Telefones estão ancorados em pessoas, não em mesas.* É comum que clientes potenciais atendam ao telefone celular quando você liga para eles — seja porque a linha de celular é a única linha que têm, seja porque a linha do escritório passa para a linha do celular.

2. *Ninguém está telefonando.* Por conta de grande parte da comunicação ter migrado para e-mail, caixas de entrada sociais e mensagens de texto, os telefones não estão tocando tanto quanto no passado. Por isso, vendedores que telefonam se destacam na multidão e se conectam.

3. *Os clientes potenciais estão ficando fartos de e-mails prospectivos impessoais e irrelevantes (e, com frequência, automáticos).* E-mail e caixas de entrada sociais estão ficando inundadas de porcaria. Os clientes potenciais estão ávidos por algo diferente — um ser humano vivo e autêntico.

Pense nisso por um instante. Se o telefone não funcionasse, por que tantas empresas de teleprospecção estariam surgindo em todo o mundo — e prosperando? Empresas estão gastando dezenas de milhares de dólares com funcionários terceirizados que usam o telefone para prospectar — porque não há nenhum outro meio viável de manter o pipeline cheio, e porque permitiram que seus vendedores não fizessem mais prospecções pelo telefone.

O Telefone É, Sempre Foi e Vai Continuar a Ser a Mais Potente Ferramenta de Prospecção de Vendas

Ouça o que digo! O telefone é sua ferramenta de vendas mais potente. Ponto, fim da história.

Deixe-me dizer isso de novo, devagar. Não há nenhuma outra ferramenta em vendas que vai gerar resultados melhores, encher seu pipeline mais rápido e ajudá-lo a cobrir mais áreas em menos tempo do que o telefone.

Então, pare de olhar para ele como se fosse um inimigo ou um alienígena coberto de tentáculos viscosos. E não, ele não vai ligar sozinho.

Eis a verdade brutal: vendedores que ignoram o telefone fracassam. Eles geram resultados medíocres e acabam ficando sem dinheiro vivo.

Tonya, representante de vendas externa, escreveu para mim com esta pergunta:

"Meu gerente está sempre tentando me fazer usar o telefone para prospectar. Sou horrível no telefone e tentei explicar a ele que sou muito melhor pessoalmente. Como posso convencê-lo a me deixar sair para a rua e bater nas portas?"

Muitos vendedores externos, ao encarar a prospecção telefônica, vão dizer: "Mas eu sou muito melhor pessoalmente."

Minha resposta: é claro que você é melhor pessoalmente. É por isso que você foi contratada como representante de vendas externa. Mas aqui está a questão: em vendas, tempo é dinheiro, e você pode cobrir muito mais áreas, qualificar mais oportunidades e marcar mais reuniões em uma hora de ligação telefônica direcionada do que em um dia inteiro dirigindo pelo seu território e batendo aleatoriamente nas portas.

Pense nisso desta maneira: quantos clientes potenciais você poderia qualificar ou encontrar cara a cara em um período de oito horas? Mesmo na rua mais movimentada da cidade, 20 seria o máximo. Na maioria dos territórios, com o tempo de trajeto e o estacionamento, ficaria perto de 10. Se estiver calor, chovendo, nevando ou congelando lá fora, os números caem ainda mais.

Que tal uma hora no telefone com uma lista direcionada de prospecções? Quantas ligações você poderia fazer? Tendo em média um ou dois minutos por ligação, você poderia fazer de 25 a 50 ligações. Então, se você alcança pelo menos o dobro de prospecções em cerca de um décimo do tempo em um ambiente controlado, qual você acha que renderia resultados melhores? A resposta é óbvia.

O telefone é a ferramenta mais eficaz de prospecção, porque quando você se organiza, consegue atingir mais possíveis clientes em um período mais curto de tempo do que por meio de qualquer outro canal prospectivo — inclusive e-mail. Por conta de você ter muito mais coisas para fazer em seu dia de vendas do que prospectar, seu maior interesse é usar o método mais eficiente para contatar vários clientes potenciais. A maneira mais eficaz e econômica é o telefone.

O telefone também é mais eficaz que e-mail, mídia social e mensagens de texto, porque quando você está conversando de verdade com outro ser humano, há uma probabilidade mais alta de marcar reuniões, vender coisas e coletar informações de qualidade. Ainda assim, muitos vendedores acham difícil usar o telefone para prospectar porque:

- Eles não sabem o que dizer, dizem coisas idiotas ou leem roteiros terríveis, piegas, que geram resistência e rejeição.
- Eles não têm um processo de prospecção por telefone fácil de executar, que funcione de verdade.
- Eles não sabem lidar com respostas por reflexo, dispensas e objeções.
- Eles têm medo de rejeição.

Ninguém Gosta; Supere

Enquanto trabalhava neste livro, Dave, um representante de vendas da Carolina do Norte, me enviou esta pergunta:

"Jeb, preciso de seu conselho. A primeira ligação para um cliente potencial é muito difícil para mim, e sei que é tudo coisa da minha cabeça. Sou como aquele garoto do sétimo ano que está chamando uma menina para o baile da escola, e depois fica assustado quando o pai dela atende ao telefone. Em geral sou muito confiante, à vontade com o conhecimento do produto e sei fechar negócios. Mas quando estou ao telefone com um novo cliente, a história é diferente. Sei que, se eu conseguir superar isso, minhas metas mensais vão a nocaute mais rápido que um pugilista com sangue nos olhos. Por favor, ajude-me."

O que eu adoro nessa pergunta é que ela é honesta e reflete de maneira sagaz como muitos vendedores se sentem ao prospectar por telefone.

Dave, como a maioria dos vendedores, chega no escritório a cada manhã com intenção real de pegar o telefone e entrar em contato com novos clientes potenciais. Depois de desperdiçar uma hora enrolando e se esforçando para evitar o inevitável, quando relutantemente tecla o primeiro número, suas palmas transpiram, seu coração acelera e ele reza em segredo para que ninguém lhe atenda. Então, o cliente potencial ou seu guardião atende e ele esquece o que ia dizer. Ele tropeça nas palavras, gaguejando e cuspindo. O cliente potencial rapidamente o dispensa:

"Não estou interessado!"

"Estamos satisfeitos!"

"Não tenho tempo para conversar."

Ele se sente rejeitado e envergonhado, e a motivação para telefonar evapora. Para evitar fazer mais ligações, ele empilha papéis e perde tempo fazendo qualquer coisa em vez de telefonar de novo. Então, ele envia e-mails, dá uma circulada nas mídias sociais, desperdiça tempo cavucando o GRC e se queixa com o gerente de que não tem tempo para telefonar porque está com muito trabalho administrativo para fazer.

Não vou dourar a pílula. A prospecção telefônica é a atividade mais odiada em vendas. Ligar para as pessoas e interrompê-las é desconfortável. Você recebe uma quantidade imensa de rejeição.

Sempre será desconfortável pegar o telefone e ligar para pessoas que você não conhece. Não é uma coisa natural de se fazer. Sempre haverá ligações e até dias inteiros em que você vai se atrapalhar com as palavras e ficar envergonhado. Você sempre vai receber mais rejeição que aceitação (mas isso vale para todo canal de prospecção).

É por isso que se chama prospecção, não pedido por encomenda. Olhe para isso desta forma: se a prospecção telefônica fosse fácil, todo mundo seria vendedor, todos nós ganharíamos um salário mínimo e moraríamos com nossos pais.

A Maioria dos Vendedores Nunca Aprendeu a Usar o Telefone

No entanto, o que eu geralmente descubro é que a maioria dos vendedores não sabe como usar o telefone para prospectar ou vender. Ninguém nunca ensinou e/ou eles têm um viés para se comunicar por e-mail ou mensagem de texto.

Esse problema é agravado pelo fato de que, na maioria das empresas, o treinamento em prospecção telefônica é fraco ou inexistente, tanto para vendas externas quanto internas. Quando as empresas oferecem treinamento em prospecção telefônica, geralmente ele é uma bobagem, forçado e complexo, desenvolvido por pessoas que nunca sequer tiveram sucesso em usar o telefone para prospectar. Essa porcaria nunca funciona no mundo real com clientes potenciais reais, dando aos vendedores outra desculpa para evitar o telefone.

Depois, há as empresas e organizações de vendas que encarregam o departamento de marketing (ou pior, o departamento de RH) de desenvolver roteiros telefônicos para a equipe de vendas e treinar os vendedores para transmitirem os roteiros. As pessoas do marketing que desenvolvem esses roteiros nunca tiveram que interromper o dia de um cliente potencial com uma ligação ao vivo, e talvez preferissem cortar os pulsos a fazer uma de verdade.

Algumas coisas que as equipes de vendas estão usando fazem minha cabeça girar, quando as descubro. Neste mesmo mês, em uma conferência, cruzei com uma gerente de RH que tinha sido encarregada de desenvolver o treinamento de prospecção em vendas para a organização de vendas da empresa. Perguntei se ela já tinha feito alguma ligação de prospecção ou realizado uma ligação de vendas.

Ela respondeu "não".

"Se você nunca vendeu nada, como vai conseguir elaborar um currículo de treinamento em vendas?", perguntei.

"Elaborei o currículo de orientações aos recém-contratados e meu chefe gostou, então eles querem que eu faça uma tentativa no programa de treinamento em vendas."

"Mas eu não entendo como você pode ensinar pessoas a vender se você não sabe vender."

A resposta dela: "Bem, tem pessoas tentando me vender coisas, e eu sei do que eu não gosto, então vou começar por aí."

"Só estou curioso, como você se sente sobre prospectar por telefone?"

"Jamais poderia fazer isso!" A resposta dela foi enfática.

Meu prognóstico é que o treinamento de vendas dela é mais besteira criada por uma pessoa que não tem entendimento ou apreciação alguma pela profissão de vendedor.

Por fim, há multidões de líderes de vendas sem a menor ideia de como treinar seu pessoal para desenvolver e dominar habilidades de prospecção telefônica. Eles sabem que o pipeline fica mais substancial e o desempenho melhora quando seu pessoal está ativa e constantemente prospectando por telefone. Eles só não sabem como orientar seu pessoal nessa estrada.

Meu objetivo neste capítulo é colocar os pingos nos is e dar a você as ferramentas para usar a influência do telefone, colocar acordos de qualidade em seu pipeline e arrasar com seus números e concorrentes.

- Você vai começar aprendendo como usar a influência do telefone para maximizar seu dia de vendas. Vou ensiná-lo como dobrar ou mesmo quadruplicar o número de ligações que você faz em um período muito mais curto de tempo, para que você possa detonar seus blocos de chamadas telefônicas e passar para outras coisas muito mais agradáveis.

- Depois, vou ensiná-lo o que fazer quando estiver com um cliente potencial ao telefone. Você vai aprender como reduzir a resistência, aumentar a probabilidade de atingir seu objetivo definido e mitigar a rejeição.

- Por fim, no capítulo seguinte, você vai aprender como lidar de maneira efetiva com respostas por reflexo, dispensas e objeções (RDOs) e deixá-las para trás, a fim de marcar reuniões, coletar informações e qualificar de maneira mais efetiva.

Antes de continuar, no entanto, vamos estipular algumas coisas:

- Você vai ser rejeitado muitas vezes pelo telefone, porque, estatisticamente, vai gerar mais interações em tempo real com clientes potenciais do que por qualquer outro canal prospectivo.

- A maioria das suas chamadas vai para o correio de voz. Dependendo de seu setor, base de clientes potenciais e lista direcionada, você vai se conectar em média com 20 a 50% de seus clientes potenciais durante os blocos de chamadas telefônicas. É por esse motivo que você precisa ser eficaz quando estiver com um cliente potencial na linha.

- Boa parte do motivo para você se frustrar com o telefone e achar abominável fazer ligações telefônicas é porque você ou as pessoas que lhe ensinaram como prospectar estão hipercomplicando a vida, sofrendo por conta de um processo simples e direto.
- Na verdade, ninguém gosta de prospectar por telefone. Não importa o que eu lhe ensine, você provavelmente ainda vai odiar o telefone. Isso não nega o fato de que, para atingir o ápice do desempenho em vendas, você precisa dominar a prospecção telefônica.

Se você quer ganhar muita grana e ficar no topo do ranking no relatório da sua equipe, vai ter de aceitar que prospecção telefônica é um saco e superar isso.

A Chave Definitiva para o Sucesso É o Bloco Telefônico Agendado

Prospectores fanáticos estipulam blocos diários de chamadas telefônicas de uma a duas horas. Durante esse tempo, eles excluem todas as distrações — desligam o e-mail e dispositivos de celular, e avisam a quem estiver próximo que não querem ser incomodados. Eles definem objetivos claros para quantas chamadas vão fazer. Esse bloco de ligações é um compromisso agendado no calendário e é sagrado. Nada interfere.

Algumas pessoas escolhem dividir blocos de chamadas em pedaços pequenos e fáceis de gerir, e definem objetivos para esses pedaços. É muito mais fácil definir um objetivo de fazer 10 ligações em vez de 100 ou ligar durante 30 minutos em vez de duas horas. É muito mais fácil superar seus medos e apreensões iniciais com poucas ligações de cada vez. Você pode usar esses pedaços pequenos para se acostumar.

Algumas pessoas definem um objetivo genérico para cada bloco de chamadas telefônicas diárias. Por exemplo, eles vão decidir com antecedência fazer 50 ligações. Em seguida, vão definir blocos menores, de dez ligações. Então vão encher esses blocos pequenos. Quando terminam, dão a si mesmas um prêmio pequeno e passam para as 10 ligações seguintes.

Observei uma representante de vendas de software fazer uma lista de números, do 50 ao 1, em um pedaço de papel. A cada ligação ela riscava um número, começando com 50. Ela disse que era muito mais fácil realizar as chamadas prospectivas usando essa técnica.

Na Sales Gravy, fazemos Horas de Poder (e às vezes, Meias Horas de Poder). Durante as Horas de Poder, deixamos tudo de lado e nos focamos em fazer o maior número de ligações possível em um período curto de tempo. Estabelecer um limite de tempo nos ajuda a permanecer focados e na linha.

Divirta-se. É provável que você seja uma pessoa competitiva e criativa. Se não o fosse, em primeiro lugar, não estaria em vendas. Defina desafios para si mesmo. Por exemplo, algumas pessoas contabilizam os nãos. Elas fazem um jogo para ver quantos nãos podem conseguir. Parece um pouco doentio e bizarro, mas já fiz isso e, na verdade, é motivador, já que você sempre vai conseguir mais nãos do que sins.

No entanto, não importa o que você faça: marque esse bloco na agenda. Comprometa-se com você mesmo. Torne isso sagrado e não se atrase.

A Estrutura de Cinco Passos da Simples Prospecção Telefônica

Em vendas, poucas coisas foram tornadas mais complicadas pelas pessoas quanto a simples chamada telefônica prospectiva. A prospecção telefônica eficiente e eficaz deveria levar a um sim, a um não ou a um talvez o mais rápido possível, da maneira menos intrusiva, usando um tom relaxado, confiante e profissional que reduz a resistência. Desse jeito, você coloca mais rápido os "sim" no quadro e lida diretamente com as RDOs sem a dolorosa dança da enrolação.

Ao pegar o telefone e ligar para um cliente potencial — frio, morno, quente, indicação, acompanhamento, ligação de entrada, até um cliente já existente — que não está esperando sua chamada, você já é uma interrupção.

Reflita sobre como se sente quando seu dia de trabalho é interrompido por alguém que está ligando para você sem aviso prévio. Isso pode deixá-lo irritado, com raiva ou ressentido, porque, na maioria dos casos, a ligação chega quando você está bem no meio de alguma outra coisa.

Vamos nos colocar no seu lugar. O que você ia querer?

Tudo bem, provavelmente sua primeira resposta seja: "Em primeiro lugar, não gostaria de receber a ligação." Eu acreditaria. Ninguém quer ser interrompido, nem eu, nem você, nem seu cliente potencial — mesmo que a ligação seja bem-vinda.

Mas vamos voltar à realidade. Como vendedor, você tem uma escolha a fazer: interromper ou começar uma nova carreira em uma lanchonete local ganhando um salário mínimo. Vendedores que não interrompem clientes potenciais têm filhos bem magrinhos.

Então, se você vai ser interrompido, o que vai querer?

Talvez quisesse que o autor da chamada fosse direto ao ponto e saísse logo do telefone, para que você pudesse voltar a postar seus vídeos de gato no YouTube.

Agora, tente se colocar no lugar de seu cliente potencial. Eles são pessoas como você, que lamentam ter o próprio dia interrompido por uma chamada sem aviso prévio. Seu objetivo é agilizar a chamada e ir direto ao ponto, para atingir seu objetivo e para que eles possam voltar ao que estavam fazendo.

Para fazer isso de um jeito eficaz, sua chamada precisa ser estruturada a fim de que você chegue rápido ao ponto em dez segundos ou menos e pareça um profissional de verdade, em vez de um robô programado ou um estereótipo daquele vendedor piegas tão frequentemente retratado nos filmes.

Você também precisa de um processo que seja consistente e reproduzível. Uma estrutura com estas qualidades tira a pressão de cima de você e de seu cliente potencial. Por não estar improvisando a cada vez que telefona, você não precisa se preocupar com o que falar. E por estar focado e ponderado, você respeita o tempo de seu cliente potencial.

Ligações mais curtas e impactantes implicam em terminar mais rápido seus blocos telefônicos, o que, por sua vez, mantém seu pipeline cheio e lhe dá mais tempo para se dedicar às atividades que tornam as vendas divertidas. Uma chamada telefônica prospectiva talvez se pareça com isto — uma estrutura simples de cinco passos:

1. Consiga a atenção deles chamando-os pelo nome: "Oi, Julie."
2. Identifique-se: "Meu nome é Jeb Blount e sou da Sales Gravy."
3. Diga a eles por que está ligando: "O motivo da minha ligação é para marcar uma reunião com você."

4. Faça uma ponte — dê a eles um *porquê*: "Acabei de ler um artigo online dizendo que sua empresa vai acrescentar 200 novos cargos de vendas ao longo do próximo ano. Várias empresas de seu setor já estão usando a Sales Gravy exclusivamente para pesquisar candidatos a vendedor e estão muito satisfeitas com os resultados que estamos oferecendo."

5. Pergunte o que quer e cale-se: "Pensei que o melhor ponto para começar é agendar uma reunião rápida para saber sobre os desafios e objetivos de seu recrutamento de vendas. Que tal nos encontrarmos na quarta-feira à tarde, por volta das 15h?"

| Chame a atenção deles | Identifique-se | Diga a eles o que você quer | Faça ponte para um porquê | Peça o que você quer |

Figura 15.1 - Estrutura de Cinco Passos da Prospecção Telefônica

Um ponto que quero me certificar de que você entendeu: não há pausas. No momento em que pausa, você perde o controle da ligação. Assim que meu cliente potencial atende ao telefone, passo pela estrutura de cinco passos sem parar. Meu objetivo é respeitar o tempo deles indo direto ao ponto e conseguindo rápido uma resposta — sim, não ou talvez.

Aqui está outro exemplo. Meu objetivo é coletar informações:

"Oi, Ian, aqui é o Jeb Blount da Acme Restaurant Supply. O motivo da minha ligação é que li no jornal que vocês estão construindo um restaurante acima do desvio 44, e desejo saber mais sobre seu processo de aquisição de equipamentos de cozinha. Eu sei que estou ligando um pouco antes da hora, mas descobri que se nossa equipe de projetos trabalhar com a sua equipe antes que você tome decisões cruciais sobre a disposição da cozinha, vai ter mais opções e pode poupar muito em custos de construção e mão de obra futura com um layout culinário mais eficiente e aperfeiçoado. Você pode me dizer como toma essas decisões e quando o processo de seleção vai começar?"

Aqui está outro exemplo, em que meu objetivo é qualificar e passar direto para uma conversa sobre vendas:

"Oi, Corrina, aqui é o Jeb Blount da AcmeSoft. O motivo da minha ligação é porque você baixou nosso artigo técnico sobre criar páginas iniciais mais eficazes para geração de oportunidades, e estou interessado em saber o que despertou seu interesse. Trabalho com vários executivos de marketing que têm lutado para trazer oportunidades de qualidade a fim de cumprirem suas metas de crescimento. Tenho à disposição algumas das melhores técnicas aplicadas pelos meus clientes para gerar oportunidades melhores e mais diversificadas, e ficaria feliz em compartilhá-las com você. Você pode me contar mais sobre sua situação?"

Quando você usar essa estrutura, descobrirá que vai tropeçar menos nas palavras e atingirá seus objetivos com maior frequência.

Uma estrutura é um guia. Ela o deixa ágil e adaptável, porque pode ser aproveitada em diferentes situações, liberando-o para focar sua mensagem em vez de esforços em repensar seu processo toda hora, e que consomem seu tempo.

A prospecção telefônica deve ser profissional e direta ao ponto. Não há motivo para complicá-la com roteiros estúpidos que irritam clientes potenciais, criam resistência e fazem você parecer um tonto. Vamos dar uma olhada mais de perto nos elementos da Estrutura Simples de Cinco Passos da Teleprospecção.

Chame a Atenção Deles

Quando seu cliente potencial atender ao telefone, você tem um microssegundo para conseguir sua atenção. O jeito mais fácil e mais rápido de conseguir a atenção de alguém é usar a palavra mais linda do mundo para eles — seus nomes.

Em qualquer lugar e momento em que você disser o nome da outra pessoa, ela vai se endireitar e olhar. Por esse microssegundo, você tem a atenção dela. A mesma dinâmica está em jogo ao prospectar por telefone, e é importante tirar vantagem disso. Diga apenas: "Oi, Julie."

Ponto importante: repare que eu não perguntei a Julie "como você está?"

Há um motivo para isso. Ao interromper o dia de um cliente potencial, você ganha resistência. Essa resistência chega ao ápice tão logo eles percebam que você é um vendedor e que cometeram um grande erro ao atender ao telefone.

Essa percepção acontece logo depois de você dizer algo como "Oi, aqui é o Stephen da empresa de dispositivos. Como você está hoje?" Então, você pausa.

É quando o instinto de seu cliente potencial de sair do telefone e voltar ao que quer que estivesse fazendo entra em cena. Imediatamente, eles dão uma resposta automática como "não estou interessado" ou perguntam "quem está falando?".

Sua cliente potencial estava feliz e contente dando continuidade à manhã quando o telefone tocou, interrompendo o dia. Então, ela percebeu o próprio erro assim que você disse "como você está?". De repente, o mecanismo fuja-rápido-desse-vendedor entrou em ação. Assim que você pausou, ela o atingiu com uma objeção e um tom de voz duro. É assim que seu cliente potencial está, e é assim que você perde o controle da ligação.

Não pergunte "como você está?" e não pause ou deixe um silêncio esquisito no ar. Diga o nome deles e siga em frente.

Identifique-se

Vá direto aos negócios. Diga o nome de seu cliente potencial, depois diga a ele ou ela quem você é e por que telefonou. Transparência tem dois benefícios.

1. Ela demonstra que você é profissional e que tem respeito pelo tempo de seu cliente potencial — poupe o papo furado até que você tenha firmado uma relação de verdade.
2. Ao dizer a eles quem você é e por que está ligando, você reduz o estresse, porque as pessoas ficam mais à vontade quando sabem o que esperar.

Se há algo que eu sei que é verdade, é que clientes potenciais são pessoas como você. Elas não querem ser enganadas, manipuladas e interrompidas. O que elas querem é ser tratadas com respeito. O melhor modo de demonstrar respeito é ser confiável, relevante e direto.

Ponte — Dê a Eles um Porquê

Já aprendemos que quando pedimos às pessoas que façam algo por nós, como abrir mão do próprio tempo, é mais provável que façam quando lhe damos um motivo — ou um *porquê*. A ponte liga os pontos entre o que você quer e por que eles deveriam dar isso a você. Você interrompeu o dia deles, disse por que estava telefonando e agora precisa dar a eles um motivo para cederem mais de seu precioso tempo a você.

A pessoa para quem você está ligando não poderia se importar menos com seu produto, serviço ou atributos. Elas não se importam com o que você quer, ou o que "adoraria" ou o que "gostaria" de fazer. Elas não se importam com seus desejos, sua cota, ou que você "vai estar na área delas".

Elas só se preocupam com o que é relevante para os próprios problemas e vão lhe ceder seu tempo pelos próprios motivos, não pelos seus. Essa é a razão por que a mensagem importa. O que você diz e como diz é que vai ou gerar resistência e objeções ou derrubar a parede e abrir a porta para um "sim".

Evite dizer coisas como:

- "Quero falar com você sobre meu produto."
- "Adoraria me encontrar com você para lhe mostrar o que temos a oferecer."
- "Quero contar a você sobre nosso novo serviço."

Essas declarações são todas sobre você e as palavras *falar*, *contar* e *mostrar* enviam uma mensagem sutil de que o que você realmente quer fazer é um discurso de vendas. Asseguro a você que a última coisa que seu cliente potencial quer ou para a qual tem tempo é seu monólogo.

Usando as estruturas da ponte e das mensagens do capítulo "A Mensagem Importa", elabore uma mensagem curta e atraente que se conecte emocionalmente com o que é importante para seu cliente potencial. Use frases e palavras emotivas, como:

- Saber mais sobre você e seu negócio.
- Compartilhar alguns insights que ajudaram meus outros clientes.
- Compartilhar algumas das melhores técnicas que outras empresas em seu setor estão usando para...
- Adquirir conhecimento sobre sua situação particular.
- Ver como podemos adaptar.
- Flexibilidade.
- Opções.
- Tranquilidade.
- Economizar.
- Frustrado.
- Preocupado.
- Estressado.
- Perda.
- Tempo.
- Dinheiro.

Essas palavras e declarações são todas sobre eles. Os clientes potenciais querem sentir que você os entende e também aos problemas deles, ou que, pelo menos, está tentando entender, antes que concordem em lhe ceder um tempo.

A maneira mais eficaz de elaborar a mensagem certa é simplesmente se colocar no lugar de seu cliente potencial. Olhe para as coisas através dos olhos deles e use a empatia que Deus lhe deu para perceber suas emoções e refletir sobre o que pode ser importante para eles.

Peça o que Quer e Cale a Boca

O passo mais importante é pedir o que você quer.

- Se está qualificando, pergunte pela informação de que precisa para determinar seu próximo passo.
- Se quer uma reunião, peça um dia e um horário.
- Se quer engrenar uma conversa sobre vendas, faça uma pergunta aberta que os mantenha falando.

Seu objetivo é chegar rapidamente ao sim, ao não ou ao talvez. Não perca tempo aqui. Não fale com rodeios. Não use linguagem passiva, frouxa e frases como "talvez, se estiver tudo bem e você não estiver ocupado demais, nós podemos, tipo, quem sabe nos encontrar por alguns minutos, o que acha?"

Seja confiante, direto e suave — e não pause. Vá ao ponto. Peça e assuma.

Depois, cale a boca. O maior erro que vendedores cometem em ligações prospectivas é continuar falando em vez de dar ao cliente potencial a oportunidade de responder à solicitação. Isso aumenta resistência, cria objeções e dá ao seu cliente potencial uma saída fácil.

Então, cale a boca e deixe seu cliente responder. Vai haver uma RDO quando você perguntar o que quer? Com certeza. Essa é a realidade: em vendas sempre há objeções. No entanto, por você não ter perdido tempo algum em chegar à objeção, ele vai ter mais tempo para responder, o que, por sua vez, vai dar a você uma chance melhor de atingir seu objetivo.

No próximo capítulo vamos mergulhar de cabeça em técnicas para reverter respostas por reflexo, dispensas e objeções. O que quero enfatizar, no entanto, é que muitos clientes potenciais vão dizer sim quando você for direto, confiante e acreditar, através de palavras e tom de voz, que eles vão dizer sim.

Pergunte o que você quer e cale a boca.

Deixando Mensagens de Correio de Voz que São Respondidas

Não importa o quanto você se torne proficiente na estrutura de teleprospecção, não importa o quanto sua lista de prospecções seja direcionada ou quão focado seja seu bloco telefônico, não importa o quanto você cronometre suas chamadas, a maioria de suas ligações ainda vai para o correio de voz.

Eu sei que correio de voz o deixa louco, porque isso me deixa louco. Na maioria das vezes parece que você está perdendo seu tempo. Sempre há essas perguntinhas flutuando no fundo da sua mente:

Quando eu deveria deixar uma mensagem de voz?

Eu devo mesmo deixar uma mensagem de voz?

Se eu deixar a mensagem, será que vão me ligar de volta?

Embora não haja respostas definitivas para nenhuma dessas perguntas, saber como deixar mensagens de voz é importante porque clientes potenciais as ouvem e as retornam. Uma mensagem de voz eficaz deveria ajudá-lo a atingir pelo menos um destes dois objetivos:

1. Receber uma ligação de retorno de um cliente potencial altamente qualificado.
2. Construir familiaridade com um cliente potencial de valor elevado.

Quando vendedores me perguntam quando deveriam deixar mensagem de voz, sempre respondo: "Quando for importante."

Por exemplo, se você está ligando para uma lista de clientes potenciais sobre os quais você tem informações pouco qualificadas, talvez não faça sentido deixar mensagem de voz para eles. Você não os conhece, nem sabe quão qualificados são, e eles não o conhecem. A probabilidade de receber uma ligação de retorno de um desses clientes potenciais é baixa. Por esse motivo, você será mais eficiente e eficaz apenas ligando para a maior quantidade possível deles em seu bloco agendado, em vez de perder tempo deixando mensagens de voz.

Deixar mensagem de voz é ineficiente. Leva tempo para passar por seus alertas telefônicos. Com aproximadamente 20 a 30 segundos por mensagem de voz, você consegue facilmente passar de 10 a 15 minutos de um bloco telefônico de uma hora apenas deixando mensagens de voz. A taxa de ligações de retorno a mensagens de voz é muito baixa. Coisa de um dígito, menos de 10%. Isso torna a mensagem de voz ineficiente e ineficaz para aplicação global em todas as chamadas.

Esse é o motivo por que, quando você deixa uma mensagem de voz, ela tem que valer. Por exemplo, quando está trabalhando uma lista de prospecções de conquista, você vai querer deixar uma mensagem de voz em cada ligação. O mesmo vale para um cliente potencial que você conhece ou suspeita que está entrando na janela de compras. Com esses clientes, é crucial que você esteja à frente deles; então, deixar uma mensagem de voz que gere uma ligação de retorno ou construa familiaridade faz sentido e tem um risco/recompensa razoável.

Uma vez que não há nenhuma regra testada e aprovada para quando deixar mensagens de voz, depende de você decidir quando fazer um investimento de tempo desses, com base em seus objetivos, lista, disponibilidade de tempo e situação particular. No entanto, se vai deixar uma mensagem de voz, deixe uma que lhe dê a probabilidade mais alta de conseguir uma ligação de retorno.

Estrutura de Cinco Passos de Mensagens de Voz que Dobram Ligações de Retorno

Enquanto relutantemente ouço as mensagens de voz de vendedores, há três tipos que me deixam louco:

- *Nenhuma informação de contato:* essas mensagens são automaticamente deletadas.
- *Muita divagação:* em algum momento, no meio da tagarelice sem fim, costumo apertar "apagar".
- *Informações de contato truncadas:* precisar ouvir a mensagem mais de uma vez desperdiça meu tempo, portanto eu a deleto.

É o seguinte: para ter mais retorno em suas mensagens, você precisa facilitar para que seus clientes potenciais liguem de volta. Há cinco passos para deixar mensagens de voz eficazes, que serão retornadas. Este processo consistentemente implantado vai dobrar sua taxa de ligações de retorno.

1. *Identifique-se.* Diga logo no início quem você é e a empresa para a qual trabalha. Isso faz você parecer profissional.

2. *Diga duas vezes seu número de telefone.* Os clientes potenciais não podem ligar de volta se não têm seu número ou se você o falou de forma pouco clara. Dê sua informação de contato principal e diga-a duas vezes — devagar. Depois que eles ouvirem seu nome e empresa talvez não se importem com o resto de sua mensagem, porque, com base na própria situação, conseguem inferir do que se trata.

3. *Diga a eles o motivo pelo qual está ligando.* Diga-lhes por que ligou. Não há nada mais irritante para um comprador do que um vendedor que não é honesto sobre as próprias intenções. Após dar sua informação pessoal, diga apenas: "O motivo de minha ligação é…" ou "o propósito de minha ligação é…", depois, diga a eles por que está ligando e o que quer. Transparência é tanto respeitosa quanto profissional.

4. *Dê a eles um motivo para ligar de volta.* Os clientes potenciais retornam a ligação quando você tem algo que eles querem ou pelo qual tenham curiosidade. Curiosidade é um poderoso direcionador do comportamento. Quando você tem conhecimento, insight, informação, tarifas especiais, produtos novos ou aprimorados, solução para um problema e assim por diante, você cria uma força motivadora que estimula seu cliente potencial a ligar de volta.

5. *Repita seu nome e diga duas vezes seu número de telefone.* Antes de terminar sua mensagem, diga devagar e novamente seu nome e sempre, sempre, diga claramente seu número duas vezes.

Identifique-se → **Diga duas vezes seu número de telefone** → **Diga a eles por que está ligando** → **Dê a eles um motivo para ligarem de volta** → **Diga duas vezes seu número de telefone**

Figura 15.2 - Estrutura de Cinco Passos para Mensagens de Voz

Dica bônus: use no máximo 30 segundos para as mensagens de voz. Quando se atém aos 30 segundos, você é obrigado a ser claro, sucinto e profissional.

"Oi, Rick, aqui é o Jeb Blount, da Sales Gravy. Meu número telefônico é 1-888-360-2249, repito, 1-888-360-2249. O motivo dessa ligação é que você baixou nosso artigo técnico sobre chamadas frias e quero saber mais sobre sua situação e o que o estimulou a buscar essa informação. Também tenho alguns recursos adicionais sobre mensagens de voz e prospecção telefônica que imagino que você se interessaria em conhecer. Vamos nos encontrar esta semana. Ligue-me de volta no 1-888-360-2249, repito, 1-888-360-2249."

Estou ciente de que parece estranho dizer seu número telefônico quatro vezes na mesma mensagem de voz. Seu objetivo é fazer com que o retorno deles seja fácil e agradável, e não mais confortável para você.

Ao ouvir seu número telefônico duas vezes no começo, eles não precisam escutar a mensagem completa se estiverem prontos para ligar de volta. Se sua mensagem os deixou curiosos e eles querem retornar a ligação, você também lhes deu seu número duas vezes no final; então, eles não têm de repetir a mensagem. Facilitar aumenta a probabilidade de você receber uma ligação de retorno.

Chamadas Teleprospectivas com Hora Marcada São uma Estratégia Perdida

A pergunta mais frequente que me fazem sobre prospecção telefônica é:

"Jeb, qual é o melhor horário para ligar? Quero dizer, existe uma hora em que as pessoas estarão mais receptivas às minhas ligações? Sabe, como se fosse melhor contatar um cliente potencial durante a manhã do que no fim do dia útil? Ou há alguns dias da semana que são melhores que outros?"

Em seguida, vem a expectativa de que vou revelar o código secreto que vai lhes abrir um mundo utópico em que os clientes potenciais sempre atendem ao telefone, andam sempre joviais e receptivos aos papos de vendedor, concordam com as reuniões sem rejeição e fecham o negócio por conta própria.

Ouço essa pergunta de vendedores de todos os setores e níveis de experiência, o tempo todo. Há vários motivos para os vendedores fazerem essa pergunta:

- Eles estão realmente interessados em fazer ligações com hora marcada.
- Eles estão frustrados e apenas desabafando, caso em que minha resposta cai em ouvidos moucos.
- Eles estão procurando um jeito para não fazer ligações — uma desculpa.

Ligar com hora marcada é a maior desculpa e pretexto para vendedores que não querem prospectar por telefone (ou, francamente, prospectar de qualquer jeito). Aqui estão algumas desculpas relacionadas a tempo de vendedores querendo fugir do telefone:

- "Não posso ligar na segunda-feira porque as pessoas estão se preparando para a semana e isso vai incomodá-las."
- "Não posso ligar na sexta-feira porque as pessoas estão se preparando para o fim de semana, e provavelmente vão sair mais cedo."
- "Não posso ligar de manhã porque as pessoas não atendem ao telefone quando estão se preparando para o dia."

- "Não posso ligar antes do almoço porque as pessoas estão se preparando para almoçar e não quero incomodá-las."
- "Não posso ligar depois do almoço porque as pessoas estão acabando de voltar para o escritório, e provavelmente checando e-mail."
- "Não posso ligar à tarde porque as pessoas provavelmente estão em reuniões e não em suas salas."
- "Não posso ligar no fim do dia porque as pessoas estão se preparando para voltar para casa."
- "Sem problemas, farei minhas ligações amanhã, quando os clientes potenciais estiverem mais dispostos a responder minhas chamadas."

O que realmente acontece é que a teleprospecção é deixada de lado dia após dia, até que os pipelines fiquem inoperantes e vazios. Então esses vendedores desesperados acabam diante de mim, procurando pela técnica ultrassecreta da ligação com hora marcada que vai deixar tudo bem.

Uma excelente analogia para chamadas com horário certo é o investimento. O investidor que tenta achar o tempo do mercado tem falhado historicamente em vencer o investidor que usa uma estratégia de custo médio em dólares — fazendo, com o tempo, investimentos adicionais em intervalos regulares.

Se você pensar em prospecção no mesmo sentido, vendedores que prospectam diariamente em horários regulares têm mais sucesso no decorrer do tempo do que aqueles que tentam marcar hora para suas prospecções. Como em investimento, a estatística vai sempre a favor de vendedores que fazem um pouquinho de prospecção a cada dia.

Sim, há vários dados de dezenas de estudos atestando que há dias específicos e horários do dia que são melhores para telefonar. Se continuar procurando, vai encontrar artigo atrás de artigo, estudo atrás de estudo, e opinião atrás de opinião sobre a melhor hora para ligar. Uma simples pesquisa online também vai render centenas de insights anedóticos sobre a melhor hora para ligar: quarta-feira durante o almoço, de manhã às 10:12, sexta-feira à tarde, e assim por diante. Você vai encontrar um monte de justificativas para esse raciocínio. Algumas acertam em cheio. Algumas são bobagens. Algumas são contraditórias.

A maior parte é sem sentido. Por exemplo, a Insight Squared produziu um estudo[1] sobre ligação com hora marcada que demonstrou que as terças-feiras, entre 10h e 16h, são os melhores momentos para ligar. É claro, o melhor dia deles para ligar era somente 1,3% melhor do que o pior dia.

Apenas Engula o Sapo

A maioria das coisas escritas sobre ligação com hora marcada não passa de ruído confuso, que proporciona aos vendedores menos atentos à prospecção uma desculpa fácil para deixar de lado a prospecção telefônica até amanhã ou à tarde, ou qualquer outra hora que não agora.

Então, esqueça as ligações com hora marcada e, em vez disso, comprometa-se com um bloco de chamadas diário e como a primeira coisa a fazer pela manhã.

O francês Nicholas Chamfort aconselhava pessoas a "engolir um sapo de manhã se não quiser encontrar nada mais nojento durante o resto do dia". Em seu livro *Eat That Frog* [*Engula Esse Sapo*, em tradução livre], Brian Tracy diz que seu "sapo" é "a tarefa mais difícil e mais importante do dia. É a tarefa que pode ter o maior impacto positivo em sua vida e resultados nesse momento".[2]

Prospecção telefônica é a atividade mais importante em vendas. É a única atividade que vai ter o maior impacto positivo na saúde de seu pipeline, sua carreira e sua renda. Também é um saco. É frustrante, desconfortável e coberta de verrugas de sapos verdes e viscosos.

Tracy escreve que ficar olhando para o sapo não vai deixá-lo mais apetitoso. Quando "você tem que engolir um sapo, ficar sentado e olhando para ele por muito tempo não paga as contas". O mesmo vale para prospecção. Pensar nela, deixar para depois ou tentar marcar hora não vai torná-la mais apetitosa de modo algum.

Quanto mais tempo o sapo fica sentado ali, mais desagradável se torna. É quando a barganha começa. Em vez de apenas comê-lo e esquecer, você começa a fazer acordos consigo mesmo para "dobrar" sua refeição de sapos amanhã.

Mas nunca funciona. Uma vez que começa a procrastinar, você nunca vai se recuperar. À medida que deixa a prospecção para depois, mais tarefas, problemas e incêndios passam a ocupar o lugar dela.

É por isso que você deveria separar suas primeiras duas horas em um bloco para telefonemas, todos os dias. Marque esse compromisso com você e mantenha-o. Seu nível de energia, confiança e entusiasmo vão estar no ápice no início do dia. Além disso, os clientes potenciais terão menos coisas para fazer no começo do dia, o que proporciona menos resistência e mais *"sim"*.

A melhor maneira para evitar se transformar em estatística é abraçar a chatice e engolir o sapo.

16 | Revertendo as RDOs

Respostas por Reflexo, Dispensas e Objeções

Todo mundo tem um plano até levar um soco na cara.

— Mike Tyson

Dizem que falar em público é o que causa mais medo nas pessoas, mas, na minha experiência, dada a escolha entre fazer um discurso em público e uma ligação prospectiva, teríamos uma fila para discursar.

Rejeição é um desmotivador poderoso. Para milhões de vendedores, pegar no telefone e ligar para um cliente potencial é a parte mais estressante do dia. Lamentavelmente, esses vendedores relutantes reprimem seu potencial de ganhos, são despedidos ou caem em ruína financeira.

Prospectar, sobretudo por telefone e pessoalmente, evoca nossos medos profundos de vulnerabilidade. De acordo com a Dra. Brene Brown, autora de *Power of Vulnerability* [*O Poder da Vulnerabilidade*, em tradução livre], a vulnerabilidade é gerada na presença de incerteza, risco e exposição emocional (leia-se: potencial para ser rejeitado).

Esse é o motivo de tantos vendedores odiarem prospectar. Eles não podem controlar a situação, portanto se sentem vulneráveis e desconfortáveis.

O sentimento de rejeição acontece no momento em que você obtém uma resposta por reflexo, uma dispensa ou uma objeção (RDO). Você sente como se tivesse levado um soco no estômago. Seu cérebro desliga e você tropeça nas palavras. Você se sente envergonhado, pequeno e sem controle. Sentir que não tem controle é uma emoção horrível, às vezes debilitante.

Ainda assim, é bem aqui, neste exato ponto de inflexão da rejeição, que o bicho pega em prospecção e vendas. É a habilidade e o equilíbrio em lidar com RDOs e transformá-las em "sim" que vão lhe dar os maiores prêmios e colocá-lo diante das prospecções de valor alto que os vendedores de seu território estão perseguindo.

Meu objetivo neste capítulo é duplo:

1. Vou lhe dar uma estrutura para lidar com objeções de clientes potenciais que aumenta sua probabilidade de conseguir um sim. Quando dominar essa ferramenta, você vai adquirir confiança para aguentar qualquer coisa que um cliente potencial jogue em cima de você.

2. Você vai aprender a lidar com a rejeição e saber que pode rapidamente obter o controle da conversa quando seus clientes potenciais jogarem RDOs em você.

Essas técnicas serão usadas primeiramente para prospecção por telefone e em pessoa. No entanto, as mesmas técnicas podem ser usadas com respostas a e-mails e prospecções sociais.

Rejeição Não é "Pé nas Costas"

Quando estava crescendo como vendedor, eu consumia treinamentos em vendas, livros, programas de áudio e seminários do mesmo jeito que algumas pessoas devoram chocolate. Meu apetite era insaciável (e ainda é). Eu via todos os gigantes no palco e trabalhava para empresas que forneciam uma dose fixa de treinamento em vendas.

Quando chegava a hora de falar de objeções e rejeições em vendas, havia temas e clichês consistentes proferidos por esses instrutores e especialistas. Continuo a ver esses mesmos temas hoje:

- "Se quiser ser bom em vendas, você precisa aprender a encarar a rejeição com o pé nas costas."
- "Eles não estão rejeitando você; só estão fazendo objeções à sua proposta."
- "Quando for rejeitado por um cliente potencial, não leve para o lado pessoal."

"Não leve para o lado pessoal." Esse é meu favorito.

Vejamos. Você derramou sangue, suor e lágrimas em seus esforços para contatar seu cliente potencial. Você é competitivo e motivado. Você odeia perder. Você leva seu trabalho a sério. Você trabalha duro para ser um profissional. Sua renda e segurança estão diretamente ligadas a seu sucesso ao longo do processo de vendas.

Tenho novidades para você. Parece pessoal, e é pessoal. Se você encara a rejeição com "o pé nas costas", como se não tivesse importância, você provavelmente é um psicopata.

Vamos começar com uma premissa básica: o sentimento de rejeição é real. Quando um cliente potencial lhe diz *não*, seu cérebro não sabe a diferença entre o cliente rejeitando sua proposta ou rejeitando você. Para seu cérebro, é a mesma coisa. Aprendemos em um capítulo anterior que respostas do tipo lutar ou fugir acionam a reação fisiológica ao medo. A resposta psicológica e neuroquímica é gerada por sua necessidade inata e insaciável de se sentir aceito, importante e no controle, motivo por que a rejeição tem um ferrão tão poderoso.

Instrutores de vendas e especialistas dizem coisas como "aceite com o pé nas costas" porque é mais fácil oferecer lugares-comuns e intelectualizar a dor da rejeição do que reconhecer que ela é real e ensinar as pessoas a lidarem com ela. Acredito que seja totalmente hipócrita alguém dizer que é só estalar os dedos, desapegar da rejeição e aceitá-la com o pé nas costas. Eu não sei fazer isso, e fico mais fanático quanto mais elas aparecem. Vou bater em qualquer porta, ligar para qualquer cliente potencial, a qualquer hora. Mergulho em prospecção como se ela fosse minha melhor amiga. Quando me dizem não, ainda me sinto rejeitado.

O que tenho feito, no entanto, é desenvolver uma estrutura que me permite controlar essa emoção disruptiva, para que, quando receber objeções, meus sentimentos não se descontrolem nem façam com que minha prospecção se torne um trem desgovernado.

Respostas por Reflexo, Dispensas e Objeções, Meu Deus!

Aprender como administrar as emoções desgastantes acionadas pela rejeição começa com um entendimento mais profundo da motivação de seu cliente quando você interrompe o dia dele.

Resposta por Reflexo

Estava viajando e percebi que tinha deixado o cabo de meu iPad em casa. Havia uma loja de materiais para escritório a uma curta distância de meu hotel, então fui até lá para comprar um.

Ao entrar na loja, um jovem gentil foi até mim e perguntou: "Posso ajudar?"

Respondi: "Só estou olhando."

Ao me afastar, a ficha caiu. Eu precisava, sim, de ajuda para comprar um cabo. Então eu retornei, e ele me levou até a prateleira onde os cabos estavam pendurados, me poupando de perder muito tempo "só olhando".

Por que respondi desse jeito quando estava claro que não era verdade? Foi automático, algo que disse centenas de vezes. Era um hábito e parte do meu *roteiro de comprador* para vendedores que se aproximam de mim.

"Não estamos interessados."

"Estamos contentes."

"Estamos satisfeitos."

"Estou ocupado."

"Estou em reunião."

"Estou saindo da sala agora."

"Não estou interessado."

Todos esses são exemplos de coisas que clientes potenciais dizem de maneira automática quando são interrompidos por um vendedor. Seu cliente potencial não pensa na resposta. A resposta pode não ser verdadeira, mas não existe uma intenção consciente de enganá-lo. É só o roteiro que eles foram condicionados a usar quando confrontados por vendedores.

Dispensa

A dispensa tem tudo a ver com evitar conflito.

"Me ligue mais tarde."

"Volte a falar comigo daqui a um mês."

"Por que você não envia alguma informação?" (A maior dispensa de todos os tempos.)

Uma dispensa é seu cliente potencial dizendo com gentileza para você ir embora. "Me ligue mais tarde", eles dirão quando quiserem evitar confronto e ser gentis o suficiente para mandá-lo embora sem alarde. Eles aprenderam que vendedores, em sua maioria, estão dispostos a aceitar essas falsidades e ir embora porque eles também querem evitar o confronto, e a dispensa não se parece tanto com uma rejeição.

Por que clientes potenciais mentem — consciente ou inconscientemente? Uma das explicações mais convincentes que já ouvi foi a de Seth Godin.[1] Ele diz que clientes potenciais mentem porque vendedores os treinaram para isso e "porque têm medo". Eles aprenderam que, quando dizem a verdade, "os vendedores respondem questionando o julgamento do cliente potencial. Por falar a verdade, o cliente potencial é desrespeitado. É claro que nós [clientes potenciais] não dizemos a verdade — se dissermos, com frequência somos intimidados ou repreendidos, ou fazem com que nos sintamos tolos. Não é surpreendente que seja mais fácil apenas evitar o conflito em sua totalidade?"

Objeções

Objeções em ligações de prospecção tendem a ser refutações mais verdadeiras e lógicas à sua solicitação. Em geral, vêm acompanhadas de um *porquê*.

"Não há motivo algum para nos encontrarmos agora porque acabamos de assinar um novo contrato com seu concorrente."

"Estamos ocupados implementando um projeto extenso e não posso assumir mais nada no momento."

"Não posso encontrá-lo na próxima semana porque estarei no CES em Las Vegas."

"Adoraria conversar, mas nossos orçamentos foram congelados e acho que seria perda de tempo."

Essas respostas são raras. Quando você as recebe, porém, abre-se uma porta para superar a objeção e marcar uma reunião de qualquer maneira, ou mudar de marcha e reunir informações qualificadas que vão ajudá-lo no futuro.

Planejando a RDO

O verdadeiro segredo para adquirir o controle da conversa ao se ver diante de uma RDO é planejá-la com antecedência. É o oposto de como a maioria dos vendedores aborda as ligações de prospecção. Em vez de planejar com antecedência, eles improvisam em cada ligação e tratam cada RDO como se fosse um evento único.

Mas RDOs não são únicas. Há um número limitado de maneiras de um cliente potencial dizer não a você. A maioria das RDOs vão vir em forma de:

- Não ter interesse.
- Não ter orçamento.
- Ocupação demais.
- Envio de informação.
- Sobrecarga — coisas demais acontecendo.
- Só olhando (ligações de entrada).

Os clientes potenciais nem sempre usam essas palavras exatas. Por exemplo, em vez de dizer "estamos contentes", talvez digam "estamos com seu concorrente há anos e eles fazem um bom trabalho para nós". As palavras são diferentes, mas a intenção é a mesma — estamos contentes. Apenas procure os padrões e vai saber em qual categoria a RDO se encaixa.

Para dominar e se tornar eficaz em superar RDOs, você precisa simplesmente identificar todas as potenciais RDOs e usar a Estrutura de Reversão em Três Passos para desenvolver roteiros simples e reproduzíveis que você diz sem nem mesmo ter de pensar a respeito.

Por que praticar um roteiro reproduzível para RDOs? Um roteiro praticado deixa sua entonação de voz, estilo de fala e fluxo de som relaxados, autênticos e profissionais.

Roteiros de reversão liberam sua mente para focar em seu cliente potencial em vez de focar nas palavras que você usa. O roteiro funciona bem porque você tende a obter as mesmas RDOs repetidas vezes. Quando tem um roteiro, você nunca tem de se preocupar com o que dizer, e isso o coloca no controle completo da situação.

Se quer realmente observar o poder dos roteiros, é só reparar na diferença entre um político falando sem roteiro quando confrontado por repórteres em vez de proferindo um discurso com ajuda de um teleponto. Em cima do palco, o político é incrivelmente convincente. Mas, sem um roteiro, com frequência ele tropeça nas palavras e comete muitos dos vários erros que cometemos quando improvisamos com RDOs em ligações de prospecção. Roteiros são o que tornam políticos e figuras públicas personalidades atraentes.

No entanto, a preocupação da maior parte dos vendedores é "não soar como eu mesmo ao usar um roteiro". A preocupação em parecer artificial é legítima. Se atores e políticos parecessem artificiais, programas de TV e filmes não seriam divertidos e discursos não seriam confiáveis.

É esse o motivo exato por que atores, políticos e os melhores profissionais de vendas ensaiam e praticam. Eles trabalham e trabalham até que o roteiro soe natural e se torne a voz deles. Roteiros são uma maneira poderosa de gerenciar sua mensagem em uma situação emocionalmente tensa, mas precisam ser ensaiados.

Não vou repetir uma linha de roteiro para você e dizer que será fácil, porque não é. Escrever e praticar roteiros para RDO exige contemplação e vai consumir tempo. A boa notícia é que você já tem o hábito de dizer certas coisas de certas maneiras quando se depara com RDOs. O primeiro passo é analisar o que você já está fazendo e formalizar em um roteiro o que já está funcionando e que pode ser repetido com sucesso de modo constante.

Ao preparar seus roteiros, pratique-os e aperfeiçoe-os. Use um gravador, um amigo que represente um personagem ou um coach que o ajude a ensaiar.

A Estrutura da Reversão

Tradicionalmente, os instrutores de vendas têm ensinado vendedores a "superar objeções". A expressão "superação de objeções" é amplamente usada na profissão de vendas para descrever como convencer clientes potenciais de que o que eles dizem está errado.

Superar significa derrotar ou prevalecer sobre um oponente.[2] Um monte de vendedores tenta argumentar com seus clientes potenciais para fazê-los a mudar de ideia — para vencer o debate. Esse é o motivo, como aprendemos anteriormente com Seth Godin, por que clientes potenciais mentem para nós. Ao dizer não, eles esperam encarar uma batalha e ser desrespeitados. A profissão de vendas e os vários filmes com vendedores caricatos os condicionaram a se sentirem assim.

Superar não funciona. Há uma lei universal sobre comportamento humano: você não consegue convencer outra pessoa a acreditar que ela está errada. Quanto mais pressiona os outros, mais eles teimam e resistem a você.

Isso nunca funcionou. Mesmo quando vendedores conseguem que os clientes potenciais digam sim dessa maneira, é apesar do argumento, e não por causa dele, que eles triunfaram.

O ato de superar gera animosidade, exasperação e frustração tanto para o cliente potencial, que fica intimidado com o papo de que está errado, como para o representante, que, na verdade, gera mais resistência e rejeição mais severa com essa abordagem.

Romper versus Derrotar

Há um jeito melhor. Em vez de tentar superar — derrotando ou triunfando sobre seu cliente potencial —, você deveria romper a expectativa e padrões de pensamentos dele quando revidasse com um *não*. A chave é uma afirmação ou pergunta disruptiva que os faça voltar atrás, de modo que eles caminhem em sua direção em vez de se afastarem de você.

Romper funciona com seres humanos, porque quando encontramos algo que não era o que esperávamos, nós paramos e prestamos atenção. É um processo de puxar versus empurrar.

Judô, palavra japonesa cuja tradução é "caminho da suavidade", é um estilo de arte marcial que foca em vencer sem causar ferimentos. De modo semelhante, ao enfrentar RDOs em ligações prospectivas, você quer atingir seu objetivo — um investimento de tempo ou informação — sem brigar ou causar ferimentos.

RDOs em ligações prospectivas acontecem em uma fração de segundos. Você precisa ser ágil, adaptável e rápido. É um judô verbal a 150km/h.

Para ser ágil, você precisa de uma estrutura que gerencie suas emoções e atraia o cliente potencial para você, de modo que se torne mais fácil eles dizerem sim. Três elementos da Estrutura da Reviravolta em RDO são: Ancorar. Romper. Pedir.

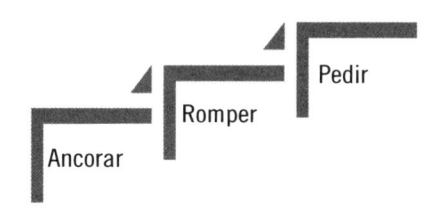

Figura 16.1 - Três Passos para Reviravolta em RDOs

Ancorar

Determinamos que a primeira reação psicológica e emocional à rejeição (lutar ou fugir) é involuntária. Você pode, no entanto, controlar emoções disruptivas acionadas pela rejeição. O segredo é dar ao seu cérebro lógico (neocórtex) uma chance de ficar em dia.

Se você estivesse passeando pela floresta e de repente surgisse um urso na sua frente, a reação psicológica à ameaça apresentada pelo urso é precisamente a mesma que você sente quando rejeitado. Seu "cérebro reptiliano", ou amígdala, através de milhões de anos de evolução, é programado para prepará-lo para a sobrevivência. O problema é que ele não é capaz de lhe dizer a diferença entre um urso e um cliente potencial dizendo não a você.

Mas seu cérebro lógico (o neocórtex) é capaz de diferenciar as duas situações. O problema é que o lutar ou fugir entra em cena antes da lógica. Então, você precisa de um milésimo de segundo para seu cérebro lógico despertar e dizer à amígdala que não existe ameaça.

O propósito da declaração de ancoragem, às vezes denominada recomposição, é dar a si mesmo uma âncora ou algo a que se agarrar até que seu cérebro lógico se atualize, assuma o comando e gerencie as emoções conflituosas geradas pela rejeição. É assim que você readquire sua estabilidade e o controle da conversa.

Romper

Seu cliente potencial está condicionado. Ele espera que você aja como qualquer vendedor. Ao dizer não a você, o que espera é uma briga. O segredo para reverter a RDO de seu cliente é apresentar uma declaração ou pergunta que destrua essa expectativa, "afaste" a briga e atraia o cliente para você. Por exemplo:

- Quando disserem que estão contentes, em vez de argumentar que você os deixaria ainda mais contentes se lhe dessem uma chance, diga: "Fantástico. Se está contente, nem deveria pensar em mudar!" Isso é totalmente inesperado.

- Quando disserem que estão ocupados, em vez de argumentar que você só vai tomar um pouquinho de tempo deles, diga: "Imaginei que estaria." Concordar com eles destrói seu padrão de pensamentos.

- Quando dizem "só me mande algumas informações", diga: "Diga-me o que você está procurando especificamente". Isso expõe o blefe deles e força o contato.

- Quando dizem "não estou interessado", diga: "Faz sentido. A maioria das pessoas não está." O cérebro deles não está preparado para que você concorde com eles.

Também é importante evitar usar palavras que só vendedores usam. Tão logo faz isso, você cai direto no jogo das expectativas deles. Uma frase que você vai querer evitar é "eu compreendo". Ao usar a frase "eu compreendo", você fica parecido com qualquer outro otário que emprega essa frase como acréscimo falso para poder voltar ao papo de vendedor. Isso demonstra empatia zero e diz a seu cliente potencial que você não está ouvindo e não se importa.

Peça

Você pode apresentar a reversão perfeita, mas, se não pedir novamente pelo compromisso, não vai conseguir o que quer. Você precisa pedir com confiança e firmeza por um compromisso específico de tempo ou informação, sem nenhuma hesitação ou pausa constrangedora, dando sequência direta a seu roteiro de reviravolta.

Cerca de metade das vezes em que você pedir, eles vão lançar outra RDO em você — uma que tende a ser mais próxima da verdade. Você vai querer estar preparado para lidar com ela e pedir de novo. O que você jamais deveria fazer é lutar. Não vale a pena. Quando você recebe duas RDOs e ainda assim não consegue uma reversão com seu cliente potencial, parta graciosamente para outra e volte a ele outro dia.

Juntando Tudo

É essencial que você evite complicar demais esse processo. Você precisa de roteiros de reversão que funcionem para você e soem naturais vindos da *sua* boca. Eles têm de fazer você parecer autêntico, real e confiante. Simplifique-os para que seja fácil memorizá-los e repeti-los. Aqui estão três exemplos que agrupam todos:

1. *Cliente potencial: "Olhe, Jeb, estou ocupada."*

    "Nancy, foi exatamente por isso que liguei."

    (Ancoragem: essa é uma afirmação simples que dá ao meu cérebro lógico apenas um momento para controlar meu cérebro emocional. Ao concordar com ela, destruo imediatamente sua expectativa de que eu tentaria falar com ela estando ocupada.)

    "Imaginei que estaria, então quero descobrir uma hora que seja mais conveniente para você."

    (Rompimento: também reconhecer que ela está ocupada neste momento destrói o padrão ao pedir que ela pense em uma hora mais adequada.)

"Que tal nos encontrarmos na próxima quarta-feira às 15h, então?" (Pedido: essa é uma solicitação firme, direta e específica.)

2. *Cliente potencial: "Não estamos interessados."*

"Nós sabemos, foi isso que vários de meus clientes atuais disseram na primeira vez que liguei." (Ancoragem)

"A maioria das pessoas diz que não está interessada antes de ver o quanto posso economizar para elas. Não sei se meu serviço vai servir bem a você ou à sua empresa, mas será que não faz sentido marcarmos uma reunião rápida para descobrir?" (Rompimento)

"Que tal sexta-feira às 14h? (Pedido)

3. *Cliente potencial: "Estamos realmente contentes com nosso fornecedor atual."*

"Isso é maravilhoso!" (Ancoragem)

"Sempre que você conseguir ótimas taxas e um ótimo serviço, você não deveria pensar em mudar. Tudo o que quero é fazer uma visita e conhecê-lo um pouco. E mesmo que não haja sentido em fazer negócio comigo no momento, posso pelo menos lhe passar uma cotação competitiva que vai ajudá-lo a manter esses outros caras honestos." (Rompimento)

"Que tal uma visita na terça-feira às 11h30?" (Pedido)

Adoraria saber sobre reversões que estão funcionando para você. Para compartilhar seus roteiros e pegar dicas de outros profissionais de vendas, participe do fórum de discussões sobre RDO em FanaticalProspecting.com [conteúdo em inglês].

Quando o Cavalo Morrer, Desça

Às vezes, não importa o quanto você seja bom, a pessoa do outro lado da linha vai dizer "vá se ferrar", ou vai bater a porta ou desligar o telefone na sua cara. Ou gritar — "Nunca mais me ligue de novo!" ou "É mais fácil fazer frio no inferno que eu comprar alguma coisa de você ou de sua empresa!"

Por estar interrompendo as pessoas, elas vão ser rudes, breves e desagradáveis, e às vezes vão falar coisas pessoais e mordazes.

Às vezes é porque você as pegou em uma hora ruim — o chefe acabou de deixar os números do último trimestre na mesa delas e disse que são perdedoras sem futuro — e você ligou bem na hora de virar a piñata humana perfeita para suas frustrações e autoaversão. Às vezes, são apenas babacas infelizes.

Ao ser tratado desse jeito, você tem tendência a ficar preso nisso. Você para de prospectar. Reclama com um colega e fica rodando a conversa na cabeça várias e várias vezes. Você se sente envergonhado, com raiva, vingativo e tantas outras emoções invadem sua mente e roubam sua alegria. Você registra no GRC uma observação de NUNCA mais ligar para eles, só por precaução.

Você projeta seus sentimentos em seu cliente potencial e elabora uma história em sua cabeça sobre o que eles disseram, fizeram ou pensaram depois de desligar o telefone, apertaram "enviar" em resposta a seu e-mail, ou observaram você saindo pela porta. Na sua cabeça, você vê seu cliente potencial rindo de você ou ardendo de raiva porque você os aborreceu.

Entretanto, o cliente potencial nem sequer se lembra de você. Eles partiram para outra no momento em que você desligou o telefone e não pensaram mais em você. Você não passou de uma mancha — uma interrupção momentânea e sem importância no dia deles. Confie em mim. Já tive clientes potenciais que gritaram comigo na terça-feira e me trataram como melhor amigo na quarta-feira. Completamente esquecidos de minha ligação anterior. É por isso que, quando as pessoas me dizem para "nunca mais telefonar para elas de novo", eu telefono.

É como crianças quando aprendem a cavalgar. Se caem, colocamos elas de volta no cavalo. Não importa se a criança está chorando, tremendo de medo e dizendo que não vai ou não quer subir de novo no cavalo. Não importa — o instrutor força a criança a voltar. Eles sabem que, se a criança não subir, ela vai repetir a queda na própria cabeça várias e várias vezes, exagerando o medo a ponto de nunca mais subir em um cavalo de novo. Coragem se desenvolve na presença do medo, não apesar dele.

É difícil retomar o foco e seguir em frente quando um cliente potencial é horrível com você. Isso dói. É tudo o que você consegue falar e em que consegue pensar. Você fica fantasiando sobre ligar de volta para eles e dizer para irem se *f@*& er!* A raiva invade seus pensamentos e o mantém acordado a noite toda se remoendo. Por vezes, você desliga totalmente sua vida enquanto chafurda em raiva, angústia e ansiedade.

Todos os dias encontro vendedores revivendo essas transgressões várias e várias vezes. Em nossos Campos de Treinamento em Prospecção Fanática, tudo sobre o que querem conversar é aquilo que "um cliente potencial disse uma vez para mim". Eles fizeram milhares de contatos prospectivos, mas ficam remoendo aquela única ligação que deu errado.

Eles desperdiçam um tempo precioso, energia e emoções batendo em um cavalo morto. Não importa com quanta força eles batam e chutem, o cavalo nunca vai se mover. Eles estão vivendo no passado, incapazes de focar mais nada, e procuram companhia para a própria infelicidade. Bater em cavalo morto é autodestrutivo. Cavalos mortos não galopam, eles apodrecem.

Aqui está meu conselho: quando o cavalo morrer, desça.

É claro, deixar para trás é mais fácil falar que fazer. Então, o segredo é aprender a oferecer a outra face? Bem, sim, mas tem mais. O verdadeiro segredo para seguir em frente é entender que a raiva é somente uma energia e que, uma vez que essa energia seja dominada, você acessa uma força poderosa. De fato, uma das qualidades sólidas de pessoas que têm muito sucesso é a habilidade de transformar decepção, fracasso e raiva em firme determinação.

Quando alguém o machuca, seu corpo e sua mente se enchem de energia e adrenalina para vingança. Tire vantagem dessa oferta de energia para melhorar, porque realização é a vingança definitiva.

Ao longo dos anos, desenvolvi um gatilho simples feito para me tirar da autopiedade ao ser menosprezado ou me perceber montado em um cavalo morto. Atrás de minha mesa está afixado um velho cartão datilografado. O papel ficou amarelo e as palavras se apagaram um pouco, porque carreguei esse cartão comigo por cerca de 25 anos. No cartão há sete letras:

PRÓXIMO

17 | As Vidas Secretas dos Guardiões

Eu sou a Chave Mestra... Você é o Guardião?

— Os Caça-Fantasmas

Na semana passada, enquanto estava treinando minha nova assistente e revisando suas responsabilidades, ela me perguntou como deveria lidar com ligações de vendedores. A expressão em seu rosto disse tudo. Enfrentar vendedores era uma tarefa que ela não achava agradável.

Isso me fez pensar sobre o constante cabo de guerra entre profissionais de vendas que estão tentando passar pela porta e os guardiões encarregados da tarefa de mantê-los à distância.

O motivo por que tenho uma guardiã é que há muitas pessoas disputando meu tempo; se eu não tivesse uma, nunca conseguiria terminar meu trabalho. O trabalho mais importante dela é proteger meu tempo. Infelizmente, isso a coloca em uma posição nada invejável de dizer não a vendedores.

Vendedores odeiam guardiões. Às vezes a ponto de ficarem tão frustrados com eles que armam truques que, com muita frequência, fazem com que pareçam tolos. Lamentavelmente, esses esquemas impactam ambas as partes de modo negativo, motivo por que tantos guardiões, como minha assistente, prefeririam ter os dentes arrancados a enfrentar um vendedor.

A realidade, no entanto, é que você com frequência vai ter de enfrentar guardiões. Simplesmente não há como evitar. Há algum segredo, então? Eu sei que você está esperando que eu diga que sim, mas a resposta é não. Não há técnicas secretas que vão fazer você passar pelos guardiões. Há, no entanto, estratégias que vão lhe dar vantagem ao enfrentá-los.

Para alavancar essas estratégias, é crucial entender que guardiões são pessoas, exatamente como você. Coloque-se no lugar deles. Eles têm emoções, preocupações e motivações e, como você, um chefe e um trabalho a fazer. Por causa disso, seu sucesso em entrar pela porta depende de uma combinação de boas maneiras, simpatia e sagacidade.

Sete Chaves para Lidar com Guardiões

1. *Seja simpático.* Projete uma personalidade positiva, alegre e extrovertida. Seja educado e respeitoso. É garantido que você vai fracassar com guardiões se for rude, insistente e mal-educado. Sempre os deixe com uma impressão positiva de você e de sua empresa.

2. *Use por favor, por favor.* Em seu livro *The Real Secrets of the Top 20 Percent* [*Os Verdadeiros Segredos dos 20 por Cento Mais Influentes,* em tradução livre], o autor Mike Brooks alerta que "a única técnica mais poderosa" para passar por guardiões é usar *por favor* duas vezes. Por exemplo, quando um guardião atende ao telefone, você pode dizer "Oi, aqui é o Jeb Blount, da Sales Gravy. Por favor, você pode me passar para o Mike Brooks, por favor?"

3. *Seja transparente.* Diga ao guardião quem você é — seu nome completo e o nome de sua empresa. Uma apresentação completa faz você soar profissional e digno o suficiente de ser transferido para os chefes.

4. *Conecte-se.* Guardiões são pessoas exatamente como você. E como você, gostam de pessoas que estejam interessadas neles. Se você fala com frequência com um guardião específico, certifique-se de perguntar como ele está. Aprenda a escutar o tom de voz deles e responda quando ouvir algo errado. Faça perguntas sobre a família e interesses. Há guardiões

com quem lido regularmente e que conheço mais que o chefe. Ao telefonar, com frequência vou passar mais tempo conversando com eles que com meu cliente. Por causa dessas relações sólidas, eles trabalham para assegurar que eu entre nos calendários.

5. *Segure a onda.* Nunca use esquemas cafonas ou truques. Truques não funcionam. Eles prejudicam sua credibilidade, e você vai acabar indo parar na lista de pessoas com quem não quero falar do guardião, o que significa que vai ter de nevar no equador antes de você ser transferido. Seja honesto sobre quem você é e por que está ligando, e peça o que quer. Talvez você não seja transferido na primeira vez, mas sua honestidade será apreciada e lembrada, o que vai ter uma participação imensa na abertura do portão no futuro.

6. *Peça ajuda.* Às vezes, um apelo honesto e autêntico por ajuda vai conseguir que um guardião fique do seu lado. Uma pitada de humor também pode fazer a diferença. Uma vez entrei em um escritório tentando pela enésima vez um horário na fila para conseguir uma reunião.

    A recepcionista me olhou e disse: "Voltou de novo? Achei que eu tivesse dito que não estamos interessados!"

    Respondi com um sorriso: "Só vim para ver você, porque não consegui rejeição suficiente hoje para preencher minha cota."

    Com isso, ela riu, abrindo uma conversa em que fui capaz de explicar que eu realmente precisava de ajuda. Ela fez uma ligação para o chefe e consegui uma reunião.

7. *Mude o jogo.* Às vezes, a melhor estratégia é evitar o guardião. Isso pode ser conseguido de várias maneiras:

    - *Telefone cedo ou tarde.* O chefe tende a estar no escritório mais cedo que o guardião, e a ficar até mais tarde.

    - *Alavanque o social.* Poucas pessoas permitem que os guardiões tenham acesso a suas caixas de entrada sociais. Enviar um InMail pelo LinkedIn, por exemplo, permite que você passe direto pelo guardião.

- *Encontre-os pessoalmente.* Vá a conferências, eventos para networking, clubes cívicos, eventos de caridade e feiras comerciais que seus possíveis clientes frequentem — não há guardiões lá.
- *Envie um e-mail.* Um e-mail talvez permita que você pule o guardião.
- *Envie um bilhete escrito a mão.* Na cultura digital de hoje, bilhetes escritos à mão enviados por correio tradicional dão certo. Se seu bilhete é sincero e engraçado, e você acrescenta algo de valor (atenção: não vale um panfleto) ou parabeniza seu possível cliente por uma conquista, há uma chance muito boa de conseguir um retorno.

Se o guardião, geralmente um recepcionista ou um bloqueador de nível mais baixo, não está disposto a lhe dar o nome e o contato do responsável pela decisão, e você não consegue encontrar a pessoa através de pesquisa online ou social, tente estes três truques:

O Truque de Ligar para Outros Ramais

Evan estava perdido. Ele precisava contatar um comprador de alto nível, situado na matriz de uma das maiores redes de supermercado dos EUA. Ele enfrentava dois grandes desafios: não sabia o nome do comprador (nem tinha qualquer informação de contato além do número de telefone principal), e não sabia o título da pessoa.

Tudo o que ele sabia era que havia "alguém no corporativo que havia tomado aquelas decisões".

Ele tentou telefonar e perguntar pela "pessoa que toma decisões sobre serviços de banda larga", mas isso não o levou a lugar algum. Não importa quantas vezes tenha perguntado ou apelado, ele deu de cara com a parede várias e várias vezes. "Lamento, senhor, não divulgamos essa informação", "Não, senhor, não posso conectá-lo se não tiver um nome".

Frustrado, mas determinado, ele continuou. Telefonou para lojas, fez pesquisas online, vasculhou o LinkedIn e, um passo de cada vez, começou a juntar dicas pequenas. Ele limitou sua pesquisa a um pequeno grupo de possíveis títulos, mas ainda estava faltando um nome.

Finalmente ele teve sorte quando, no auge do desespero, começou a ligar para ramais aleatórios. Em uma dessas ligações, uma pessoa amigável lhe deu uma mão. Isso rendeu outra pista:

"Sim, acho que um cara chamado Jack da TI toma conta disso." "Obrigado pela informação. Você sabe o sobrenome dele ou o ramal?"

"Desculpe, não sei, mas posso transferi-lo de volta à recepção e, quem sabe, eles possam ajudá-lo."

O coração de Evan apertou. Até então, a recepção tinha sido sua derrota. Ele fracassava totalmente a cada chamada.

Quando a recepção respondeu, ele disse: "Ei, estava falando com Dale Jones, de aquisições, e ele me transferiu para o Jack da TI, mas de algum modo eu vim parar em você. Você se importaria em me transferir?"

"Humm", disse a recepcionista, "não estou vendo nenhum Jack. Você quis dizer Zack Freedman?".

Bum! Ele tinha um nome.

"Sim, desculpe por isso. Pensei que tinha dito Zack."

"Certo, nenhum problema. Vou transferi-lo agora."

"Antes de fazer isso, você se importaria de me passar o ramal do Zack, só para o caso de nos desconectarmos?"

"Claro, é 5642. Estou transferindo você agora."

Evan caiu no correio de voz de Zack, mas, no fim, conseguiu e firmou uma relação e uma base sólida com alguém que se tornou seu maior cliente.

O Truque do Vendedor Ajuda Vendedor

Duas semanas atrás, encontrei por acaso um possível cliente que casava perfeitamente com meu negócio. Soube que eles estavam contratando 30 novos representantes de vendas.

Eles iam precisar de alguém para ajudá-los a localizar, contratar e treinar todos esses vendedores novos, e imaginei que poderia ser a Sales Gravy. Infelizmente, não tinha a menor ideia de quem era o responsável por decisões na empresa. Liguei para o número de telefone no site, e depois de finalmente conseguir passar pela longa mensagem automática, me deparei com uma guardiã rude e cruel que se recusou a me dar qualquer informação.

Fiz uma pesquisa no LinkedIn e no Google, mas voltei de mãos vazias. Tentei, mais uma vez, argumentar meu caso com a guardiã, e depois que ela desligou o telefone na minha cara — no meio de uma questão de qualificação —, eu estava de volta aonde eu tinha começado: basicamente, em lugar nenhum.

Foi aí que usei um dos meus truques de vendas favoritos para alcançar possíveis clientes difíceis de alcançar.

Liguei de novo para o número principal. A mensagem automática disse: "Aperte 1 para departamento de vendas."

Apertei o 1.

Dois toques depois, uma voz empolgada atendeu ao telefone:

"Aqui é Mike. Posso ajudá-lo?"

Respondi: "Oi, Mike, meu nome é Jeb Blount. Liguei porque estou tentando achar a pessoa em sua empresa que compra programas de treinamento. Não estava tendo muita sorte percorrendo a central telefônica, e imaginei que, como colega vendedor, você entenderia minha situação e poderia me dar uma mão."

Mike foi instantaneamente empático. Ele respondeu: "Sei como é isso. Tenho tido o mesmo problema a manhã inteira. A pessoa que você está procurando é a Jean. Ela é nossa vice-presidente de vendas. O melhor jeito de chegar até ela é pelo número de celular. Só um segundo que vou pegá-lo para você."

Mike e eu ficamos batendo papo por mais alguns minutos, solidarizando-nos sobre guardiões. Ele também me cantou a bola do motivo por eles estarem crescendo, o cargo de vendas para o qual estavam contratando, e se queixou da não existência de um programa de treinamento em vendas.

Minha próxima ligação foi para Jean, que atendeu ao telefone ao segundo toque. A informação de Mike se mostrou muito útil para que eu entendesse as questões de Jean. Após uma conversa de 15 minutos, Jean concordou com uma reunião e prometeu incluir o presidente da empresa. A reunião correu bem, o que me abriu a porta para uma proposta formal.

O truque do vendedor ajuda vendedor é uma arma secreta incrível. Ele funcionou para mim repetidas vezes quando tive dificuldade para chegar às pessoas certas em contatos prospectivos. Ele é eficaz por vários motivos:

- A maioria das organizações de vendas pega o telefone, então há uma probabilidade alta de que você tenha oportunidade de falar com um ser humano de verdade.
- Vendedores tendem a saber quem é quem em suas organizações e como entrar em contato com essas pessoas.
- Vendedores ajudam outros vendedores porque já se sentiram na pele uns dos outros. Eles sabem qual é a sensação de dar de cara com a parede.

Se você for honesto, educado e respeitoso, e demonstrar um pouco de humor e humildade, com frequência eles abrirão portas para você que teriam sido muito difíceis de abrir por conta própria.

O Truque de Ir Pelo Lado de Trás

Se está prospectando pessoalmente e o recepcionista se recusa a lhe dar qualquer informação, tente ir para a parte de trás. Com frequência, há pessoas lá entrando e saindo, fazendo intervalos ou indo aos seus carros.

Se você se aproximar delas de um modo transparente e não agressivo, elas podem lhe dar informações ou até levá-lo ao responsável por decisões. Atenção: não tente isso se houver seguranças ou outras medidas presentes com o objetivo expresso de manter pessoas não autorizadas, como você, afastadas.

Persistência sempre vence

Sempre haverá responsáveis por decisão e contatos que serão difíceis de alcançar. Sempre. Com muita frequência, eles são possíveis clientes de conquista, estratégicos e de alto valor. Os possíveis clientes com quem todo representante de vendas de seu setor quer marcar uma reunião. Quanto mais valiosa a oportunidade de negócio, mais provável que o possível cliente esteja acastelado por guardiões.

Esses possíveis clientes deixam você louco. Parece que você não consegue encontrar o nome ou a pessoa certa com quem conversar. Eles não atendem ao telefone, estão sempre em reuniões, não retornam ligações, não respondem a e-mails, não aceitam solicitações de contato no LinkedIn e nunca preenchem formulários.

Esses contatos difíceis de alcançar sempre parecem insuportavelmente inatingíveis. Bem-vindo ao mundo real. É preciso trabalho duro e uma boa dose de persistência para chegar a alguns contatos e responsáveis por decisões.

Só um lembrete. Em vendas, a persistência sempre vence. Sempre.

18 | Prospecção Presencial

Nada substitui estar na mesma sala, cara a cara.

— Peter Guber

Kelly é representante de vendas de serviços para aluguel de uniformes. Sua função e responsabilidade principal é vender novas contas. Ele é o melhor representante de sua região e foi contemplado com uma viagem ao clube do presidente em cada um dos últimos seis anos consecutivos. De acordo com seu gerente de vendas, o que distingue Kelly de seus colegas é a prospecção incessante.

A cada dia Kelly investe uma hora em prospecção telefônica; seu objetivo é marcar de duas a três reuniões com clientes potenciais qualificados. Uma vez que Kelly marca as reuniões, ele pesquisa em sua base de dados de três a cinco clientes potenciais extras que estejam perto de cada uma dessas reuniões. Então, usando a ferramenta de mapeamento embutida em seu GRC, ele cria uma rota eficiente para cada um dos clientes potenciais pensando nas reuniões já marcadas.

Por fim, ele faz uma pequena pesquisa sobre cada um desses clientes potenciais para adquirir conhecimento do que eles fazem e lembrar-se de conversas anteriores. Ele também usa o canal social (geralmente o LinkedIn) para coletar informações e baixar fotos das pessoas mais importantes do local. Essa pesquisa o ajuda a desenvolver e refinar sua abordagem antes de visitar pessoalmente esses clientes potenciais — antes ou depois da reunião marcada.

Já que a maior parte de seus clientes potenciais está situada em parques industriais ou próximo a outros negócios, ele também incrementa uma técnica chamada Ligação-T. Quando comparece à reunião e planeja ligações prospectivas presenciais, ele desenha um T olhando para a direita, para a esquerda e para trás, para ver outras oportunidades, empresas recém-inauguradas ou outras que atualmente não estão em sua base de dados. Ele também bate nestas portas.

Essa estratégia de mapear suas chamadas de prospecções presenciais (PP) ao redor de suas reuniões e alavancar as Ligações-T maximiza seu dia. Ele consegue ir a reuniões planejadas de valor elevado enquanto faz de 10 a 20 contatos prospectivos cara a cara.

Ele diz que consegue converter cerca de 30% de suas PPs em futuras reuniões, obtém informações na maioria delas que lhe permitem atualizar a base de dados, e uma ou duas vezes por semana encontra-se com um responsável por decisões disposto a se sentar imediatamente e começar uma conversa sobre vendas.

Kelly me disse que também usa PPs para passar pelos guardiões que o bloqueiam por telefone. "Muitas vezes, quando vou pessoalmente, consigo ou recorrer direto ao guardião para que ele me dê uma chance, ou ir até a porta dos fundos e agir como se estivesse perdido. É mais difícil eles me dispensarem quando vou lá pessoalmente."

Aplicação Limitada da Chamada Prospectiva Presencial

Prospecção presencial é parte de uma abordagem equilibrada de prospecção para representantes de vendas externas. Funciona melhor para representantes residenciais e B2B que trabalham em um território local e vendem produtos de transacionais a semicomplexos, e serviços para empresas de pequeno a médio porte a princípio, nas quais é mais fácil entrar sem dar de cara com uma parede de seguranças.

Alavanquei chamadas PP em grandes facilidades e empresas, principalmente para coletar informações pressionando os seguranças ou os guardiões por informações sobre responsáveis por decisões e meus concorrentes.

De todos os canais prospectivos, a prospecção presencial é o menos eficiente. Dirigir um carro e ficar batendo em portas exige uma tonelada de tempo. Se feita de maneira incorreta e aleatória (como muitos representantes de venda fazem), você pode perder um dia inteiro, fazer muito poucas ligações e conseguir um pouco mais que desperdiçar gasolina. Em uma escala de quente a frio, a maioria está fria.

Esse é o motivo por que uma chamada PP só deveria ser usada para suplementar e complementar as outras formas de prospecção. Com exceção das Ligações-T e de quando está indo para um novo empreendimento em seu território que nunca viu antes, elas precisam ser planejadas com antecedência. Ainda assim, há vários vendedores externos para quem a prospecção presencial é o canal prospectivo principal e, às vezes, único. Isso ocorre majoritariamente por:

- Uma falsa crença de que dirigir sem rumo pelo próprio território de alguma forma funciona.
- Gerentes que acreditam que o único bom vendedor é o vendedor que eles não veem.
- E o mais comum, medo ou inabilidade de usar o telefone — justificado com "sou melhor pessoalmente".

Quando confronto vendedores que justificam não usar o telefone com um "sou melhor pessoalmente", faço esta pergunta:

"Estamos no meio do inverno e está nevando, ou no meio do verão e está quente e úmido. Você começa de manhã fazendo PPs. Sendo honesto, em quantas portas você pensa que vai conseguir bater?"

A resposta sincera é entre 10 e 20 antes de desistir e voltar para casa.

Então, pergunto: "Se eu lhe desse uma lista impressa de clientes potenciais, quantas chamadas prospectivas você poderia fazer para essas mesmas empresas em uma hora?"

A resposta sincera geralmente é algo entre 25 e 50.

Isso normalmente prende a atenção deles por tempo suficiente para que eu mostre como potencializar PPs dentro de uma rotina equilibrada de prospecção, a fim de maximizar e extrair o máximo de seus dias de vendas. Para que sejam tão eficientes quanto eficazes.

A Técnica Hub-and-Spoke de Cinco Passos

Kasey vende suprimentos para restaurantes. Por conta da concorrência acirrada em seu setor, manter relações com seus contatos é crucial para impulsionar aquisições constantes. Todo dia ela é obrigada a visitar pessoalmente pelo menos quatro contatos atuais.

Como Kelly, da história anterior, assim que Kasey marca uma visita com seus contatos atuais, ela usa o GRC para identificar clientes potenciais perto dessas visitas, e mapeia uma rota que lhe permita visitar esses clientes potenciais juntamente com as visitas marcadas da maneira mais eficiente possível.

Em geral, ela mapeia de três a cinco visitas em torno de cada visita marcada, o que lhe fornece de 15 a 20 contatos prospectivos presenciais por dia, com novas oportunidades. Ela também consegue catapultar suas relações atuais na "vizinhança", para convencer novos clientes potenciais a lhe darem uma chance.

Casey explicou: "Antes de começar a usar o processo hub-and-spoke, eu ficava espalhada por aí. Eu simplesmente dirigia a esmo, sem planejar. Eu gastava muito mais tempo dentro do carro procurando pelo cliente potencial 'perfeito' para visitar em vez de trabalhar meu território de maneira sistemática."

O processo hub-and-spoke a ajudou a abrir mais contas que qualquer gerente na empresa dela.

O Sistema Hub-and-Spoke de Cinco Passos para PPs:

1. Planeje PPs em torno de reuniões agendadas. Comece com as reuniões que você marca durante o bloco telefônico.
2. Fazendo uso de seu GRC, desenvolva uma lista de clientes potenciais nas proximidades. Uma busca por código postal com frequência é a melhor maneira de fazer isso.
3. Trace de três a cinco clientes potenciais em um mapa em torno de suas reuniões agendadas.
4. Desenvolva o percurso mais eficiente para visitar essas PPs planejadas com a menor quantidade de tempo na direção.
5. Programe um intervalo entre as reuniões, antes ou depois, para visitar esses clientes potenciais pessoalmente. Não pare até atingir seu objetivo.

Alavancadas de maneira eficaz, as PPs vão ajudá-lo a espremer cada gota de oportunidade em seu dia de vendas.

Preparando-se para a Prospecção Presencial Eficaz

Elabore com antecedência seu objetivo para cada visita e, se possível, personalize sua abordagem para cada cliente potencial. Isso se concretiza através do planejamento. Os objetivos-chave dessa prospecção presencial incluem:

- *Qualificar:* Em muitos casos as pessoas vão lhe dar mais informações pessoalmente que por telefone. Além disso, você precisa olhar ao redor para ver em que seu produto ou serviço vai ajudá-las e para adquirir conhecimento sobre seu concorrente.

- *Marcar reuniões:* Se você está com a pessoa certa à sua frente, mas não é o momento certo para uma conversa sobre vendas, marque uma reunião para retornar ao lugar.

- *Conversas sobre vendas:* Você está lá, o responsável pela decisão está lá, e existe um problema ou uma necessidade. Às vezes, o momento é perfeito e uma PP se transforma em uma verdadeira ligação de vendas. Prepare-se para fechar.

- *Construir familiaridade:* Ao relacionar um rosto a um nome, quer sejam guardiões ou responsáveis por decisões, fica mais fácil conseguir uma reunião no futuro, quando a janela de compras se abrir.

- *Maximizar seu dia de vendas:* O maior benefício de uma prospecção presencial é você extrair o máximo de seu dia de vendas, reduzindo o tempo na direção e aumentando o número de chamadas prospectivas que consegue fazer.

- *Descobrir seu território: As* PPs o ajudam a descobrir, conhecer e dominar seu território.

O objetivo principal da PP é coletar informações de qualidade. Você vai usar essas informações para desenvolver sua base de dados mais adiante e elaborar listas direcionadas para seus blocos de prospecção por telefone, e-mail e mídias sociais.

No melhor dos cenários você vai começar a conversa na hora, se a oportunidade de fechar um negócio existir.

No último verão eu peguei uma carona com Carl, um representante de vendas de serviços empresariais. Tínhamos acabado de sair de uma reunião agendada e ele decidiu visitar as outras quatro empresas que ficavam no mesmo parque industrial (Ligações-T).

As primeiras duas vistas foram rápidas. Reunimos algumas informações básicas sobre os tomadores de decisões e a concorrência.

Na terceira visita, o proprietário da empresa viu Carl conversando com a recepcionista e saiu da sala. Ele apertou nossas mãos e explicou como tinha acabado de despedir o concorrente do representante e estava feliz por termos aparecido. Ele nos conduziu de volta à sua sala e começou a lançar perguntas. Ele queria ver uma apresentação.

Se ele tivesse uma placa de neon acima da mesa dizendo "feche comigo" os avisos de compra não teriam sido mais evidentes. Infelizmente, Carl não estava preparado para fechar. Em um momento constrangedor, ele teve de explicar que não tinha o material necessário para fazer a apresentação.

Carl pediu para voltar mais tarde, mas o homem disse que estava saindo para uma conferência e, depois, tiraria férias. Ele disse: "Ligue para mim daqui a duas semanas e nós organizaremos as coisas."

Mas quando Carl telefonou duas semanas depois, o dono da empresa deu a terrível notícia de que tinha assinado um contrato com outra companhia que foi mais rápida.

Ao passar pela porta de seu cliente potencial, você precisa estar pronto. Tenha um objetivo para cada visita, encha-se de empolgação ao passar, fale com confiança e entusiasmo e carregue tudo aquilo de que vai precisar para fechar a venda no caso de ser o seu momento certo.

Entendo que seja sofrível arrastar todo o seu material de vendas a cada visita, sobretudo quando você sabe que a chance de fechar um negócio é pequena. Porém você nunca pode esquecer que, certas vezes, só vai ter uma chance com o cliente potencial. Certifique-se de estar pronto quando isso acontecer.

Estes são cinco passos para planejar PPs eficazes:

1. *Pesquise.* Com PPs planejadas, faça antecipadamente sua pesquisa para conseguir o(s) nome(s) do tomador de decisões, conheça a história da empresa, visite o site, procure comunicados de imprensa recentes e revise seu GRC para observações e outros insights. Para Ligações-T, pegue seu smartphone e dê uma breve olhada no site e nas mídias sociais para buscar qualquer informação que possa ajudá-lo a fazer perguntas melhores e refinar sua abordagem.

2. *Personalize sua abordagem.* Personalize sua abordagem a fim de torná-la única para cada cliente potencial. Elabore perguntas relevantes sobre a empresa deles, parabenize-os por realizações recentes ou ofereça insights que possam ajudá-los a resolver um problema particular. Também é uma boa ideia impulsionar suas relações com clientes nos arredores, para ganhar credibilidade instantânea: "Temos feito negócios há cinco anos com o Billy aí ao lado, e ele adora nosso serviço."

3. *Elabore um objetivo para cada ligação.* Antes de passar pela porta de seu cliente potencial, certifique-se de ter definido com clareza o que você quer realizar.

4. *Prepare-se para fechar.* Prepare-se! Certifique-se de ter tudo aquilo de que precisa para que fechem o negócio com você — folhas de venda, formulários de pedidos, contratos, material de apresentação e assim por diante.

5. *Registre chamadas, observações e ajuste tarefas sequenciais em seu GRC.* Não adianta absolutamente nada ir a PPs e reunir informações se você não registrar as informações em seu GRC nem define próximas tarefas para pesquisa adicional e ligações de retorno. Reserve um tempo para cada PP e insira muitas observações antes do fechamento de cada dia. Se tiver tempo, faça isso no local.

Figura 18.1 - Planejando PPs Eficazes

O Processo de Cinco Passos de Chamadas Prospectivas Presenciais

O processo de chamada presencial é similar à estrutura de cinco passos em prospecção telefônica. A principal diferença entre a estrutura presencial e o processo telefônico é que a PP vai se movimentar em passos mais lentos e, em geral, haverá mais diálogo.

1. *Aproxime-se com confiança.* Como abordamos em capítulos anteriores, não há substituto para entusiasmo e confiança. Essas são as duas emoções que vendem. Você precisa abordar as PPs com absoluta confiança. Seja ousado, mesmo se tiver que fingir. Descobri que há dois segredos para a confiança:

   - *Suponha que vai vencer.* Entre como se fosse dono do lugar e faça perguntas diretas que o ajudem a reunir informações e ficar cara a cara com os responsáveis por decisões.

   - *Planeje perguntas com antecedência.* A pesquisa que você faz antecipadamente o ajuda a planejar as perguntas que quer fazer sobre problemas, questões, tomadores de decisões e concorrentes. Ter um plano lhe dá um incentivo extra de confiança ao entrar pela porta.

2. *Identifique-se e diga por que está lá.* Não fique divagando, não hesite e jamais use falas piegas feitas para enganar guardiões. Você é profissional, então seja direto e transparente sobre seu propósito de estar lá. Por exemplo:

   - "Oi, meu nome é Jeb Blount, da Empresa XYX. O motivo por que estou aqui é que a Empresa ABC ao lado é uma das minhas clientes, e eles disseram que eu deveria fazer uma parada e me apresentar para a proprietária, Mary."

   - "Oi, meu nome é Jeb Blount, da Empresa XYX. O motivo por que parei aqui é que forneço meu serviço a várias companhias deste parque industrial e queria saber mais sobre sua empresa e situação, para ver se trabalhar com vocês poderia ser um bom negócio ou não."

   - "Oi, meu nome é Jeb Blount, da Empresa XYX. O motivo por que parei aqui foi para falar com Jerry Richards. Tenho seguido sua página do Facebook e reparei que vocês estão fazendo promoções frequentes. Temos uma ferramenta que pode ajudá-los a aumentar o impacto dessas promoções e gerar mais oportunidades. Quero fazer algumas perguntas ao Jerry para ver se nossa solução pode ajudar."

3. *Colete informações.* Comece uma conversa em vez de um interrogatório. Cerca de 80% da comunicação humana é visual. As PPs são poderosas, porque ao contrário de outros canais prospectivos, você usa todos os sentidos para se comunicar. Você será mais eficaz quando estiver relaxado, for você mesmo, fizer perguntas em aberto que estimulem os outros a falar, ouvir e se envolver em conversas significativas.

   Evite a tentação do papo de vendedor. Você vai perder rápido a atenção de seu cliente potencial se começar a falar sobre você, sua empresa, seu produto ou seu serviço. Assim que começa a jogar papo, você para de ouvir e o seu cliente potencial, também.

   O instrutor de vendas Kelly Robertson diz: "Pode parecer simples, mas a maioria dos vendedores não entende. Eles ainda acreditam que vender significa falar longamente sobre a própria companhia, produto ou serviço. No entanto, vendedores realmente eficazes compreendem que se trata de fazer as perguntas certas ao cliente potencial e demonstrar que você pode ajudá-los a resolver um problema ou questão particular. Isso quer dizer que você precisa direcionar *toda* a sua atenção à situação deles e resistir à oportunidade de falar sobre sua empresa ou sua oferta."[1]

Pense como é estar no outro lado da conversa em que alguém apenas fala de si mesmo. É chato. Assim que você começa com o papo de vendedor, você fica parecido e soa como qualquer outro vendedor que passa pela porta de seu cliente potencial. Ele pode dizer que você só se importa em conseguir o que quer, e é por isso que não lhe dá atenção, faz você se sentir desconfortável e ergue paredes emocionais.

Entretanto, quando você deixa que falem sobre si mesmos, demonstra interesse, dá a eles total atenção e os escuta, eles vão se envolver, dar informações e buscar maneiras de ajudá-lo.

Antes de toda ligação PP, tome a decisão consciente de focar sua atenção em seu cliente potencial. Diga a si mesmo para escutar em vez de usar o papo de vendedor. Comprometa-se a desacelerar e faça perguntas, ouça de verdade as respostas e faça perguntas relevantes na sequência.

4. *Peça o que quer.* Se você não pedir, não vai conseguir. Decida o que quer pedir antes de passar pela porta, e esteja preparado para fazer uma ponte com outra coisa, como fechar o negócio, se a oportunidade se apresentar.

5. *Reverta as objeções.* Por estar interrompendo, você vai ter RDOs. Elabore e prepare reversões com antecedência. Reveja o capítulo anterior sobre superar RDOs para aprender as técnicas que vão ajudá-lo a deixar objeções para trás e entrar em conversas sobre vendas.

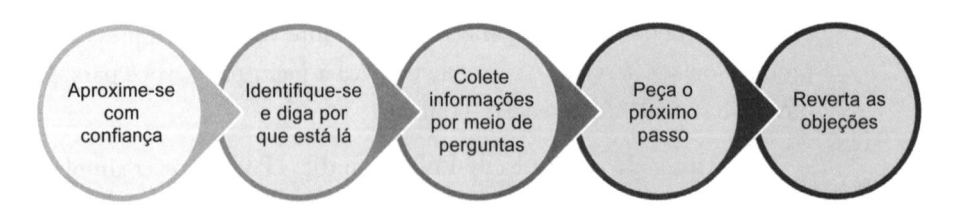

Aproxime-se com confiança → Identifique-se e diga por que está lá → Colete informações por meio de perguntas → Peça o próximo passo → Reverta as objeções

Figura 18.2 - Estrutura de 5 Passos de uma PP

Coloque Seus Óculos de Vendas

Madison saiu de sua reunião com o Dr. Roberts, foi direto para o carro (eu a seguia), entrou e foi embora. "E todos os outros médicos deste complexo? Por que não ligamos para eles também?", perguntei.

Representantes de venda como Madison saem de reuniões e deixam passar o que poderia ser sua próxima venda sem olhar para trás. Em geral, eles resmungam algo sobre não ter tempo suficiente, ou um almoço, ou alguma outra desculpa tosca. Mas a verdade é que eles não tem noção. Eles estão míopes e cegos às oportunidades que, com frequência, estão com o cliente potencial da porta ao lado.

Esse é o motivo por que você precisa colocar seus "óculos de vendas" para ver essas oportunidades. É assim que prospectores fanáticos fazem. Eles treinam a si mesmos a ficar altamente atentos às oportunidades ao redor. Eles estão sempre ligados, dando uma olhada em cada esquina, atrás de todas as moitas e em cada janela para o próximo cliente potencial.

Olhe para a esquerda, para a direita e atrás de você todas as vezes que entrar ou sair de uma reunião, e faça questão de passar por essas portas e coletar informações.

Do mesmo modo, fique atento enquanto dirige de um lugar para outro em seu território. Clientes potenciais e oportunidades novas estão em todo lugar. Ao ver uma nova empresa, uma nova construção ou uma companhia que nunca notou antes, ponha seu pé de vendedor no freio de vendedor, saia de seu carro de vendedor e passe pela porta.

Procure os nomes das empresas em caminhões de entrega e placas. Se os caminhões estiverem estacionados, pare e faça perguntas para os motoristas. Você vai ficar boquiaberto com a quantidade de informações que eles vão lhe dar sobre a empresa, os tomadores de decisões, as janelas de compra e os seus concorrentes.

Pessoalmente, tenho por hábito conversar com cada pessoa que encontro e que esteja usando um uniforme com o nome da empresa nele. Pergunto a elas sobre sua empresa e quem toma as decisões lá. Quase sempre elas conseguem me dizer quem são os responsáveis por decisões na empresa, e com frequência sabem onde meu concorrente está deixando a desejar. Também converso com a pessoa perto de mim quando estou esperando em uma fila, sentado em salas de espera, em trens, ônibus e aviões. Ao longo dos últimos cinco anos, gerei mais de meio milhão de dólares em negócios a partir dessas conversas.

Fique de olho em cartões de visita afixados em postos de gasolina e em quadros de aviso de restaurantes. Quando vejo cartões que combinam com minhas vendas verticais, eu os pego, ligo para eles, qualifico e acrescento as informações em minha base de dados.

Se você não tem tempo para parar e entrar em uma empresa ou bater um papo com um motorista de entregas, use essa maravilhosa ferramenta em seu bolso chamada smartphone. Ao dirigir pelas ruas e ver o nome de um cliente potencial em um cartaz ou caminhão, apenas grave um recado de voz ou observação para você mesmo Use sua câmera para tirar fotos de placas, locais de novas empresas e laterais de caminhões. Ao voltar para o escritório, faça um pouco de pesquisa, crie uma lista de prospecção e saia para qualificar ou marcar uma reunião.

Fique alerta a empresas e pessoas que estão usando um produto ou serviço similar ao seu. Recentemente, enquanto trabalhava com um grupo de representantes de vendas de dispositivos móveis, fiz a pergunta:

"Quantos de você reparam em pessoas usando celulares em público?"

Todas as mãos se levantaram.

"Quantos de vocês reparam em pessoas usando celulares ultrapassados ou com telas rachadas e danificadas?"

Todas as mãos baixaram.

"Quantos de vocês acham que a maioria dessas pessoas gostaria de uma atualização para o mais novo equipamento ou uma tela que não se pareça com um caleidoscópio nem corte as pontas dos dedos?"

A maioria das mãos se levantou.

"Quantos de vocês dão a essas pessoas um cartão de visita e as informam de que podem conseguir um telefone novo para elas por um custo baixo ou sem custo algum?"

Nenhuma mão se levantou.

Último ponto: atenção sem ação é inútil. Seja fanático. Acione o freio de vendas, vá até as pessoas, faça perguntas e dê a elas seu cartão de visita. É claro, algumas pessoas podem ficar irritadas, mas a maioria vai ajudá-lo, falar com você e lhe dar uma chance.

19 | Prospecção por E-mail

> *Sua caixa de entrada de e-mail é um pouco como uma roleta automática de Las Vegas. Sabe, você simplesmente verifica e verifica, e de tempos em tempos tem algum petisco suculento como recompensa, como as três combinações que aparecem naquela máquina caça-níqueis. E isso faz você voltar mais vezes.*
>
> — Douglas Rushkoff

O e-mail é uma parte influente de uma abordagem equilibrada de prospecção, e quando empregado com inteligência, abre portas, obtém resultados e gera muito mais envolvimento e resposta que prospecção social. Quando digo muito mais, quero dizer de 10 a 20 vezes mais.

O e-mail tem, também, o benefício extra de expandir sua janela de prospecção, o que o torna mais eficiente. Com as várias ferramentas de comunicação por e-mail disponíveis, incluindo Yesware, Signals, Tout, Tellwise e seu próprio GRC, você consegue elaborar e-mails fora das Horas de Ouro e agendá-los para que saiam durante o principal período de vendas, enquanto estiver ao telefone ou cara a cara com clientes potenciais e fregueses.

Os dados que essas ferramentas fornecem também tornam mais eficazes seus esforços de prospecção por e-mail, porque você pode testar e mensurar suas taxas de resposta, o que lhe ajuda a aprimorar e aperfeiçoar sua mensagem. Quando tem uma mensagem que sabe que funciona para um mercado vertical em particular ou um grupo de clientes potenciais similares, você pode enviá-la com um mínimo esforço.

Também está mais fácil do que nunca construir uma base de dados de endereços eletrônicos. Além de apenas pedi-los, você pode pegar endereços de e-mail através de pesquisas no Google, mídias sociais, programas de scraping como o eMail-Prospector do eGrabber, diversos aplicativos e plug-ins do navegador e ferramentas como o Toofr e Prospect Ace, que o ajudam a fazer estimativas menos grosseiras em e-mails para clientes potenciais quando você não os conhece.

O e-mail também foi além da caixa de entrada tradicional para o canal social. A caixa de entrada do LinkedIn, o Messenger do Facebook e as mensagens diretas no Twitter com frequência são usadas como incrementos, suplementos ou substitutos integrais do e-mail tradicional. Os benefícios do canal social incluem pular os guardiões, a caixa de spam e a habilidade para enviar e-mails a clientes potenciais mesmo que você não saiba o endereço de e-mail deles.

A desvantagem do e-mail de modo geral é que, se você irritar seu cliente potencial enviando-lhe lixo carregado de spam, ele vai bloqueá-lo ou desfazer a amizade imediatamente. As regras e técnicas neste capítulo se aplicam à prospecção por e-mail tradicional e social. E-mails malfeitos desperdiçam seu tempo, fazem você parecer um pateta e exaspera seus clientes potenciais.

Meu objetivo neste capítulo é fornecer a você um conjunto de ferramentas, técnicas e fórmulas que vão deixar seus e-mails prospectivos mais impactantes e gerar resultados melhores. Essas técnicas são apenas uma amostra de informações disponíveis sobre prospecção por e-mail.

Simplesmente não há como incluir tudo neste breve capítulo. No entanto, se desejar, você poderá encontrar alguns tutoriais, e-books, podcasts, vídeos, recursos, ferramentas e artigos sobre técnicas de prospecção por e-mail em FanaticalProspecting.com [conteúdo em inglês, para membros pagantes].

As Três Regras Principais da Prospecção por E-mail

Prospectar por e-mail de maneira eficaz exige cuidado e esforço para acertar a mensagem. O e-mail elaborado corretamente é uma metodologia de prospecção extremamente poderosa, que vai recompensá-lo com um fluxo constante de clientes potenciais qualificados e manter seu pipeline cheio.

A eficácia começa com a adesão às Três Regras Principais da Prospecção por E-mail.

Regra nº 1: Seu E-mail Precisa Ser Entregue

Isso significa que seu e-mail deve chegar à principal caixa de entrada de seu cliente potencial. Hoje, a maioria das empresas e pessoas têm filtros configurados para cada bloco ou movem e-mails de "spam" para uma pasta da lixeira. Em alguns casos, endereços completos de IP podem estar na lista negra quando um excesso de e-mails considerados spam provêm de um servidor ou endereço.

Não há uma fórmula perfeita para ficar completamente livre de filtros de spam. No entanto, há coisas que você pode fazer para aumentar a probabilidade de seu e-mail ser entregue. Esta não é uma lista abrangente — está mais para uma lista das táticas mais óbvias e importantes.

- *Não envie e-mails coletivos.* E-mails prospectivos são individuais. É um e-mail de seu endereço enviado para um e-mail particular de cada vez. Só isso já deveria ajudá-lo a se livrar de 90% dos transtornos do spam. Enviar e-mails em massa (para várias pessoas) de seu endereço de e-mail pessoal é a maneira mais fácil e rápida para cair na lista negra, ser bloqueado e ficar parecendo um imbecil completo.

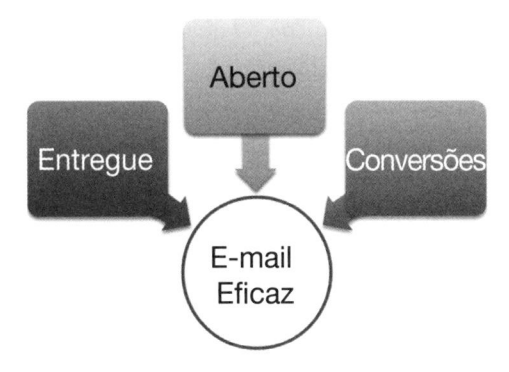

Figura 19.1 - Três Regras Principais da Prospecção por E-mail

- *Evite anexar imagens.* Por conta de hackers e spammers incorporarem vírus em imagens, muitos programas de e-mail marcam como spam e-mails com imagens ou as bloqueiam até que seja dada permissão para baixar. Sua melhor aposta em e-mails prospectivos é evitar enviar imagens.

- *Evite hyperlinks.* A ferramenta básica dos hackers é o hyperlink. Você clica nele e o hacker insere vírus em seu computador e rouba suas informações. Por conta disso, as pessoas ficam muito desconfiadas de hyperlinks incorporados a e-mails. Sua melhor aposta em e-mails de prospecção é evitar hyperlinks de modo geral, porque eles também ativam os filtros de spam. Se você precisar incluir um link:

  - Evite incorporar o URL no texto.

  - Inclua o URL inteiro para total transparência.

  - Evite URLs encurtados que ocultem o endereço do site.

  - Limite o número total de URLs a um — incluindo quaisquer links em sua assinatura de e-mail.

- *Evite anexos.* Hackers se tornaram profissionais no uso de anexos para infectar computadores com vírus, hackear sites e se infiltrar nas redes. Por conta desse risco, filtros de spam podem pegar seu e-mail se ele contiver anexos. Sua melhor aposta é evitar enviar anexos em e-mails prospectivos.

- *Omita palavras e frases de spam.* O que você diz e como diz pode ativar os filtros de spam. Por exemplo, usar MAIÚSCULAS no campo assunto, colocar um monte de pontos de exclamação, ou termos como *grátis*, ou "oferta especial agora!" pode acender as luzes do spam como uma árvore de Natal.

Kevin Gao, presidente-executivo e fundador do Comm100, lista 200 palavras e frases que, segundo ele, acionam filtros de spam quando colocadas nos campos de assunto do e-mail, incluindo *incrível, acesso gratuito, dinheiro, não delete, faça isso hoje, aumente suas vendas, 100% garantido* e *poupe US$*.[1] A questão é: você precisa ser atento e cuidadoso com as palavras e símbolos que usa e como coloca essas palavras em uma frase, sobretudo no campo assunto do e-mail. A melhor coisa a fazer é se colocar no lugar do spammer — olhe para o spam irritante que você recebe e, então, faça o oposto.

- *Não envie a muitas pessoas da mesma empresa de uma só vez.* Filtros de spam verificam quantas mensagens você está enviando de uma vez. Isso foi concebido primeiramente para capturar remetentes coletivos que estão enviando para listas extensas. No entanto, se você está enviando e-mail para vários clientes potenciais na mesma empresa, vale a pena dosar o envio desses e-mails em diferentes momentos do dia em vez de mandar todos eles de uma vez.

- *Não envie muitos e-mails à mesma pessoa.* Isso pode parecer anti-intuitivo, mas, em termos de e-mail, persistência demais pode acabar com você. Se você ficar chato, o destinatário de seu e-mail pode marcá-lo como spam. Isso tende a impactar mais que a caixa de entrada individual dele; dependendo do sistema, pode colocar você na lista negra da empresa inteira.

- *Elimine e-mails devolvidos.* Muitos filtros de e-mail vão pegar você se enviar vários e-mails para um endereço que não existe. Isso geralmente acontece quando a pessoa que você está tentando contatar não trabalha mais na empresa ou se você tem o endereço errado de e-mail. Se seu e-mail voltou, veja-o como uma oportunidade de reunir informações melhores.

    Primeiro, atualize o contato em seu GRC e remova o endereço de e-mail, para que você não envie nada por engano novamente. Depois, verifique o LinkedIn ou faça uma pesquisa no Google para descobrir se esse contato ainda está na empresa. Se não, remova o contato de seu GRC ou atualize seu registro, para que corresponda à nova empresa dele. Se sim, volte ao trabalho por telefone ou online para encontrar um endereço certo de e-mail.

- *Seja cuidadoso com setores confidenciais.* Tome cuidado extra ao contatar setores confidenciais, como instituições financeiras, prestadores de serviço de segurança e assistência médica. Hackers são incansáveis na tentativa de tentar entrar nessas organizações para roubar dados e, como consequência, há sistemas de segurança rígidos no local. Recomendo usar somente texto, sem links, anexos ou imagens.

Regra nº 2: Seu E-mail Precisa Ser Aberto

Eis um fato indiscutível: de acordo com o *Harvard Business Review*, um executivo de negócios recebe em média 200 ou mais e-mails por dia.[2] Some a isso as mensagens que recebem nas caixas de entrada sociais, mensagens instantâneas e bate-papo em ferramentas de informações colaborativas implantadas por muitas empresas, e simplesmente não há como eles conseguirem dar conta de tudo isso.

Assim, seus clientes potenciais enfrentam a loucura e a sobrecarga de uma caixa de entrada feita para "recarga infinita" do mesmo modo que você: por exame e triagem.

Eles, como você, precisam tomar decisões instantâneas de um milésimo de segundo para abrir, deletar ou salvar para mais tarde.

Nesse paradigma, para seu e-mail prospectivo ser aberto ele precisa se destacar em meio a todo esse barulho, e ser atraente o suficiente para estimular um clique.

Familiaridade Faz Seu E-mail Ser Aberto

Um jeito de se destacar é pela familiaridade.

Imagine que você esteja examinando sua caixa de entrada. Um e-mail de uma pessoa que você reconhece chama sua atenção. Qual é sua provável atitude em seguida?

A Lei da Familiaridade está sempre em jogo nos e-mails de prospecção. Quanto mais seu cliente potencial estiver familiarizado com seu nome, marca ou empresa, mais provável é que abra seu e-mail. Esse é o motivo para alavancar o telefone e os canais sociais em vez de enviar um e-mail pode aumentar as chances de fazer que eles sejam abertos. Por exemplo, você pode ligar e deixar uma mensagem de voz, localizá-lo no LinkedIn e dar sequência com um e-mail (ou vice-versa). Esse "ataque em três frentes" aumenta a familiaridade e impulsiona sua persistência através de múltiplos canais.

A estratificação de canais para construir familiaridade é extremamente poderosa. Se você deixa uma mensagem de voz eficaz e eles ouvem o seu nome e o nome da empresa, quando virem o seu nome e o endereço de e-mail na caixa de entrada, você será mais familiar.

Se você se conecta com eles em um canal social e curte, compartilha ou faz um comentário positivo sobre algo que postaram, isso aumenta a probabilidade de seu e-mail conseguir mais que uma olhadela superficial quando chegar à caixa de entrada de seu cliente potencial.

Se encontrá-los pessoalmente em uma feira comercial ou evento de networking e deixar uma boa impressão, depois conectá-los pelo LinkedIn e, na sequência, enviar uma mensagem de voz e só depois um e-mail, a probabilidade de que seu e-mail ser aberto aumenta exponencialmente.

Estratificar canais prospectivos para abrir portas deveria ser uma atividade focada: direcionada, intencional e estratégica. Você precisa planejar seus contatos com diversos responsáveis por decisões e influenciadores para aumentar a taxa de e-mails abertos sem ficar chato.

Seu Campo Assunto Precisa Gritar "Abra-me"

O campo assunto, por sua vez, dependendo do nível de familiaridade que seu cliente potencial tem com você, pode ser a chave mais importante para fazer seu e-mail ser aberto. Lamentavelmente, no entanto, a maioria dos campos de assunto de um e-mail não se destaca nem é atraente. Na verdade, a maioria grita "delete-me!"

Os três erros mais comuns do campo assunto:

- *Eles são longos demais.* Dados de diversas fontes do ecossistema de vendas provam que campos de assunto breves superam os mais longos em uma margem considerável. Francamente, isso é intuitivo. Um assunto longo exige que o cérebro de seu cliente potencial trabalhe mais. Esse esforço extra no contexto de decisões tomadas em um milésimo de segundo sobre o valor de um e-mail faz você ser deletado.

    Campos de assunto longos também não funcionam bem no celular. Estima-se que 50% ou mais dos e-mails são abertos de um aparelho móvel. Com o tamanho limitado da tela, você só consegue um vislumbre do assunto do e-mail. Se pensar no seu próprio comportamento em relação ao celular, você deletaria uma mensagem nele ainda mais rápido. Mais de 50 caracteres no campo de assunto e a taxa de abertura cai exponencialmente.

Solução: Deixe os campos de assunto de e-mails prospectivos bem curtos — de três a seis palavras ou de 40 a 50 caracteres, incluindo espaços. Lembre-se: menos é mais.

- *Eles vêm com perguntas.* Campos de assunto de e-mails prospectivos em forma de pergunta são um prato cheio para serem deletados. Praticamente todos os principais estudos realizados sobre a eficácia de diferentes tipos de assuntos em e-mails concluem que a forma de pergunta rapidamente condenam seu e-mail ao botão deletar. Embora possa haver hora e lugar para usar uma pergunta no campo de assunto de seu e-mail, na maioria dos casos você deveria se afastar do ponto de interrogação.

  Solução: Use verbos e afirmações diretas em vez de perguntas. Campos de assunto com base em listas que incluem um testemunho, como "3 Motivos Por que a ABC Nos Escolheu", são especialmente poderosos, assim como assuntos com referências como "Jeb Blount Disse que Deveríamos Conversar", e assuntos com base em afirmações, como "O Maior Fracasso em Filtros Industriais".

- *Eles são impessoais e chatos.* Assuntos genéricos e impessoais são chatos. Quando você está tentando se aproximar de executivos difíceis de alcançar, uma falha na conexão vai mandá-lo direto para a lixeira. Pense nisso. Cada vendedor de seu setor está tentando se conectar com os clientes potenciais de maior valor de mercado. Esses executivos estão atolados de pedidos de reuniões. Você nunca vai romper esse ruído e conseguir a atenção deles com assuntos piegas e impessoais. Em vez de se destacar, você vai ficar parecido com todos os outros otários entulhando a caixa de entrada de seu cliente potencial e desperdiçando o tempo dele.

  Solução: Conecte seu assunto a uma questão que seu cliente potencial esteja enfrentando — especialmente se ela for emocional ou estressante —, ou parabenize-o por uma conquista recente ou algo que você saiba que o deixa orgulhoso. Por exemplo, o jeito mais fácil e rápido de conseguir que eu abra seu e-mail é um campo de assunto no qual se lê: "Adorei Seu Livro!"

Você também pode, quando for apropriado, fazer uso de humor relevante ou frases irônicas para prender a atenção de seu cliente potencial. Um dos participantes de um recente workshop sobre prospecção por e-mail criou o assunto "Mantenha Esses Barris Rolando" para um e-mail que ele elaborou para uma distribuidora de cervejas. Era relevante, tinha ligação com a mensagem e com certeza ia prender a atenção do receptor.

Todos somos autocentrados e quase sempre focados em nossos próprios problemas, questões, realizações e egos. O fato é que em 95% do tempo estamos pensando em nós mesmos, e nos 5% do tempo em que não estamos, alguma coisa, como um vendedor tagarela, cruzou nosso caminho enquanto pensávamos em nós mesmos.

Então assuma o risco e elabore um assunto sobre seu cliente potencial. É bem fácil de fazer se você reservar um pouco de tempo extra para investigar o destinatário de seu e-mail prospectivo por meio de uma pesquisa na internet, no site da empresa e em sites de mídias sociais.

Nada de Solução Tamanho Único

A realidade brutal, no entanto, é que não há nenhuma fórmula secreta para elaborar o assunto perfeito do e-mail todas as vezes. O que funciona em uma situação pode não funcionar em outra. Uma orientação que funciona em um setor vertical pode não ser aplicável dentro de seu setor ou base de prospecção. Esse é o motivo por que experimentar e testar são os verdadeiros segredos para ter sucesso com os assuntos.

Testar ajuda a determinar precisamente que tipos de assuntos conseguem mais aberturas. Com esses dados em mãos, com frequência você vai encontrar padrões que originam assuntos que funcionam extraordinariamente bem com certos grupos prospectivos, títulos de empregos, regiões geográficas e problemas de negócios.

Ainda assim, a maioria dos vendedores não os testa. Ao contrário, eles criam assuntos às pressas e, depois, enviam os e-mails para um buraco negro, na esperança de conseguirem uma resposta. Essa é uma maneira incrivelmente frustrante de prospectar, porque é como lançar dardos em um alvo com os olhos vendados e esperar acertar na mosca, sem nenhum feedback da precisão de sua mira.

Hoje, há ferramentas fantásticas disponíveis que fazem com que testar taxas de resposta a e-mails seja inacreditavelmente fácil e econômico. E-mails de prospecção de vendas, serviços de automação e inteligência como o Yesware, Tellwise, Tout e Signals lhe dão uma percepção instantânea do que acontece com seu e-mail de prospecção depois de apertar "enviar".

Com essas informações, você vai conseguir restringir e focar as palavras e frases que obtêm a melhor resposta, e seus e-mails vão se destacar e ser abertos, enquanto os de seu concorrente serão rebaixados à pasta "delete".

Regra nº 3: Seu E-mail Precisa Convencer

A menos que esteja enviando um mero spam — modelos genéricos de e-mail copiados e arquivados, e depois enviados aleatoriamente para uma faixa ampla de clientes potenciais, independente da relevância e sem nenhuma pesquisa —, elaborar e criar e-mails prospectivos exige um investimento significativo de tempo.

Com clientes potenciais já conquistados, contatos da diretoria e campanhas estratégicas, você vai personalizar cada mensagem de e-mail. Pensamento e esforço elaboram um e-mail relevante, que se conecta emocionalmente com o destinatário e o instiga a tomar providências.

Isso não significa que cada e-mail que você enviar precisa ser construído do zero. Sem dúvida, dentro de setores verticais específicos, mercados e funções de responsáveis por decisões, haverá pontos comuns o suficiente e padrões em que você vai conseguir desenvolver modelos que poderão ser customizados em massa. Esses modelos customizáveis permitem que você distribua mais contatos através de e-mails prospectivos em um período mais curto de tempo.

No entanto, mesmo com um modelo customizável, para ser eficaz você precisa pesquisar a fim de que o e-mail aparente ser exclusivo ao destinatário. Ele vai cair em ouvidos moucos se o destinatário não sentir que a mensagem foi elaborada especialmente para ele.

Esse investimento de seu tempo precioso e limitado é o motivo por que é crucial que seus e-mails prospectivos convençam e se convertam em algo além. Em outras palavras, crie uma resposta que leve ao resultado desejado:

- Uma reunião.
- Informações qualificadas.
- Ser apresentado ao responsável pelas decisões.
- Ser apresentado a outros influenciadores.
- Baixar documentos, ver um vídeo ou registrar-se em um webinar.
- Uma conversa sobre vendas.

Se seu e-mail não forçar o destinatário a tomar providências, seu tempo e esforço foram em vão. É por isso que investir tempo para criar a mensagem certa é crucial.

Um Bom E-mail Prospectivo Começa com um Ótimo Plano

Um plano o ajuda a definir quem vai receber seu e-mail, o método ou a técnica que vai usar para chamar a atenção deles, a mensagem que vai elaborar para se conectar e os forçar a tomarem providências e, finalmente, a providência que você quer que o destinatário tome. Com e-mails prospectivos, essa é sua MUNIÇÃO (do acrônimo em inglês AMMO: Audience, Method, Message e Outcome, os quatro passos da figura 19.2).

```
           ┌─────────────────┬─────────────────┐
           │   Audiência:    │    Método:      │
           │ Customize sua   │ Sua mensagem    │
           │ mensagem para a │ será curta e    │
           │ pessoa a quem   │ suave? Mais     │
           │ você está       │ detalhada?      │
           │ escrevendo.     │ Direta e reta?  │
           │ Com base em que │ Gentil?         │
           │ você sabe qual  │ Direcionada?    │
           │ é o estilo      │ Única ou parte  │
           │ delas? Como     │ de uma série de │
           │ elas consomem   │ observações?    │
           │ informação?     │ Multiplataforma?│
           ├─────────────────┼─────────────────┤
           │    Recado:      │   Arremate:     │
           │ Coloque-se no   │ Defina a        │
           │ lugar de seu    │ atitude que     │
           │ potencial       │ quer que seu    │
           │ cliente. O que  │ potencial       │
           │ vai chamar a    │ cliente tome e  │
           │ atenção deles?  │ certifique-se   │
           │ O que é         │ de que seu      │
           │ importante para │ método e recado │
           │ eles? Seja      │ vão forçá-lo a  │
           │ autêntico e     │ entrar em ação. │
           │ contenha a      │                 │
           │ breguice.       │                 │
           └─────────────────┴─────────────────┘
```

Figura 19.2 - Audiência, Método, Recado, Arremate

Você não precisa procurar longe para ver que planejar é raro quando o assunto é e-mail prospectivo. A vasta maioria desses e-mails é horrível. Catalogamos exemplos suficientes para uma vida inteira no "E-mail Hall of Shame" em FanaticalProspecting.com [conteúdo em inglês, disponível para membros pagantes].

Por ser empresário e responsável por decisões, fico sobrecarregado por e-mails de todas as direções: meu e-mail de trabalho, LinkedIn, Twitter e Facebook. Toda semana recebo dezenas que são risíveis e uma vergonha para a pessoa que os enviou e para a empresa que permitiu que esses e-mails chegassem à minha caixa de entrada.

Fico perplexo com a frequência com que vendedores que gastaram tempo para me enviar um e-mail não fizeram pesquisa nenhuma. Na semana passada, recebi um InMail no LinkedIn de um representante de uma grande empresa de treinamento em vendas em que ele me jogava uma conversa sobre treinamento em vendas. É sério, uma passada de olhos de 20 segundos pelo meu perfil do LinkedIn teria poupado o incômodo desse representante. Mas o que isso diz sobre a marca para a qual ele está vendendo? Esse cara está me jogando uma conversa sobre o incrível treinamento em vendas que a firma dele oferece e demonstrando o pior dos comportamentos de vendas.

E-mails ruins destroem a equidade, a credibilidade e a imagem de sua marca. Fico impressionado com a quantidade de empresas que permitem que seus vendedores espalhem essa porcaria. Pior, a maioria das organizações de vendas não investe tempo algum em ensinar a seus vendedores como redigir e-mails prospectivos eficazes.

Os piores e-mails são:

- Longos papos de vendedor, com cara de importantes, usando um jargão incompreensível — um monte de palavras sem sentido.
- Oferta de produtos tipo catálogo com foco em funcionalidades.
- Líderes de torcida que ficam tagarelando sobre sua "incrível" empresa, produto ou serviço.
- Os que erram meu nome — sério, é Jeb: três letras.
- Os extensos, que fazem a vista ficar turva. PQP, vivemos na era do Twitter, das mensagens de texto, dos infográficos, dos AMDs e KKKs. Os clientes potenciais têm capacidade de concentração de mosquitos.

Eu deleto 99,9% deles.

De vez em quando, no entanto, recebo um e-mail brilhante que me faz pisar no freio. Esse e-mail de ouro se conecta comigo, faz sentido, é relevante e me força a respondê-lo. O remetente levou tempo para pesquisar e planejar.

Considere sua audiência. Os clientes potenciais são pessoas, não robôs, então seu e-mail prospectivo deveria ser autêntico e pessoal. Ele deveria se conectar emocionalmente com as pessoas. Considere para quem você está escrevendo:

- Qual é a função deles?
- O que sabe sobre o estilo deles?
- Como eles consomem informações?

- Quando eles consomem informações?
- Quão familiarizados eles estão com você?

Essas perguntas o ajudam a definir o tom, a estrutura e a formalidade para a pessoa a quem está escrevendo, a fim de haver uma conexão. A conexão emocional é vital, porque seu e-mail só será eficaz se levar seu cliente potencial a tomar a atitude pretendida.

Determine seu método. O método de prospecção por e-mail atravessa o âmbito de um e-mail simples e independente para um campo de prospecção estratégica de múltiplos e-mails e mensagens. O método que você escolher vai impactar sua mensagem e deveria ser norteado pela audiência pretendida e pelo resultado previsto. Sua mensagem será:

- Curta e gentil?
- Mais detalhada?
- Contundente?
- Suave?
- Direta?
- Independente?
- Parte de uma campanha SPC?
- Acolhedora ou guiada por uma ação?
- Multiplataforma?

É aqui que planejamento e estratégia são cruciais — sobretudo com os clientes potenciais de conquista. Não seja aleatório com suas oportunidades mais importantes.

Customize sua mensagem de acordo com a audiência. A mensagem que você elabora deve ser forte o suficiente para forçar seu cliente potencial a tomar providência. Ele quer saber se você o entende e se entende os problemas dele, então sua mensagem precisa ser relevante à situação. A maneira mais eficaz de customizar sua mensagem para quem você está escrevendo é se colocar no lugar dela e fazer algumas perguntas básicas:

- O que vai chamar a atenção dela?
- O que é importante para ela?
- O que vai levá-la a dar o que você está pedindo?

A chave, aqui, é reservar tempo para fazer uma pesquisa básica para conhecer seu cliente potencial e usar essa informação como alicerce sobre o qual você constrói sua mensagem.

Defina o resultado desejado. Se você não sabe o que quer, não vai conseguir o que quer. Se você não consegue definir com clareza o que está pedindo que seu cliente potencial faça ou ofereça, ele vai ficar confuso e seu e-mail não vai convencer.

Os Quatro Elementos de um E-mail Prospectivo Eficaz

A estrutura MUNIÇÃO o auxilia a planejar e desenvolver sua estratégia. Quando tiver colocado em prática seu plano, você vai usar uma estrutura de quatro passos para elaborar seu e-mail:

1. *Fisgar:* Chame a atenção deles com um assunto e uma frase de abertura/afirmação atraentes.
2. *Identificar:* Demonstre que você os entende e que entende os problemas deles. Mostre empatia e autenticidade.
3. *Transpor:* Ligue os pontos entre o problema e a maneira como você pode ajudá-los. Explique os OQGCI.
4. *Pedir:* Seja claro e direto sobre a atitude que espera que tomem e facilite para que eles façam isso.

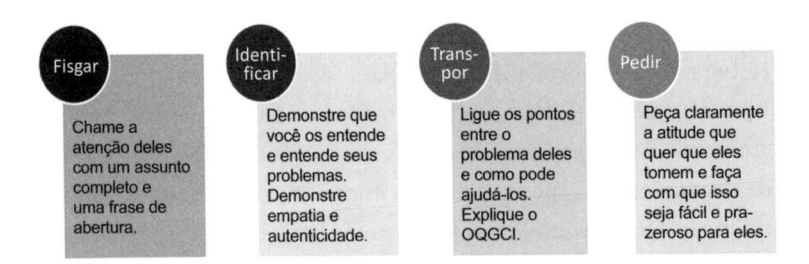

Fisgar	Identificar	Transpor	Pedir
Chame a atenção deles com um assunto completo e uma frase de abertura.	Demonstre que você os entende e entende seus problemas. Demonstre empatia e autenticidade.	Ligue os pontos entre o problema deles e como pode ajudá-los. Explique o OQGCI.	Peça claramente a atitude que quer que eles tomem e faça com que isso seja fácil e prazeroso para eles.

Figura 19.3 - Quatro Elementos de um E-mail Eficaz

Aqui está um exemplo de e-mail para um diretor de operações (chief operating officer) de um banco. Ele se utiliza da estrutura de quatro passos:

Assunto: COO — O Trabalho Mais Duro em um Banco

Lawrence,

A Ernst & Young relatou recentemente que o COO tem a função mais árdua entre os cargos de diretoria. Os COOs com quem trabalho me dizem que a complexidade crescente do ambiente bancário deixou o trabalho deles mais difícil e mais estressante do que nunca.

Minha equipe e eu auxiliamos COOs como você a reduzirem complexidade e estresse com estratégias que otimizam crescimento e lucro, atenuam riscos de crédito, alocam recursos de maneira efetiva e minimizam surpresas regulatórias.

Como não sei se somos uma boa opção para seu banco, por que não agendamos uma breve ligação que me ajude a saber mais sobre seus desafios particulares? A partir daí, podemos decidir se faz sentido marcar uma conversa mais profunda.

Que tal na próxima quinta-feira às 15h?

Dave Adair

Diretor de Contas Sênior

JunoSystems

Vamos dividir isso nas quatro partes.

Fisgar

Você tem cerca de três segundos para chamar a atenção de seu cliente potencial — fisgue-o. Em três segundos, seu assunto precisa forçá-lo a abrir o e-mail e a primeira frase tem de estimulá-los a continuar lendo. Kendra Lee, autora de *The Sales Magnet [O Imã de Vendas, em tradução livre]*, chama isso de "fator relance".

Os clientes potenciais optam por ler seu e-mail por motivos próprios, não pelos seus, ou seja, a própria situação e interesses particulares deles. Logo, a melhor maneira de fisgá-los é deixar o assunto relevante e fazer a frase de abertura ser sobre eles.

Aqui está um exemplo de assunto e frase de abertura que fracassaram: um e-mail verdadeiro enviado a mim por um cara chamado Brandon:

Assunto: Software Hospedado em Nuvem

Oi, Jeb,

Estava navegando pelo LinkedIn e queria entrar em contato com você.

Primeiro, o assunto é sobre ele, não sobre mim. Além disso, nunca use "oi", "olá" ou "caro", ou qualquer outra saudação, na frente do nome de seu cliente potencial. Ninguém no mundo dos negócios faz isso, exceto os vendedores. "Oi, __" é um verdadeiro repelente para clientes potenciais.

Depois, de que maneira o fato de estar "navegando pelo LinkedIn" me interessa minimamente?

Por fim, você "queria" entrar em contato? O verbo está no passado e é sobre você, não sobre mim.

Vamos dar uma olhada em nosso modelo de e-mail:

Assunto: COO — O Trabalho Mais Duro em um Banco

Lawrence,

A Ernst & Young relatou recentemente que o COO tem a função mais árdua entre os cargos de diretoria.

Esse e-mail está sendo enviado a um COO de banco. O assunto usa o acrônimo *COO* e a palavra *banco*. Isso implica que o COO detém o trabalho mais duro em um banco. Isso é convincente porque mexe com as emoções. Todos nós acreditamos que temos o trabalho mais duro em nossa empresa.

Em seguida, nos dirigimos a nosso cliente potencial de maneira profissional, como se ele fosse um colega.

Por fim, a frase de abertura é um excelente gancho. Usando uma fonte confiável, a Ernst & Young, fisgamos o COO colocando-nos em seu lugar e demonstrando que o *entendemos* (o trabalho mais duro entre os cargos de diretoria).

Identificar

E-mails eficazes se conectam com os clientes potenciais em um nível emocional. O motivo é simples: as pessoas tomam decisões com base nas emoções. A maneira mais fácil de se conectar emocionalmente com seu cliente potencial é demonstrar que você o entende e entende seus problemas, que você consegue identificar as lutas e os problemas deles.

Eis a tentativa de identificação de Brandon:

Desenvolvemos soluções customizadas para software; na web, em nuvem, para celular e computador. Se estiver precisando modernizar softwares desatualizados, construir algo novo do zero ou aumentar sua equipe para atender a um prazo crítico, estou certo de que podemos ajudar.

Como isso se identifica comigo ou com qualquer um de meus problemas? Repare que esse parágrafo é todo sobre ele. Só um despejo de recursos. Minha reação: e daí?

Ao contrário, em nosso modelo de e-mail, Dave se esforça para se identificar. É claro que, por ele mesmo não ser um COO nem nunca ter sido um COO, seria tendencioso dizer que entende a situação de Lawrence. Então, em vez disso, ele usa as relações que tem com outros COOs para demonstrar que é capaz de se identificar.

> Os COOs com quem trabalho me dizem que a complexidade crescente do ambiente bancário deixou o trabalho deles mais difícil e mais estressante do que nunca.

Transpor

Já que as pessoas fazem as coisas por motivos próprios e não pelos seus, você precisa responder à pergunta mais urgente delas: "Se eu lhe der o que você quer (o meu tempo), o que ganho com isso?" Se você não consegue responder a OQGCI com um valor que exceda o custo da cessão do tempo de seu cliente potencial, seu e-mail não vai convencer.

É aqui que sua pesquisa dá frutos. Quando conhece uma questão específica que seu cliente potencial está enfrentando na empresa, você deveria transpor diretamente essa questão e a maneira como poderia ser capaz de resolvê-la. Quando não tem certeza sobre uma questão específica, transponha para questões que são comuns ao cargo, situação ou setor de seu cliente potencial.

Eis a tentativa de nosso amigo Brandon de transpor ao OQGCI:

> Temos conseguido descobrir como manter a qualidade elevada e conservar nossas taxas competitivas. É um modelo que nos levou a ficar três anos seguidos na lista 5000 INC.

De novo, e daí? Todo mundo conta vantagem. De que maneira isso é importante para mim? Como isso agrega valor à minha situação particular? Como isso é relevante para mim? Ele fala alto, mas não me dá o menor motivo para perder meu tempo com ele.

Dave, por outro lado, amarra o assunto, a frase de abertura se relaciona à afirmação com uma ponte que liga os pontos entre a questão presumível de Lawrence — o estresse — e as soluções que reduzem o estresse. Ele responde à pergunta OQGCI de Lawrence.

E o mais importante, ele fala a língua de Lawrence — a língua dos COOs: *crescimento, lucro, risco, alocar recursos, minimizar surpresas*. Ao falar a língua de Lawrence, ele continua a identificar e demonstrar que o entende e entende os problemas dele.

> Minha equipe e eu auxiliamos COOs como você a reduzirem complexidade e estresse com estratégias que otimizam crescimento e lucro, atenuam riscos de crédito, alocam recursos de maneira efetiva e minimizam surpresas regulatórias.

Pedir

Para conseguir o que você quer, peça o que quer e facilite a ação de seu cliente potencial.

Nosso amigo Brandon:

> Adoraria marcar uma hora para ligar e detalhar como podemos fazer isso, enquanto discutimos quaisquer projetos ou planos que talvez você tenha. Apenas me avise uma hora que se ajuste à sua agenda para uma consulta e orçamento gratuitos.

Brandon faz o esperado. Ele diz o que adoraria fazer. "Adoraria marcar uma hora para ligar e detalhar como podemos fazer isso [fornecer alta qualidade por preços baixos, presumo]". Eis o que ouço Brandon dizendo: "Adoraria ouvir o som de minha voz enquanto mando um papo de vendedor para você sobre todos os nossos maravilhosos recursos e digo como somos incríveis. Ah, boas notícias para você, é gratuito!" Ih, não, obrigado.

Então, ele passa o abacaxi para mim em relação a arranjar tempo na minha agenda e dar um retorno a ele. De que jeito dificultar as coisas para mim faz sentido? Mesmo que eu quisesse me encontrar com ele, provavelmente deixaria para mais tarde (leia-se, nunca), porque não teria tempo naquele momento de percorrer meu calendário e encontrar uma hora para um vendedor qualquer.

Aqui está a maneira como Dave pergunta:

Como não sei se somos uma boa opção para seu banco, por que não agendamos uma breve ligação que me ajude a saber mais sobre seus desafios particulares? A partir daí, podemos decidir se faz sentido marcar uma conversa mais profunda.

Que tal na próxima quinta-feira às 15h?

Dave rompe as expectativas. Ele antecipa a Lawrence que pode não ser uma boa opção para o banco. Isso é exatamente o oposto do que se esperaria de um vendedor. Ao contrário do papo que repele os clientes potenciais, desfazer expectativas os atrai para você.

Depois, Dave continua e envia uma mensagem sutil, mas poderosa. Ele diz que quer "saber mais" (leia-se, *ouvir*). Isso atrai Lawrence ainda mais, porque todo mundo quer ser ouvido. Adoramos contar nossa história a pessoas dispostas a ouvir.

Dave arremata as coisas com a expressão "seus desafios particulares". Isso faz Lawrence se sentir importante, porque todo mundo acredita que a própria situação é particular. Por fim, Dave tira a pressão ao deixar subentendido que a ligação será breve e baixa o risco dizendo que, se não fizer sentido, "não vou forçar as coisas".

Então, ele presuntivamente ("que tal") pede por uma reunião e oferece um dia e horário, o que tira o peso das costas de Lawrence em tomar a decisão.

Pratique, Pratique, Pratique

A verdade é que redigir mensagens eficazes de e-mails prospectivos não é fácil. O passo mais difícil é treinar-se para parar de pensar em seu produto ou serviço e, ao contrário, colocar-se no lugar de seu cliente potencial, identificar-se com a situação deles e aprender a falar sua língua. Desenvolva o hábito de pesquisar seus clientes potenciais e ficar ciente de eventos de gatilho que os estão impactando e abrindo janelas de compra.

No começo vai ser uma luta. Para todo mundo. A chave é praticar até que e-mails eficazes e autênticos se digitem sozinhos. Quanto mais você praticar, mais rápido e proficiente você vai ficar em redigir e-mails prospectivos que convençam.

O Melhor Momento para Enviar E-mails

A pergunta de um milhão de dólares em relação a e-mails prospectivos é: "Qual é o melhor momento para enviá-los?" Assim como a prospecção telefônica, o veredito para isso é: todos eles. Alguns especialistas dizem que é de manhã, outros, à noite, outros dizem que é às terças-feiras à tarde às 15h12 em anos bissextos. A maioria desses conselhos é ruído.

O melhor momento para enviar um e-mail prospectivo de vendas é quando seu cliente potencial tem mais chances de abri-lo e tomar providências (convencer).

Para a maioria dos vendedores B2B, essa é a primeira coisa que fazem do início até o meio da manhã, porque é quando seus clientes potenciais estão descansados e, em geral, lidando com e-mail. Para vendas B2C, talvez você precise ajustar seu relógio para chamar a atenção de seu cliente potencial no momento em que ele esteja mais disposto a tomar providências imediatas em relação à sua solicitação.

É fácil testar o relógio com ferramentas de e-mail inteligentes, e a boa notícia é que você pode escrever e-mails a qualquer momento (preferencialmente fora das Horas de Ouro) e agendar seu envio para o horário que escolher.

Faça uma Pausa Antes de Pressionar "Enviar"

Sou o rei dos erros de digitação. Tenho quase certeza de que você encontrou alguns ao ler este livro. Portanto, termino este capítulo com o humilde conselho de um homem que cometeu o terrível erro de não fazer uma pausa antes de pressionar "enviar" e lançar um e-mail cheio de erros de digitação, divisão silábica e gramatical a um cliente potencial. E essa é uma lição que você não quer aprender do jeito mais difícil.

Avalie seu e-mail prospectivo antes de enviá-lo. Leia-o uma vez. Leia-o duas vezes. Afaste-se dele por dez minutos e leia-o de novo (você vai ficar maravilhado com o que consegue descobrir usando esse processo). Imprima os e-mails realmente importantes e avalie a cópia impressa.

Seu e-mail é um reflexo de você, do seu profissionalismo e da sua marca pessoal. Faça uma pausa antes de pressionar "enviar" para se certificar de que a impressão que você está passando é positiva.

20 | Mensagem de Texto

> *Às vezes envio mensagem de texto à pessoa "errada"... de propósito. Só para começar a conversa.*
>
> — Frank Warren

Este é um jogo divertido para a próxima reunião com os amigos e a família. Pergunte a eles como se sentem quando vendedores usam mensagens de texto para prospectar. Então, relaxe e observe os fogos de artifício. É provável que você comece uma discussão acalorada e cheia de pontos de exclamação. Minha esposa, por exemplo, depois de saber que eu estava escrevendo um capítulo sobre prospecção por mensagens, disse (em tom moralizante): "Não acredito que está ensinando vendedores a fazer isso — você é a maldade em pessoa!"

Essa sensação é semelhante à recepção que tenho ao abrir discussões sobre mensagens como ferramenta de prospecção. É o terceiro pacote de prospecção em vendas e um conceito que abordo de leve. A simples menção de mensagem como ferramenta de prospecção gera reações negativas, de "não acho que vai funcionar para nossa base de clientes potenciais" até a pura repulsa.

Entendo, porque faz sentido. Todos conseguimos nos identificar. Também não queremos que nossas caixas de entrada fiquem lotadas de mensagens de vendedores.

Isso se deve a uma estranha ironia. A mensagem de texto é um canal de comunicação impessoal, porque falta a conectividade emocional da comunicação verbal cara a cara. No entanto, ela parece extremamente pessoal. A mensagem de texto se transformou no meio de comunicação entre família, amigos e colegas de trabalho e um refúgio em nossos telefones que, em geral, não é atingido por spam ou influência externa. As pessoas com quem trocamos mensagens de texto com frequência são nossas conhecidas, mesmo quando se trata de negócios.

Esse é um dos principais motivos pelos quais um estudo encomendado pela Lead360 concluiu que "pelos mesmos motivos que mensagens de texto podem ser uma maneira mais eficaz de se comunicar com clientes potenciais de vendas, elas também têm a possibilidade de ser interpretadas como invasivas ou violadoras do domínio pessoal de alguém quando usadas para negócios".

O fato de a mensagem ser tão pessoal a torna um canal extremamente poderoso para chamar a atenção de clientes potenciais. Por ser tão pessoal, no entanto, o momento e a técnica certos se tornam mais importantes que em qualquer outro canal prospectivo.

Mensagens de Texto como Ferramenta de Negócios Está Aumentando

O que torna mensagens de texto um canal prospectivo cada vez mais valioso é a integração inevitável e total de celulares como o principal aparelho de comunicação em nossas vidas.

Minha equipe inteira dos escritórios da Sales Gravy está conectada por um eixo de Voz sobre Protocolo de Internet (VoIP) que distribui nossas ligações para os aparelhos móveis, não importa onde estejamos no mundo. Não há telefones tradicionais em nossas mesas. Esse sistema VoIP também integra nosso GRC e nos permite enviar e receber facilmente mensagens de texto a/de nossos clientes potenciais via desktop e aplicativos de celular.

Não somos os únicos. Empresas pequenas e médias no mundo estão adotando esses sistemas, porque não são caros e facilitam a integração de todas as formas de comunicação em um centro de comunicações situado em nuvem.

Empresas grandes também estão saltando dentro deste trem, migrando para computadores e sistemas telefônicos baseados em apps que facilitam usar mensagem de texto como parte integrante de um sistema completo de comunicação. Programas do tipo traga-seu-próprio-aparelho também permitem que funcionários usem seus próprios celulares para ligações de negócios, e-mails e mensagens de texto.

Familiaridade É Tudo em Mensagens de Texto

Falamos com estranhos por telefone, mandamos e-mail a estranhos e conhecemos estranhos pessoalmente, mas é raro enviar mensagem de texto a estranhos. Esse é o motivo por que, mais que para qualquer outro canal prospectivo, a familiaridade é crucial para prospectar via mensagem de texto. A probabilidade de sua mensagem de texto convencer — impelir seu cliente potencial a tomar providências — aumenta exponencialmente se sua mensagem vier depois do contato por outro canal.

Não quero dizer que você não deveria apostar em uma mensagem de texto para um cliente potencial difícil de alcançar quando todos os outros meios foram esgotados e a janela de compras está rapidamente se fechando. Quando você não tem nada a perder, a chance de ofender vale o risco. No entanto, usar mensagens de texto nessas circunstâncias ou quando a pessoa não o conhece é uma jogada de baixa probabilidade de funcionar.

Um dos principais motivos pelos quais mensagens de texto funcionam é que a maioria das pessoas se sentem impelidas a ler e/ou responder a elas imediatamente. É por isso que a familiaridade desempenha um papel importante em fazer clientes potenciais responderem a suas mensagens (e não denunciá-lo como spam).

A mensagem de texto funciona melhor como parte integrante de um sistema mais amplo de prospecção e estratégia em vez de um canal independente. De acordo com o estudo[1] da Lead360 que abarcou mais de 3,5 milhões de registros de oportunidades em mais de 400 empresas, uma mensagem de texto isolada converte em 4,8%. A mesma mensagem enviada após um contato telefônico aumenta essa conversão em 112,6%. Por quê? A Lei da Familiaridade.

Você pode ampliar esse impacto ainda mais além quando sua mensagem de texto vier em sequência de um contato por e-mail ou de interação em mídias sociais. E você adquire ainda mais tração quando envia a mensagem após uma interação presencial. Quanto mais seu cliente potencial o conhece, mais eficaz será sua mensagem de texto prospectiva. Quanto menos eles o conhecem, mais provável será de ser encarado como um spam irritante. As pessoas têm aversão a receber mensagens de texto aleatórias de gente que não conhecem, sobretudo vendedores.

Use Mensagens de Texto para Ancorar Conversas em Eventos de Networking

Mensagens de texto são veículos excelentes para marcar reuniões depois de interações cara a cara em eventos de networking, feiras comerciais, conferências e outras situações em que você teve um encontro positivo com um cliente potencial. Muitos desses encontros terminam com uma vaga promessa de reunião em algum momento no futuro. Ainda assim, a maioria dessas promessas nunca é cumprida, porque você começa a ficar ocupado e não consegue enviar um e-mail ou dar um telefonema; ou então seu cliente potencial fica ocupado e ignora seus e-mails e ligações, e se perde no meio da bagunça da caixa de entrada.

Enviar mensagem de texto é um modo bem mais fácil e rápido de se destacar de todo o ruído, conseguir a atenção deles e marcar uma reunião. Já que quase todo mundo hoje em dia inclui um número de telefone celular em cartões de visita, ficou mais fácil do que nunca enviar uma rápida mensagem de agradecimento na sequência e perguntar pelo próximo passo. Eis o que fazer:

1. *Durante sua conversa, ao ser feito um vago acordo para uma reunião em algum momento no futuro, diga casualmente: "Parece bom. Vou enviar uma mensagem de texto e podemos nos encontrar."* (É altamente improvável que eles protestem se a conversa foi positiva.)

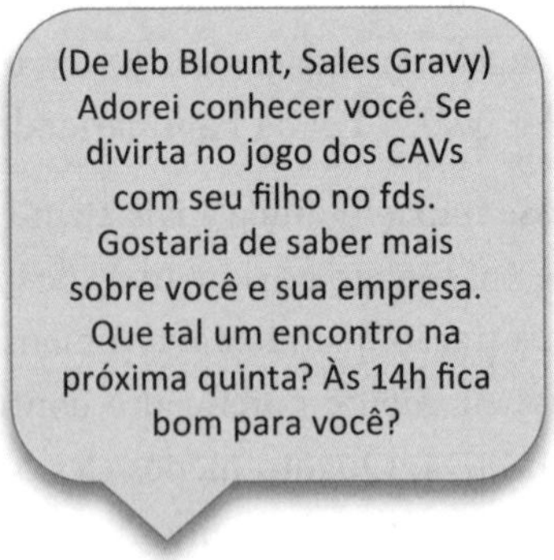

> (De Jeb Blount, Sales Gravy) Adorei conhecer você. Se divirta no jogo dos CAVs com seu filho no fds. Gostaria de saber mais sobre você e sua empresa. Que tal um encontro na próxima quinta? Às 14h fica bom para você?

Figura 20.1 - Mensagem de Texto após um Evento de Networking

2. *Assim que você sair da conversa, envie uma solicitação de conexão personalizada pelo LinkedIn (use o app do LinkedIn em seu telefone).* Mais adiante, isso vai ancorar seu nome para que eles se lembrem de você.

3. *Dentro de 24 horas do evento (dê dois dias, se envolver uma viagem), envie uma mensagem de texto agradecendo-os pela conversa e solicite uma reunião.* Personalize-a com informações que você coletou durante a conversa.

4. *Se não obtiver uma resposta, tente enviar a mensagem de novo um dia depois.* Em muitos casos, eles não vão reconhecer seu número de telefone e vão ignorar sua primeira tentativa. Eles também podem estar ocupados ou viajando, e não a receber.

5. *Se sua segunda tentativa falhar, mude para telefone ou e-mail para fazer contato.* Não faz o menor sentido criar uma possível animosidade por continuar a mandar mensagem.

Passo extra: Sempre envie um bilhete escrito à mão dentro de uma semana do evento por correio tradicional — isso realmente vai fazer você se destacar na multidão.

Use Mensagens de Texto após Eventos de Gatilho

Um evento de gatilho é uma ruptura no *status quo* que pode impelir seu cliente potencial a tomar uma atitude. Por exemplo, uma mudança de concorrente de seu cliente potencial que ameace sua capacidade competitiva pode impeli-lo a acelerar o investimento em automação de marketing. Quando você fica atento a um evento de gatilho, cria-se oportunidade para se aproximar de seu cliente potencial por meio de mensagem de texto.

Enviar mensagens de texto funciona com eventos de gatilho, porque eles geram urgência em agir, e mensagens de texto são consideradas mais urgentes. Cuidado, no entanto, pois a Lei da Familiaridade está em jogo em grande escala com mensagens de textos sobre eventos de gatilho. Certifique-se de que o cliente potencial saiba quem você é antes de enviar esse tipo de mensagem.

Descobri que uma abordagem suave com eventos de gatilho funciona melhor. Ela exige um pouco de paciência e criatividade. A chave é se tornar uma fonte ao agregar valor e alavancar isso para uma conversa mais aprofundada.

Quando tenho uma relação com o cliente potencial, ou pelo menos um nível de familiaridade, eu simplesmente envio uma mensagem com um link para um artigo ou fonte relevante para a situação dele. Em geral, isso se transforma em uma chamada telefônica em que consigo envolvê-lo em uma conversa.

Se eu o conheço bem e não consigo achar nada relevante para enviar, mando apenas uma mensagem que faz alusão ao evento de gatilho e pergunto como vão as coisas. Uma resposta cria um caminho para uma conversa mais aprofundada.

> (De Jeb Blount, Sales Gravy)
> Patricia, vi o anúncio de que a Halcon está se fundindo com a Remco. Tenho certeza de que as coisas estão movimentadas por lá. Segue um artigo que deve ser útil.
> http://www.salesgravy.com/leading-change [conteúdo em inglês]. Vamos pôr a conversa em dia quando você tiver um tempo.

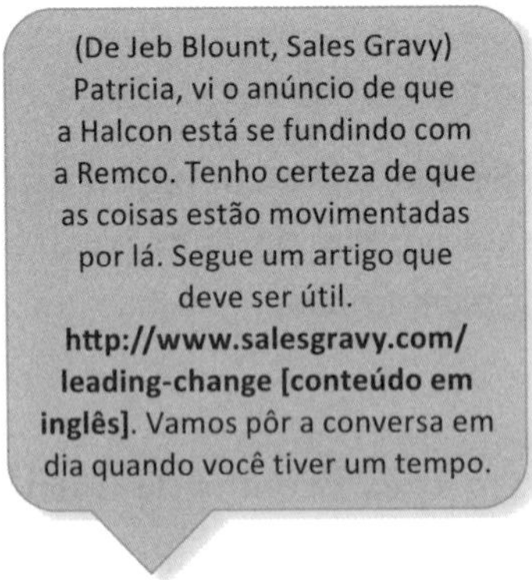

Figura 20.2 - Mensagem de Texto em Sequência a um Evento de Gatilho

Use Mensagens de Texto para Cultivar Clientes Potenciais

Enviar mensagens de texto pode desempenhar um papel importante no cultivo de clientes potenciais com quem você tem uma relação, mas que ainda não estão na janela de compras. Uma mensagem rápida, que agregue valor, é um jeito fácil de continuar a ser prioridade sem parecer invasivo demais. Por exemplo, Matt, que vende um programa de inteligência empresarial baseado em nuvem, fez um trabalho excepcional com o uso de mensagens de texto para cultivar sua relação comigo.

Matt fez o primeiro contato comigo nove meses atrás. Falamos por alguns minutos. Ele acreditava que seu programa poderia ajudar minha empresa a otimizar nossos canais de marketing e aprimorar o ROI em nosso gasto com propaganda. Ele fez um trabalho realmente bom ao se conectar comigo naquela ligação inicial, então concordei com uma demonstração.

A demonstração foi impressionante, e gostei do sistema que Matt e sua equipe me mostraram, mas dois fatores me impediram de comprar.

Primeiro, integrar a plataforma dele a nosso sistema de automação de marketing exigiria uma centena ou mais horas, e uma tonelada de trabalho para calibrar. Estou no jogo há tempo suficiente para saber que apesar das promessas de integração perfeita feitas pela equipe de Matt, nada acontece sem problemas. Já estávamos atolados até o pescoço em uma importante atualização de nosso portal de empregos, e eu não poderia nem sonhar em pegar outro projeto.

Em segundo lugar, havia o custo. Mudar para o sistema de Matt exigia um investimento antecipado significativo, que com o tempo teria de ser recuperado por meio de economia de automação e geração de leads adicionais. Essa promessa de ROI em algum momento no futuro era difícil de entrar na minha cabeça, por conta do investimento que já estávamos fazendo na atualização do portal de empregos.

Para ser honesto, eu estava totalmente sobrecarregado (e como muitos de nossos clientes potenciais, o *status quo* era um lugar mais confortável que a mudança). Então disse a Matt que embora achasse que o software era fantástico, eu não compraria o sistema dele. Isso não queria dizer que eu nunca seria um comprador, apenas não era agora.

Matt era esperto o suficiente para perceber que eu era um cliente potencial qualificado, porque precisava do software dele e dos meios para adquiri-lo. No entanto, eu não tinha urgência alguma em acionar o gatilho. Então ele começou a cultivar a relação de maneira sistemática, usando quatro canais prospectivos: telefone, e-mail, mídia social e mensagem de texto.

Ele me liga uma vez por trimestre para descobrir em que pé estão os outros projetos e testar meu envolvimento. Ele suplementa essas ligações com e-mails mensais e mensagens de texto com links para estudos, artigos técnicos e notícias sobre as atualizações para os sistemas que ele acredita serem relevantes para mim. Ele também me segue no Twitter e retuíta ou favorita minhas postagens.

A estratégia de mensagens de texto de Matt tem sido brilhante. Ele reserva suas informações mais valiosas para as mensagens. Por ter familiaridade com meus interesses e minha empresa, com frequência ele envia por mensagem links para artigos relevantes que ele sabe que vou querer ler. A maioria destes não tem nada a ver com o produto dele, mas agregam valor para mim. Quando recebo essas mensagens de texto, sempre envio de volta uma mensagem de agradecimento. Em geral, isso cria um diálogo curto sobre alguma área de interesse (normalmente, esportes), o que, por sua vez, nos mantém conectados. De vez em quando, ele me manda uma mensagem para me dizer que gostou de um de meus artigos ou de ouvir um podcast.

A estratégia de Matt me mantém envolvido e cultiva nossa relação. Suas mensagens de texto são bem-vindas e não invasivas, porque são valiosas para mim e pessoais. Por conta disso, Matt e sua empresa permanecem em minha mente (conforme evidenciado por essa história), e quando eu decidir comprar um software de IE, vou comprar com ele.

Use Mensagens de Texto para Criar Oportunidades de Reunião

Mensagens de texto também são bem-vindas quando fazem os clientes potenciais se sentirem importantes. Envie mensagens curtas para parabenizá-los por uma promoção, uma menção no jornal, um prêmio ou reconhecimento, ou para dizer algo gentil sobre um artigo que escreveram, vídeo que produziram ou algo que postaram nas mídias sociais que tenha chamado sua atenção. Consiga a atenção de seu cliente potencial. Isso pode ser especialmente marcante se você curtir, comentar ou também compartilhar a postagem.

O empenho em enviar mensagens de texto geralmente obtém resposta positiva, desde que elas sejam sinceras, personalizadas e sem nenhum pedido direto. O objetivo é simples: dê a seu cliente potencial um motivo para convidar você para uma conversa. Você aumenta essa possibilidade ao fazê-los se sentirem importantes.

Sete Regras para Estruturar Mensagens de Texto Prospectivas Eficazes

Para sua mensagem de texto ser eficaz, você precisa envolver seu cliente potencial e levá-lo a tomar uma atitude em um piscar de olhos. Acondicionar sua mensagem em um espaço pequeno exige que você seja ponderado, criativo e focado. É difícil causar impacto com 250 caracteres ou menos.

Há sete regras para mensagens de texto eficazes:

1. *Identifique-se.* Nunca assuma que seu cliente potencial tenha suas informações salvas no próprio celular. Na maioria dos casos eles não têm e, quando você manda uma mensagem, eles não vão saber quem é. A melhor abordagem é incluir seu nome e empresa no topo da mensagem.

2. *A mensagem importa.* O que e como você diz gera impacto. Seja muito cuidadoso para seu tom não ser confundido de maneira negativa. Use frases completas para evitar parecer brusco, áspero, sarcástico ou petulante.

3. *Seja direto — seja breve.* Fale exatamente o que quer dizer, com frases claras, precisas e bem redigidas, usando boa gramática e ortografia. Lembre-se de que é uma mensagem profissional. Deixe na mensagem de uma a quatro frases curtas, ou menos de 250 caracteres quando possível. Evite frases incoerentes e truncadas. Não use emoticons (carinhas sorridentes) — seja profissional.

4. *Evite abreviações.* Evite usar abreviações em mensagens para clientes potenciais. Abreviações como KKK, AMD, PQP e outras não passam uma imagem profissional, e a pessoa do outro lado pode não compreender o que você quer dizer. Do mesmo modo, você deveria evitar acrônimos e gírias.

5. *Use links transparentes.* As pessoas têm uma suspeita imensa de hyperlinks encurtados. Assim como em e-mails, quando você envia a clientes potenciais URLs que se conectam com artigos ou outros recursos, envie o URL inteiro para que eles saibam no que estão clicando.

6. *Antes de clicar em "enviar" — pause e leia de novo.* Faça disso uma regra quando se tratar de mensagens de texto (e, francamente, de toda comunicação escrita).

7. *Conheça seus números.* Por fim, assim como em todos os canais prospectivos, conheça seus números. Rastreie o número de mensagens que você envia a cada dia, taxas de resposta e conversões para reuniões e, finalmente, para vendas.

NÃO ENVIE MENSAGENS ENQUANTO DIRIGE — LARGUE O SMARTPHONE!

21 | Desenvolvendo Resistência Mental

Quando a coisa fica difícil, os mentalmente preparados seguem em frente.

Essa é a verdade brutal e inegável. A profissão de vendedor é dura, extenuante e, às vezes, dolorosa. A pressão para apresentações e a exigência de desempenho em vendas é incessante. Você precisa apresentar resultados ou será despedido. Na profissão de vendas, o assunto não é o que você vendeu, mas o que está vendendo hoje.

Prospectores fanáticos recebem mais rejeições antes das 9h do que uma pessoa comum recebe durante o dia inteiro. O fato é que a maioria das pessoas não duraria um minuto como vendedora. Elas têm tanto medo de rejeição que prefeririam morrer de fome a fazer uma única chamada de prospecção.

Esse é o motivo por que vendedores são os atletas de elite do mundo de negócios. Os funcionários de sua empresa (mesmo que não pareçam compreender) contam com você para manter o próprio emprego e o pagamento. Proprietários e executivos precisam de você para apresentar os números e deixar os acionistas felizes.

Simplificando, sem os vendedores (atletas de elite), nada de clientes, nada de lucro, nada de crescimento, nada de empresa, nada de equipe. Se sua empresa fosse uma equipe esportiva profissional, os vendedores estariam em campo jogando e todos os demais estariam nos bastidores apoiando você.

Quero que você pare por um momento e se olhe no espelho. Veja quem você realmente é, um atleta de elite. Assim como uma equipe esportiva profissional conta com os jogadores para vencer a partida, sua empresa conta com seus atletas de elite (você) para vencer no mercado. Quando o apito soa a cada manhã, você precisa estar pronto para arrasar.

Assim como atletas de ponta, você precisa dar duro no treino para atingir o desempenho máximo. O que pesquisas[1] apontam, no entanto, é que é preciso mais do que treino e condicionamento para atingir o desempenho máximo dia após dia. Todos os atletas de elite — nos esportes e nos negócios — dão duro no treino e no trabalho. Isso é óbvio. Campeões, no entanto, obtêm diferencial competitivo por meio de resistência mental.

Dados de vários trabalhos de pesquisa nos dizem que resistência mental é mais importante que talento, experiência, educação, habilidades ou técnica. Resistência mental é o motivo pelo qual atletas prosperam sob pressão enquanto outros sucumbem. Isso é tão importante que na Sales Gravy ajudamos nossos clientes a contratarem vendedores melhores com nossa assessoria Sales Drive*, que testa exclusivamente a resistência mental.

A resistência mental, por vezes denominada firmeza,[2] é o verdadeiro motivo por que alguns vendedores são eternos superastros, enquanto outros com o mesmo nível de talento entortam como uma cadeira de praia barata assim que as coisas ficam difíceis.

James Loehr foi um dos primeiros especialistas a identificar a "psicologia do vencedor". Ele descreveu as sete dimensões fundamentais da resistência mental:[3]

8. Autoconfiança
9. Controle da atenção
10. Redução da energia negativa
11. Aumento da energia positiva
12. Manutenção dos níveis de motivação
13. Controle da atitude
14. Controle visual e imagético

Mais recentemente, estudos pioneiros como o de Angela Duck, "Garra: o Poder da Paixão e da Perseverança", estão nos ajudando a entender o quanto a resistência mental é importante nas realizações.

Esse é o motivo por que, para atingir o ápice da jogada, você precisa desenvolver firmeza. A boa notícia é que, a despeito de talento e inteligência que são incorporados em seu DNA, resistência mental pode ser aprendida e desenvolvida. A fórmula é simples: mude sua mentalidade. Mude seu jogo.

Firmeza é Preciso — Você Precisa Lutar para Brilhar

Em vendas, você pode controlar somente três coisas: suas ações, suas reações e sua maneira de pensar.

Perder é uma escolha. Mediocridade é uma escolha.

Sim, já ouvi a polêmica — vendedores nascem assim, não podem ser fabricados. Sem dúvida acredito que algumas pessoas nasceram com talento para ser contadores, zagueiros da NFL, líderes e profissionais de vendas. No entanto, milhares e milhares de vendedores falham porque escolhem — sim, escolhem — perder.

Quando você escolhe comportamentos medíocres, você obtém resultados medíocres, e uma vez que permite mediocridade em seu dia de vendas, você se torna um amuleto de má sorte.

Essa escolha é um dos principais motivos por que tantos vendedores se veem pulando de um trabalho para o outro. Apesar do treinamento que cada empresa nova proporciona, apesar da orientação, da tutoria, das ferramentas, no fim esses vendedores fracassam. Eles têm tudo aquilo de que precisam para ter sucesso, exceto resistência mental.

No ano passado, contratamos uma representante de vendas para vender propaganda para a Sales Gravy. Demos a ela treinamento, orientação, apoio e oportunidades. Quando começou, tive uma conversa franca com ela. Expliquei que os primeiros 60 dias seriam os mais árduos que ela enfrentaria. Ela deveria trabalhar duro para construir seu pipeline. Ao longo do processo ela obteve muita rejeição, cometeu erros e, de tempos em tempos, ficava envergonhada ao aprender a apresentar um produto novo e desconhecido.

Nossa nova representante trabalhou duro por exatos 29 dias. Então, recebi a ligação. Ela estava se demitindo. As desculpas eram várias: o trabalho a sobrecarregava, ela não sentia que estava tendo sucesso, talvez vender propaganda não fosse a melhor opção. Expliquei de novo que esses sentimentos eram algo esperado quando se faz uma coisa nova, e que se ela insistisse naquilo um pouquinho mais, seus esforços valeriam a pena. Mas ela já tinha tomado a decisão. Ela se demitiu.

Pulamos no telefone e demos uma passada em todas as prospecções que ela tinha colocado no pipeline. Ela fez um ótimo trabalho nos primeiros 29 dias, dando entrada em prospecções qualificadas. Na verdade, tão bom que fechamos quase todas as oportunidades que ela desenvolveu. A comissão dela nessas vendas teria sido de US$7.000. Em vez disso, ela recebeu zero.

Demitir-se é uma escolha. A maioria das pessoas, ao encarar desafios, pede demissão cedo demais — com frequência, quando estão à beira do sucesso. Isso é verdade sobretudo em relação a vendedores em novos empregos de vendas. Começar um emprego novo em vendas e assumir novos desafios é frustrante e difícil. Há muitos dias sombrios, quando você sente que tudo o que faz é falhar e que não há esperança. À medida que você se aproxima do momento da virada, as coisas na verdade parecem mais desanimadoras. Você fica cansado, quebrado, desgastado. É nesse ponto que a resistência mental em forma de fé e persistência o guia pelo último quilômetro.

Winston Churchill dizia que "quando estiver passando pelo inferno, continue". Fé é crucial. Fé que, ao fazer as coisas certas todos os dias, o impacto cumulativo dessas ações vai dar frutos. A fé o mantém focado em seu objetivo quando não há nenhuma evidência tangível de que o trabalho duro que você está executando vai fazê-lo chegar lá.

Persistência é o combustível dos vencedores. É a tenacidade e a determinação em continuar apesar de insegurança, obstáculos, fracasso, vergonha e reveses. A persistência o tira do chão, sacode a poeira e o envia de volta ao jogo. A persistência lhe dá o último e definitivo empurrão para cruzar a linha de chegada.

O fato é que vendas são uma luta. Prospecção é uma luta. Mas você precisa lutar para brilhar.

Todo mundo quer a glória do fechamento, mas a maioria não está disposta a lutar, pagar o preço do sucesso. Em qualquer empreitada, o pagamento antecipado do sucesso é o trabalho duro. Em vendas, o pagamento antecipado do sucesso é a prospecção. Você nunca vai se destacar em nada se não colocar o trabalho duro em primeiro lugar.

Resistência mental é o único traço que define todas as pessoas que têm desempenho máximo. Resistência mental é a habilidade de se levantar depois de ter sido nocauteado e ser resiliente diante da rejeição, adversidade e fracasso. É a habilidade de aceitar dor e sacrifício hoje para ter uma recompensa no futuro. É a habilidade de bloquear o autodiálogo negativo, gerenciar emoções perturbadoras, ignorar pessoas que lhe dizem que você não consegue dar conta e colocar foco particular em um objetivo desejado.

Essa firmeza é a base da fé, persistência, tenacidade, resiliência, jogo de cintura e de uma mentalidade de vencedor. As melhores pessoas nos negócios, esportes, vendas e em todos os outros aspectos da vida dão de cara com as mesmas paredes e enfrentam o mesmo sofrimento mental e físico que todo mundo. O que as torna diferentes é a habilidade que elas têm de otimizar os desafios e desfazer a vontade de ir embora.

A resistência mental corta qualquer ilusão de que as coisas serão fáceis. Ela abraça o "que saco" — e, em nosso caso, o sacal é a prospecção — e continua na luta.

No livro *Never Hire a Bad Salesperson Again* [*Nunca Mais Contrate um Mal Vendedo*r, em tradução livre], os Drs. Chris Croner e Richard Abraham descrevem a resistência mental em vendedores usando três dimensões.[4]

- *Otimismo:* Quando você é nocauteado, o otimismo lhe diz que, se consegue olhar para cima, consegue se levantar. O otimismo é o pai da perseverança. Ele potencializa um sistema de crenças positivo e atrai energia positiva.
- *Competitividade:* Você odeia perder ou adora ganhar? O impulso para evitar perder é o que mantém os superastros trabalhando mais, com mais empenho e fazendo de tudo para vencer. Competitividade é a mãe da persistência.
- *Necessidade de realização:* O psicólogo e pesquisador Henry Murray definiu a necessidade de realização como "esforços intensos, prolongados e contínuos para realizar algo difícil. Trabalhar com singularidade de propósito em direção a um objetivo elevado e distante. Ter determinação para vencer".[5] A necessidade de realização é a mãe da automotivação.

Quatro Pilares da Resistência Mental em Vendas

O que é preciso para desenvolver e manter a resistência mental em vendas? Como incubar otimismo, competitividade e necessidade de realização? Que passos você pode dar, começando hoje, para atingir o ápice do desempenho e se tornar um atleta de elite nas vendas?

Ao longo de minha carreira, trabalhando com milhares de profissionais superastros de vendas, descobri que há quatro pilares que constituem a base da resistência mental em vendas.

Desejo

O grande Napoleon Hill afirmava que o "desejo é o ponto inicial de toda realização; não uma esperança ou uma vontade, mas um desejo agudo e pulsante que transcende todas as coisas". Do mesmo modo, meu bom amigo Brian Stanton afirma: "O desejo é a mãe da atividade de vendas."

Desejo é a particularidade da realização. Qualquer coisa que valha a pena realizar tem de começar no desejo. De outro modo, você vai fracassar. É a chave para explorar a motivação de que necessita para ultrapassar obstáculos reais e autoinfligidos em relação ao desempenho. É bem mais fácil desenvolver resistência mental e autodisciplina quando se tem um objetivo.

Por exemplo, se você deseja comprar uma casa mais que qualquer coisa, mas precisa de um adiantamento, então você vai fazer o que for preciso para ganhar cheques de comissão maiores. Se você deseja fazer uma viagem de vendas com a elite de sua empresa, você vai achar disposição para acordar cedo toda manhã e atacar os telefones. Se deseja ser promovido a gerente de vendas, você vai encontrar um meio de se tornar um excelente representante de vendas para se destacar.

Desejo, no entanto, é apenas o começo. É uma fagulha. Para acendê-la, você precisa de uma definição clara do que quer e de aonde está indo. Isso exige que você responda a três perguntas:

1. O que você quer?
2. Como você planeja conseguir o que quer?
3. O quanto você quer isso?

É isso. Comece definindo o que quer, elaborando um plano e escrevendo-o. Nada de promessas vazias. Nada de vontades passageiras ou esperanças vãs. Objetivos de verdade, que signifiquem algo para sua carreira e sua vida.

Eis a realidade brutal. Se você não tem um plano, você vai se tornar parte do plano de alguém. Você pode assumir o controle de sua vida ou outra pessoa vai usá-lo para promover a dela. A escolha é sua.

Então, comece por aqui: defina o que você quer e escreva. Isso quer dizer ter disciplina para parar o que está fazendo, sentar-se e pensar de verdade em seu futuro.

Escrever seus objetivos e planos torna-o imbatível. Quando escreve seus objetivos com tinta no papel você acessa uma poderosa força motivacional. Um plano escrito força a ação. Algo dentro de você começa a levá-lo para a frente, empurrando-o em direção a seu destino. Está lá, gravado em pedra, e não pode ser ignorado até ser realizado.

Prospecção gera adversidade. Haverá barreiras, obstáculos, decepções e muita rejeição. Sempre haverá uma montanha que você terá de subir e uma árdua batalha em que você deverá lutar. Sempre haverá a tentação de relaxar. Sempre haverá uma desculpa para um motivo por que você não consegue fazer alguma coisa. Sempre haverá algo mais prazeroso em curto prazo do que se sacrificar em longo prazo por aquilo que você realmente quer.

Esse é o motivo pelo qual acessar o desejo é tão poderoso. Um conjunto de objetivos escritos com passos claros para o sucesso leva à ação. Ação gera dinâmica. À medida que a dinâmica se transforma em força total, você vai se atirar de cabeça e ignorar a areia movediça da procrastinação, do perfeccionismo e da paralisação.

Para mais acesse também FreeGoalSheet.com [conteúdo em inglês]; lá você poderá encontrar conteúdo sobre planejamento de objetivos. Se desejar, dê uma olhada em Goal Planning Workbook.

Resiliência Mental

Alguns anos atrás, durante uma tempestade, uma árvore grande caiu em meu quintal. Fez uma enorme bagunça, mas eu estava empolgado porque aquela era minha chance! Estava querendo adquirir uma motosserra há anos, provavelmente alguma coisa de homem/máquina em meu DNA. O problema é que eu nunca havia tido muita coisa para podar. Na época em que morei na cidade, minhas lareiras eram todas a gás natural.

Com meu quintal inteiro coberto pela árvore caída, alguém tinha de cuidar do problema. Ignorei os apelos racionais de minha esposa de apenas contratar alguém para removê-la, fui direto à loja de ferragens e comprei uma motosserra nova e todos os acessórios. Guerreiro urbano personificado.

- Luvas? Confere.
- Óculos de segurança? Confere.
- Óleo para corrente? Confere.
- Combustível? Confere.
- Cinta de ferramentas nova em folha para me dar um ar de durão? Confere.
- Filho de 14 anos para carregar os galhos que cortei até o talo? Confere.

Puxei a corda várias vezes para ligar a máquina e, finalmente, ela pegou. O motor roncou. A sensação em minhas mãos foi maravilhosa. Poder!

Bati no acelerador várias outras vezes, só para avisar a árvore quem estava no comando, e então me pus a trabalhar. O cheiro de combustível queimando se espalhou pelo ar, havia serragem voando e galhos derrotados caíam no chão. Trabalhei entre o emaranhado de membros, tirando primeiro os galhos pequenos. A serra nova cortava a madeira como uma faca cortando manteiga. Homem contra árvore, e o homem estava ganhando.

Uma hora depois, a árvore começou a levar a melhor sobre mim. Encharcado de suor, lutei durante o que me pareceram horas só para fazer um único corte no tronco. Olhando para o que restava da árvore e fazendo contas de cabeça, no ritmo em que eu estava levaria dias para terminar o trabalho.

Exausto e frustrado, desliguei a motosserra e me sentei nos degraus para descansar, ignorando o olhar de "eu avisei" de minha esposa enquanto me estendia um copo de chá gelado.

Meu filho, que esteve fazendo o mesmo cálculo e percebendo que naquele ritmo ele nunca mais voltaria aos videogames, disse: "Papai, talvez você precise afiar a serra."

Fiz que não com a cabeça e expliquei a ele: "Ela é nova em folha; deveria estar totalmente afiada. Acho que a madeira do tronco só é mais dura que a dos galhos." Não disse isso em voz alta, mas na verdade eu não queria era ter o desgaste de dirigir até a loja de ferragens e comprar um afiador de serra.

Uma hora depois, de novo exausto e sem chegar a lugar algum, aceitei o conselho dele com relutância e fiz o trajeto de dez minutos à loja de ferragens para comprar uma lima de afiar corrente.

Depois de 15 minutos afiando, a serra estava novamente passando pela madeira como se fosse manteiga. Balancei a cabeça, sem acreditar. Se eu tivesse ido afiar a serra quando ela começou a travar, já teria terminado o trabalho.

Isso me fez pensar sobre outras áreas de minha vida em que eu estava travando e indo a lugar algum. Honestamente, havia dezenas de oportunidades para aprimorar. Percebi que, com todo meu foco em construir meu negócio, ignorei investimentos em mim mesmo.

Com a lição da motosserra firme em minha mente, inscrevi-me em um seminário, pedi um livro e assinei vários blogs com foco nas áreas de minha vida que precisavam ser aprimoradas. As técnicas que aprendi impactaram imediatamente minha maneira de pensar.

Senti-me mais energizado e focado, e minha motivação cresceu exponencialmente. Nos meses seguintes, meu negócio, que já tinha sucesso, dobrou de tamanho. Tivemos que abrir um escritório novo para dar espaço à equipe que estava crescendo. Isso foi resultado direto do investimento em mim mesmo.

E você? Em que está travando ou despendendo muito esforço, sem chegar a lugar nenhum? Quando foi a última vez que você afiou sua própria serra? Quando foi a última vez que você desacelerou e investiu em si mesmo?

As pessoas de maior sucesso estão constantemente investindo em si mesmas para aumentar seu conhecimento, adquirir insights e aprimorar suas habilidades. Elas entendem um princípio que deu certo com minha motosserra e na vida. Às vezes, você precisa desacelerar para acelerar. Nem sempre tem a ver com tentar mais. Às vezes, é fazer ou pensar diferente.

E embora no calor do momento você talvez sinta que não tem tempo para ler um livro ou frequentar um seminário (ou correr à loja de ferramentas para comprar um afiador), com frequência desacelerar e afiar sua serra vai ajudá-lo de verdade a se mover mais rápido, com menos esforço e gerar resultados melhores.

Aprender mais = Ganhar mais

Cícero afirmava: "O cultivo da mente é tão necessário para o corpo quanto comida." Gandhi afirmava: "Deveríamos viver como se fôssemos morrer amanhã, e aprender como se fôssemos viver para sempre." Em vendas e na vida, quando você aprende mais do que seus concorrentes (e colegas), vai ganhar mais que eles. Pessoas que investem em aprendizado são mais motivadas, desenvolvem um sistema de crenças mais forte e, invariavelmente, têm mais sucesso que seus colegas.

Quer se tornar um atleta de elite nas vendas? Um dos segredos é ter mais conhecimento sobre a profissão de vendas, seu mercado e seus produtos e serviços que qualquer um de seus concorrentes.

Aprendizes investem o próprio dinheiro em livros, seminários e workshops para manter as próprias habilidades atualizadas e afiadas. Eles assinam newsletters, revistas comerciais, publicações no setor, blogs e publicações sobre vendas para se manter atualizados no próprio setor e na profissão de vendas. Eles seguem os maiores especialistas no Twitter, LinkedIn e Google+. Eles ouvem podcasts, aparecem em webinars e assistem a vídeos educacionais online.

Eles leem livros.

Tudo o que você sempre teve que saber sobre qualquer coisa está contido em um livro. Tudo! Se você quiser aprender algo ou se tornar um especialista em qualquer coisa, tudo o que precisa fazer é ler. Ainda assim, fico entristecido com a quantidade de pessoas que me dizem não gostar ou que simplesmente deixam claro que não leem.

Tenho paciência limitada com vendedores que não leem. Não há absolutamente desculpa alguma. Quando você decide não ler, está fazendo a escolha consciente de limitar seu crescimento e renda, e tenho solidariedade zero por você.

Ler o ajuda a pensar com mais profundidade. Ajuda-o a ver o mundo de maneira diferente. Faz de você uma fonte melhor para seus clientes e sua empresa. Ajuda-o a conversar melhor. Ler lhe dá insights. Aprimora sua habilidade de escrita e vocabulário. E por conta de tão poucas pessoas lerem, ler ajuda-o a se tornar um especialista a quem as pessoas que não leem, inclusive clientes potenciais, recorrem em busca de conselhos. Ler programa a mente subconsciente para procurar respostas quando você precisa delas.

Nunca houve um momento na experiência humana em que livros estivessem mais acessíveis ou baratos. Com dispositivos móveis, você pode ler em qualquer lugar. Sou fã do Kindle e do Audible, mas você vai encontrar dezenas de pontas de estoque, incluindo o iBooks, Barnes & Noble, Amazon e Oyster para comprar livros. Eu compro livros de capa dura, digitais e de áudio. Com apenas um clique em meu smartphone, tenho acesso a milhões de livros em um instante. Com o Audible, consigo ligar meu telefone ou tablet no carro e ouvir os livros enquanto dirijo, passeio com meu cachorro ou malho na academia.

O verdadeiro segredo é separar a leitura em blocos pequenos de 15 minutos apenas, todos os dias. Quinze minutos por dia de leitura profissional agregam muito. A maioria das pessoas fica chocada com quantos livros elas conseguem ler.

Eis como isso funciona:

- O ano tem 52 semanas.
- Vamos supor que você consiga ler livros de sua área (não ficção) somente nos dias de semana, e que você tire 2 semanas de férias.
- Restam a você 250 dias para leitura profissional.
- Esses 250 dias multiplicados por 15 minutos lhe dão 3.750 minutos, ou aproximadamente 62,5 horas de leitura profissional em um ano.
- Em média, um livro sobre negócios, vendas ou desenvolvimento pessoal exige de 2 a 3 horas para ser lido, dependendo de sua velocidade. Isso dá cerca de 250 páginas ou 50.000 palavras, com um adulto médio lendo entre 300 e 500 palavras por minuto.
- Faça as contas: Com 62,5 horas divididas por 3 horas por livro e, no decorrer do ano, lendo apenas 15 minutos por dia, você vai ler aproximadamente 21 livros profissionais.

Essa é uma quantidade impressionante de livros. Ler apenas 15 minutos por dia vai mudar sua vida e sua renda. Em seu intervalo de almoço, enquanto espera um cliente, no trem ou no avião, ou durante as horas vagas, ligue seu aplicativo de leitura no celular e elimine algumas páginas.

Use sabiamente o momento que passa dirigindo. O vendedor interno médio tem um trajeto de casa ao trabalho de uma a duas horas por dia. O representante de vendas externo médio passa entre quatro e cinco horas por dia dentro de um carro. Por que não investir em aprender em vez de ouvir música ou rádio? O falecido Zig Ziglar chamava isso de "Universidade do Automóvel".

Ouvir programas de áudio educacionais e pessoais dentro do carro pode lhe dar o equivalente a uma educação universitária e muito mais. É fácil. Acrescente o aplicativo Audible no celular e baixe livros de áudio. Acrescente o aplicativo Podcasts (Apple) ou o Stitcher (Android) no celular e ouça podcasts.

Sou grande fã de podcasts porque eles são G-R-A-T-U-I-T-O-S. Muitos dos autores e visionários de destaque no mundo produzem podcasts incríveis que o ajudam a crescer e se desenvolver. Certifique-se de assinar meu podcast (o podcast de vendas mais baixado na história do iTunes) no processo.

Para vendedores, o segredo para construir resiliência mental é usar todas as horas vagas para investir em si mesmo.

Resiliência Física

Em vendas, a disciplina mental para se expor abertamente e ficar vulnerável à rejeição exige uma quantidade imensa de energia mental. Sua energia mental sempre será limitada por sua resiliência física. Você não vai vencer de maneira consistente se lhe faltar a resistência para trabalhar mais e competir mais do que seus concorrentes.

Manter um ótimo condicionamento físico melhora o pensamento criativo, clareza mental e otimismo. Isso o torna mais ágil e adaptável, e o ajuda a adquirir disciplina para manter o autocontrole emocional diante da rejeição sem fim. Também impulsiona sua confiança e entusiasmo — as duas emoções mais importantes em vendas.

A resiliência física é construída com base em três pilares.

Exercícios Frequentes

Profissionais de vendas passam uma quantidade exorbitante de tempo sentados e olhando para telas. Com o aumento de funções internas de vendas e o avanço da tecnologia como chamadas de vídeo, e-mail e mídias sociais, os vendedores passam menos tempo em pé do que nunca.

Há evidências que confirmam que ficar sentado o dia todo é extremamente prejudicial à saúde[6] e impacta sua capacidade mental. Quando você fica muito tempo sentado olhando para a tela do computador, "tudo desacelera, inclusive a função cerebral".[7]

Várias pesquisas[8] indicam que 30 minutos a uma hora de exercício por dia o mantêm saudável, reduzem riscos de doenças e desenvolvem resiliência física. A maioria das pessoas consegue 30 minutos por dia para se exercitar. Você só precisa se comprometer e, às vezes, ser criativo. Talvez você não tenha tempo para 30 minutos de uma vez. Tudo bem. Estudos[9] indicam que dez minutos aqui e dez minutos ali podem ser tão ou mais eficazes que uma única sessão longa de exercícios.

Você pode ir à academia, dar uma volta durante o almoço ou andar de bicicleta quando chegar em casa à noite. Complemente com 50 flexões e 50 abdominais. Aos fins de semana, faça esportes ou uma caminhada. Carregue sua sacola de golfe em vez de ir de carrinho. Pare o carro no fundo do estacionamento, suba pela escada, ande até o próximo terminal no aeroporto em vez de pegar o trem. Trabalhe em seu jardim.

Fique em pé enquanto faz ligações de prospecção e ande durante os intervalos ou entre reuniões, em vez de se sentar para fofocar em uma sala de conferências ou de descanso.

Existem literalmente centenas de maneiras de elaborar uma rotina de exercícios de 30 minutos por dia em sua vida ocupada. Não importa o que você faça; o que importa é só fazer algo que o deixe suado, por pelo menos 30 minutos por dia.

Sono

Nada impacta mais sua saúde e bem-estar mental que o sono. Quando você dorme o suficiente, sua energia física e mental estão em estado máximo. Você fica mais criativo, disciplinado e ágil. Você fica mais confiante, consegue pensar rápido, é mais capaz de deixar a adversidade para trás e, francamente, o bem-estar e a aparência melhoram.

Humanos precisam de sete a nove horas de sono por noite para um desempenho ideal. Na sociedade de hoje, entretanto, quem dorme pouco ganha medalha de ouro.

Coisas ruins acontecem com você quando não dorme o suficiente.[10] Em longo prazo, você fica mais suscetível a deficiências imunológicas, obesidade, doenças cardíacas e transtornos de humor, e isso reduz sua expectativa de vida.

No curto prazo, a privação de sono tem um impacto profundo em sua habilidade cognitiva. Você fica rabugento, sem foco mental e estressado; sua memória o trai; você se torna suscetível a lapsos na disciplina. É muito, muito difícil manter a resistência metal exigida para prospectar quando você não está dormindo o suficiente.

Alimentação Saudável

No mundo frenético e de ritmo acelerado das vendas, pode ser difícil se alimentar bem. Vendedores externos vão a redes de fast-food para se abastecer, e vendedores internos procuram o saco de batatinhas ou a barra de chocolate dentro da gaveta e terminam bebendo refrigerantes açucarados e bebidas energéticas.

Alimentar-se mal é como colocar gasolina de baixa qualidade em um carro de corrida de alto desempenho. Para adquirir a resistência mental e a resiliência para trabalhar ao longo do dia de vendas, você precisa se abastecer de combustível premium para foguetes.

Alimentar-se de maneira saudável é uma escolha consciente. É um compromisso fácil de quebrar quando você não está dormindo ou se exercitando o suficiente. A boa notícia é que, hoje em dia, mesmo restaurantes de fast-food têm opções saudáveis. Com um pouquinho de disciplina e planejamento, você consegue encontrar comida nutritiva pelas ruas com facilidade, e sem dúvida consegue preparar refeições saudáveis em casa.

Há uma única regra fundamental para vendedores e comida. Não importa o que, tome o café da manhã. O café da manhã é a refeição mais importante do dia de vendas. Ele acelera o metabolismo, energiza sua atitude e o ajuda a reunir a disciplina para começar seu dia com um bloco de prospecção com energia elevada.

Alimente Sua Atitude

Você é o que você acredita. Suas crenças ou atraem sucesso ou o repelem. Suas crenças guiam sua atitude. Quando o assunto é prospecção e vendas, atitude é tudo. Quando você alimenta sua atitude, o medo e a relutância associados à prospecção morrem de fome.

Portanto, investir em um sistema de crenças sólido é fundamental para a resistência mental. Em minhas viagens ao redor do mundo, descobri que pessoas com atitude positiva compartilham duas crenças em comum:

1. Elas esperam vencer.
2. Elas acreditam que tudo acontece por uma razão.

Quando você internaliza uma expectativa de que vai vencer e deveria vencer, você vai ter muito mais chances de vencer do que a pessoa que espera perder. Você vai pedir com segurança aquilo que quer, alcançar seus objetivos prospectivos com mais frequência e fechar mais negócios.

Quando você acredita que tudo acontece por uma razão, sua perspectiva em eventos potencialmente negativos será otimista. Em vez de reclamar "Por que eu?" quando enfrentar um revés, você pergunta: "Como posso aprender com isso?"

Em outras palavras, quando você escolhe acreditar que está no controle do próprio destino, não teme mais o fracasso e a rejeição porque acredita que o fracasso é o caminho para o aprendizado, o crescimento e o desempenho aprimorado.

Por ser humano, suas crenças vão tender a crescer e diminuir. Às vezes você será pego por "pensamentos ruins" sem mesmo se dar conta. Alguns dias, outras pessoas vão ver isso em você. Talvez elas digam, inclusive, que você precisa "melhorar sua atitude". O lugar mais óbvio em que uma mentalidade deteriorada dá as caras é seu desempenho de vendas. Quando sua atitude perde altitude, você perde sua vantagem.

O segredo para manter sua atitude ligada no canal certo é o autoconhecimento. Quando começa a se sentir fora do eixo, sua linguagem fica negativa ou outras pessoas começam a apontar que sua atitude é uma droga, é hora de tomar providências.

Mude de companhia. Tristeza adora companhia, e ela quer você na equipe dela. Saia com pessoas que têm atitudes fracas e elas vão destruir as suas. Certifique-se de que as pessoas com quem você sai colocam você para cima em vez de derrubá-lo.

Mude seu diálogo interno. Há uma pequena voz dentro de você, e ela tagarela o tempo todo. O autodiálogo, o que você diz a si mesmo internamente, manifesta-se em sua atitude interna e ações. Pare e ouça o que você está dizendo a si mesmo. Se está se afogando em autopiedade, culpando o mundo por seus problemas e dizendo a si mesmo o que não consegue fazer, então é hora de mudar sua linguagem. Você não pode bancar o luxo de um pensamento negativo.

Mude seu input. O que você coloca no cérebro é o que vai sair. Se está lendo, observando ou ouvindo coisas negativas, isso vai impactar sua atitude. Dê um tempo das notícias. Desligue o rádio. Comece a alimentar seu cérebro com mensagens positivas, e seu cérebro e sua atitude vão ganhar altitude.

Mude de foco. Sim, você perdeu. Você teve um revés. Você fracassou. Quando encaram o fracasso, algumas pessoas perdem toda a energia presas nisso. Elas tocam a fita várias e várias vezes na própria cabeça. Mude sua visão. Abrace a dádiva do fracasso. Impulsione a dor para se tornar mais forte e mais ágil. Domine a energia que está gastando com a fita da derrota e use-a em direção ao seu próximo objetivo.

Você não se define por aquilo que acontece com você, mas sim pela maneira como lida com o que acontece com você. A cada vez que enfrenta adversidades ou quando as coisas não saem do seu jeito, você tem uma escolha. Pode decidir se lamentar e reclamar, ou então aprender e crescer.

Seja grato. Gratidão é o pilar de uma atitude positiva, a fagulha que ativa a automotivação, e uma das verdadeiras chaves da felicidade. É uma apreciação pelo que se tem, pelo que lhe foi dado, suas oportunidades, lições aprendidas por meio de fracasso e adversidade, e pela ajuda que outros lhe deram ao longo do caminho.

Vendedores de elite são gratos por terem uma carreira que lhes permite ganhar mais que quase todo mundo a seu redor. Gratos pelos obstáculos e desafios que os ajudam a aprender e que os deixam mais fortes. Gratos pelos clientes e clientes potenciais que geram suas rendas. Gratos pelas empresas que pagam seus cheques de comissão. Gratos aos chefes ruins que os ajudaram a aprender o que não fazer e aos ótimos chefes que os inspiraram a se expandir e a se tornar melhores.

A boa notícia é que você pode cultivar deliberadamente a gratidão e a atitude positiva que provêm dela ao lembrar-se de ser grato.

Quando Estiver no Topo, Ataque-se

Talvez você tenha cruzado a linha de chegada primeiro, jogado as mãos para o ar, cerrado os punhos e comemorado. Talvez você tenha acabado de sair de um grande ano, trimestre ou mês. Você recebeu elogios, um troféu, uma viagem para o Clube do Presidente, a admiração de seus colegas ou um gordo cheque de comissão.

Talvez você se pergunte: "Como posso ficar ainda melhor?"

Enquanto desconta aquele cheque gordo de comissão, relaxa na praia ou sobe ao palco em seu encontro de vendas nacional para pegar o troféu, lembre-se de que não é por ser um vencedor hoje que é garantido ser um vencedor amanhã.

Quando trabalhou duro nisso, focado exclusivamente em uma coisa só, é natural acreditar que atingiu um ápice, o cume ou o topo da montanha. Agora que está sentado no topo da montanha, você sente que pode descansar, aproveitar a vista e ficar contente. Você pode dar um suspiro de alívio e se permitir acreditar, pela primeira vez em um longo tempo, que agora é só descer.

Reserve um momento, comemore, parabenize-se, delicie-se com os holofotes, mas não tropece no falso conforto do contentamento ou na ilusão de que agora é só descer.

Meu conselho é: quando estiver em segundo lugar, ataque o líder. Quando estiver em primeiro lugar, ataque a si mesmo.

Não é hora de condescendência. Você não pode bancar o luxo de se comparar com os que estão atrás de você. Vencer ao nivelar suas expectativas por baixo é bem idiota.

Elabore novos objetivos e novos desafios para si mesmo. Aumente o padrão para continuar indo mais alto. Não há tempo para descanso — a Regra dos 30 Dias vai pegar você.

É fácil olhar para trás para um desempenho fraco ou um fracasso com visão perfeita e encontrar todas as áreas em que melhorias podem ser feitas. Mas é preciso muita autodisciplina e um coração de vencedor para dissecar um desempenho brilhante e, então, tomar providências para fazer pequenos ajustes e melhorias que o mantêm na frente da concorrência.

O grande zagueiro da NFL Steve Young dizia que "o principal é competir contra si mesmo. Tem tudo a ver com autoaprimoramento, com ser melhor que no dia anterior".

Isso é o que todos os atletas de elite e profissionais de vendas de elite fazem. Vencedores de verdade atacam a si mesmos constantemente. Eles analisam cada desempenho e buscam meios de melhorar. Eles veem cada vitória como um pequeno passo em direção a novos objetivos. É esse foco inabalável no aprimoramento constante que separa os bons dos ótimos e faz dos vencedores de hoje os campeões de amanhã.

22
Onze Palavras que Mudaram Minha Vida

Faça mais que o necessário. Qual é a distância entre alguém que alcança constantemente os objetivos e aqueles que passam a vida e a carreira apenas os perseguindo? O quilômetro extra.

— Gary Ryan Blair

Não lembro onde foi que encontrei as onze palavras que mudaram minha carreira em vendas. O que eu lembro é que essas palavras ressoaram em mim instantaneamente:

Quando for hora de voltar para casa, faça mais uma ligação.

Escrevi a frase em uma ficha e colei-a acima de minha mesa. Era sempre a última coisa para a qual olhava antes de ganhar as ruas e continuar minhas ligações de vendas.

Essas palavras se tornaram meu mantra. Nos dias em que eu me arrastava por estar acabado por conta das prospecções que eu não conseguia fechar; quando estava calor, frio, chovendo ou nevando; quando eu estava cansado, desgastado, esgotado; ou quando eu estava inventando justificativas realmente "boas" para terminar o dia cedo, o mantra "quando for hora de voltar para casa, faça mais uma ligação" me dava força para mais uma ligação (e, às vezes, duas, três ou quatro).

O impacto dessas ligações extras foi estonteante. Tantas "mais uma ligação" minhas se transformaram em vendas. Foi como se o universo estivesse me recompensando por me manter firme. Esse empurrão final rendeu e continuou rendendo frutos em meu desempenho e meu salário. Uma renda que eu jamais teria gerado se não tivesse desenvolvido a disciplina de fazer mais uma ligação.

Ao longo dos anos, compartilhei esse mantra com os profissionais de vendas que trabalharam para mim e continuo a compartilhá-lo com a nova geração de profissionais de vendas que treino. Recebo dezenas de ligações, mensagens de texto e e-mails durante as tardes de sexta-feira ou quase à noite de vendedores que dizem coisas como:

"Ei, Jeb, você não vai acreditar. Eu estava quase desistindo, mas decidi fazer uma última ligação, e o cara comprou direto comigo. Acredita nisso???"

Esse tipo de feliz acaso em vendas acontece todos os dias mundo afora para profissionais de vendas fanáticos por fazer mais uma ligação.

Prospectores fanáticos têm autodisciplina para fazer as coisas difíceis em vendas. Essas pessoas de alto desempenho ficam cansadas, com fome, sentem sua determinação titubear e ficam com vontade de desistir e ir para casa? É claro que sim. Essas pessoas de alto desempenho amam prospectar ou fazer as outras atividades exigidas para ter sucesso em vendas? É claro que não! Elas não gostam dessas atividades mais do que os vendedores que estão fracassando.

O que os profissionais de alto desempenho entendem é que, para ter sucesso no mais alto nível, eles precisam pagar antecipadamente por ele, com trabalho duro, sacrifício, fazendo as coisas que odeiam e fazendo mais uma ligação.

23 | A Única Pergunta que Realmente Importa

Meu filho joga como wide receiver (jogador que recebe passes do zagueiro) em um time de futebol da escola, em uma cidade pequena no coração do Sul; aqui, o futebol não é um jogo, é uma religião. As noites de sexta sob os holofotes são sagradas, e nessa catedral do esporte poucas coisas são piores do que ir a um jogo sabendo que suas chances de ganhar são de mínimas a nenhuma.

Mas era agora que o palco estava montado para o que chamamos de Briga de Quintal: o tradicional primeiro jogo da estação entre nossa escola e uma rival bem do outro lado da divisa.

Anos atrás, quando essa competição foi concebida pela primeira vez, o jogo era uma partida homogênea. Mas, com o tempo, a expansão econômica no município vizinho ajudou nossa escola rival a crescer em tamanho. Com esse crescimento, eles ganharam mais recursos, financiamento e jogadores. Seus equipamentos eram lindos e sua torcida, imensa. Essa desigualdade foi um colaborador importante para nossas seis derrotas consecutivas na Briga de Quintal.

À medida que nosso pequeno contingente de pais e mães entrava no estádio sexta--feira à noite, atravessava o campo impecável e passava pela imensa torcida rival, havia pouca esperança que nos erguesse. Nós sabíamos e eles sabiam qual seria o resultado do jogo. Então, nos acomodamos para nossa tradicional derrota e nos preparamos para os clichês e lugares-comuns pós-jogo que costumávamos usar para animar nossos filhos.

No meio do campo, o time adversário era muito mais alto que nossos garotos. Mais altos, mais rápidos, mais fortes e havia muito mais deles se comparado com nosso banco de reservas limitado. Era intimidador. Um espectador casual que comparasse os dois times concluiria rapidamente que o nosso não tinha chance alguma de vencer.

O apito soou e, na primeira série de downs, eles nos impediram imediatamente. Pais e mães suspiraram, e o time chutou. Na segunda série de downs, o outro time começou a avançar sistematicamente em direção à nossa end zone. Foi quando nosso técnico começou a gritar da linha lateral: "O quanto vocês querem isso, garotos? O quanto vocês querem isso?"

Depois, nós os desaceleramos, depois os paramos, depois forçamos um chute. Esse foi um momento espetacular, inesperado para ambos os times e fruto de três meses seguidos de planejamento, prática e foco direcionado nessa singular hora da verdade. O ponto de virada, quando nossos jovens rapazes realmente acreditavam que podiam jogar de igual para igual contra os rivais bem maiores e não serem massacrados.

Nossos jogadores e técnicos tinham investido horas sem fim vendo filmes. Eles trabalharam mais duro e pressionaram mais que nunca em práticas brutais. O Treinador Bo, nosso principal treinador, levou-os para assistir ao outro time jogar na pré-temporada, e mostrou onde estavam suas fraquezas. E tinham, também, os famigerados simuladores. O Treinador Bo preparava mentalmente seus jogadores para vencer fazendo-os empurrar um trenó pesado, carregado com o peso extra da equipe inteira de treinamento, seis vezes por dia. Seis vezes para cada uma das derrotas anteriores! Empurrar o trenó era horrível e extenuante, e concebido para endurecê-los mentalmente. O Treinador Bo sabia que quando o time atingia seu ponto de ruptura, nada do que eles enfrentassem poderia ser pior que empurrar aquele trenó e, é claro, o pensamento de adicionar uma sétima repetição, se perdessem, era insuportável.

Nossos azarões se ligaram e enfrentaram seus adversários Golias como iguais. Sucessivamente, nós os paramos. Tackles (derrubadas) atrás da linha, bolas caídas em passes que teriam sido touchdowns, sacks (derrubadas do zagueiro) que tornaram o pocket um local perigoso e chutes que os prenderam de novo à sua end zone. A cada parada, o refrão "O quanto vocês querem isso?" adquiria mais significado.

Tudo que o outro time nos despejava, de alguma maneira improvável, nós impedimos. Então, pontuamos. Nosso running back lutou, derrubou jogadores e conseguiu ficar de pé. Diante dele, nossos bloqueadores se jogaram na defesa. Ao mergulhar na linha do gol, um estrondo irrompeu de nossas arquibancadas. Fomos os primeiros a marcar.

O outro time ficou atônito. Não era para acontecer desse jeito. Vencer nosso time havia se tornado tão rotineiro que eles davam o jogo ganho antes mesmo de começar. Sua torcida fazia silêncio enquanto os jogadores, de cabeça baixa, mancavam para fora do campo em direção ao vestiário no intervalo.

Nossos garotos, que dominaram a bola, correram para fora do campo. Seus corpos estavam exaustos, e o calor do sul da Geórgia estava cobrando seu preço; mas, mentalmente, eles estavam pegando fogo. Eles queriam isso.

Na jogada de abertura do segundo tempo, o outro time se aproveitou de uma defesa mal feita e levou a bola até nossa linha de cinco jardas. Parecia que eles estavam reorganizados e reenergizados no segundo tempo. Mas nossos garotos os interceptaram na red zone e recuperamos a bola no down. Foi inacreditável!

Nos 30 minutos seguintes foi uma briga de vale-tudo — para frente e para trás, para frente e para trás. Eles jogavam com tudo. Em todos os momentos, mantínhamos a posição e eles recuavam.

Mas com apenas dois minutos faltando no relógio, perdemos a bola. Em um esforço final visceral, o outro time de algum modo recuperou o fôlego e caminhou pelo campo, completando passe após passe. Nossos garotos estavam além do limite da exaustão. O Treinador Bo estava gritando das laterais. "Mais uma jogada, mais um down! O quanto vocês querem isso?"

Finalmente conseguimos impedi-los no terceiro down, mas o cronômetro não parava. Ainda havia tempo para mais uma jogada. Quarto down e cinco segundos faltando no relógio — a última jogada, da qual tudo dependia.

O suspense era quase insustentável. Era de parar o coração. Cinco segundos no relógio. Um lance para chegar à end zone. "O quanto vocês querem isso, garotos? O quanto vocês querem isso?"

De nossa linha de 15 jardas a bola foi cortada, e foi aí que tudo aconteceu em câmera lenta. O zagueiro deles voltou para o pocket, procurando desesperadamente por um receptor disponível. Então, ele enviesou um braço e arremessou a bola no ar, em direção ao canto da end zone. A bola pareceu flutuar por uma eternidade. O receiver estrela deles pulou alto, alcançando e agarrando-a com as pontas dos dedos para um passe perfeito. Nosso defensor lutou, tentando freneticamente deslocá-la.

Por um segundo estático, houve silêncio nas arquibancadas. Tudo parou. Parecia que o receptor deles ia descer com a bola. Eu conseguia ouvir as palavras do Treinador Bo ecoando em minha mente. "O quanto vocês querem isso, garotos? O quanto vocês querem isso?"

Nosso defensor alcançou a bola, alongando-se até o limite. Na reta final, ele acoplou e derrubou a bola das mãos do receptor. Ela caiu no gramado na parte de trás da end zone, e enquanto rolava para um bloqueio, houve uma percepção súbita e ensurdecedora de que tínhamos vencido! Então, foi só confusão. Gritamos, dançamos, abraçamos e parabenizamos. Nossos garotos tinham feito o impossível. Eles tinham vencido a Briga de Quintal.

Em vendas e na vida, sempre haverá alguém ou algo intimidador, um concorrente, ou algum problema maior, mais rápido, mais forte ou mais esperto que você. Sempre haverá uma montanha que você terá de escalar e uma batalha para o topo que você terá de travar para atingir seu objetivo.

Os Briarwood Buccaneers provaram, mais uma vez, o que grandes times e grandes pessoas sempre souberam:

Quando você encara um desafio ou quando o jogo está em risco, não se trata de quão grande você é, quão forte, quanto treino tem, recursos, experiência, suporte, diplomas, talento, inteligência, dinheiro, aquela coisa besta que você continua dizendo a si mesmo que não consegue fazer, ou qualquer uma das outras coisas que com muita frequência se tornam desculpas para segurar você no lugar.

Quando você encara seu Golias, quando define seus objetivos, quando encara o medo, a rejeição e a adversidade; quando está cansado, desgastado, e tem a escolha de ir para casa ou fazer mais uma ligação, a única pergunta que realmente importa é:

O quanto você quer isso?

Notas

Capítulo 7

1. Carolyn Gregoire, "Fourteen Signs Your Perfectionism Has Gotten Out of Control," *Huffington Post*, www.huffingtonpost.com/2013/ 11/06/ why-perfectionism-is-ruin_n_4212069.html.

Capítulo 8

1. Ryan Fuller, "3 Behaviors that Drive Successful Salespeople," *Harvard Business Review*, http://www.hbr.org/2014/08/3-behaviors-that- drive-successful-sales-people.

2. Anthony Iannarino, "Prospecting Rule One: Don't Check Email in the Morning," *The Sales Blog*, http://thesalesblog.com/blog/2011/ 06/24/ prospecting-rule-one.

Capítulo 13

1. "New Research Study Breaks Down 'The Perfect Profile Photo,'" https://www.photofeeler.com/blog/perfect-photo.php.

Capítulo 14

1. www.merriam-webster.com/dictionary/confidence.

2. www.merriam-webster.com/dictionary/enthusiasm.

3. http://jamesclear.com/body-language-how-to-be-confident.

4. http://lifehacker.com/the-science-behind-posture-and-how-it-affects-your-brai-1463291618.
5. https://youtu.be/Ks-_Mh1QhMc.
6. www.jillkonrath.com/sales-blog/value-proposition-components.
7. Jill Konrath, *Irresistible Value Propositions* (e-book), 2012.
8. Ellen J. Langer, Arthur Blank, and Benzion Chanowitz, "The Mindlessness of Ostensibly Thoughtful Action: The Role of 'Placebic' Information in Interpersonal Interaction," *Journal of Personality and Social Psychology* 36, no. 6 (Junho de 1978): 635–642.
9. Jeffrey Gitomer, http://www.gitomer.com/articles/View.html?id=15068

Capítulo 15

1. Insight Squared, "Best Time to Make Cold Calls," www.insightsquared.com/wp-content/uploads/2015/02/Cold-Call-Timing-v8.pdf.
2. Brian Tracy, *Eat That Frog!: 21 Great Ways to Stop Procrastinating and Get More Done in Less Time*, 2nd ed. (San Francisco, CA: Berrett-Koehler, 2007), 2.

Capítulo 16

1. Godin, Seth. "Why Lie," http://sethgodin.typepad.com/seths_blog/2012/03/why-lie.html.
2. http://dictionary.reference.com/browse/overcome.

Capítulo 18

1. Robertson, Kelly. "How to Lose a Prospect's Attention in 5 Seconds or Less" http://fearless-selling.ca/how-to-lose-a-prospects-attention-in-5-seconds-or-less/.

Capítulo 19

1. Kevin Gao, "A List of Common Spam Words," http://emailmarketing.comm100.com/email-marketing-ebook/spam-words.aspx.

2. Michael C. Mankins, Chris Brahm, and Gregory Caimi, "Your Scarcest Resource," *Harvard Business Review*, Maio de 2014, https://hbr.org/2014/05/your-scarcest-resource.

Capítulo 20

1. Lead360, www.marketingprofs.com/charts/2013/10210/texting-prospects-at-the-right-time-boosts-conversion.

Capítulo 21

1. "Mental Toughness Profiles and Their Relations with Achievement Goals and Sport Motivation in Adolescent Australian Footballers," www.ncbi.nlm.nih.gov/pubmed/20391082.

2. A. L. Duckworth, C. Peterson, M. D. Matthews, & D. R. Kelly, "Grit: Perseverance and Passion for Long-Term Goals," *Journal of Personality and Social Psychology* 92, no. 6 (2007): 1087–1101.

3. James E. Loehr, "Mental Toughness Training for Sports: Achieving Athletic Excellence," *Plume*, 1o de Setembro de 1991.

4. Chris Croner PhD and Richard Abraham, *Never Hire a Bad Sales-person Again* (The Richard Abraham Company, LLC; 1a edição, 2006).

5. H. A. Murray, *Explorations in Personality* (New York: Oxford University Press, 1938).

6. Aviroop Biswas, Paul I. Oh, Guy E. Faulkner, Ravi R. Bajaj, Michael A. Silver, Marc S. Mitchell, and David A. Alter, "Sedentary Time and Its Association with Risk for Disease Incidence, Mortality, and Hospitalization in Adults: A Systematic Review and Meta-analysis," http://annals.org/article.aspx?articleid=2091327.

7. Bonnie Berkowitz and Patterson Clark, "The Health Hazards of Sitting," *Washington Post*, January 20, 2014, www.washingtonpost.com/wp-srv/special/health/sitting/Sitting.pdf.

8. "Physical Activity Guidelines," U.S. Health and Human Services, www.health.gov/paguidelines/.

9. Louise Chang, Review of *How Much Exercise Do You Really Need?* by Colette Bouchez, 24 de Junho de 2010, www.webmd.com/fitness-exercise/getting-enough-exercise.

10. Harvard Medical School, "Consequences of Insufficient Sleep," http://healthysleep.med.harvard.edu/healthy/matters/consequences.

Agradecimentos

Ao longo dos últimos dez anos, fiz várias tentativas de escrever este livro. Contudo, a cada vez que eu tentava escrever as coisas que faço, ensino e oriento tão à vontade, parecia que não encontrava as palavras. Então, escrevi outros livros em vez deste: na verdade, seis.

Acredito que parte do motivo pelo qual passei por tantos maus bocados ao tirar este livro da cabeça e colocá-lo no papel é que a *Prospecção Fanática* é uma parte de mim. Em vez de ser uma ideia abstrata, é quem eu sou. O ar que eu respiro. Encontrar as palavras para expressar a verdadeira essência do que me move como profissional de vendas e empreendedor foi difícil.

Por outro lado, talvez não tivesse sido o momento certo até agora. Todos os astros finalmente se alinharam para *Prospecção Fanática* — as pessoas certas que me inspiraram, o editor certo, a editora certa, os clientes certos e o ambiente empresarial certo. Sou extremamente grato a todas as pessoas que contribuíram para tornar este livro realidade — minha família, amigos, funcionários, clientes, mentores e a equipe da John Wiley & Sons.

Em primeiro lugar, à minha incrível editora Lia Ottaviano, pelo entusiasmo tão motivador por este projeto. Quando eu estava cansado, frustrado e desgastado ao escrever, suas palavras me revigoravam e me estimulavam a trabalhar mais. Muito obrigado por me apoiar. Mal posso esperar para começar o próximo projeto com você.

Se você é casado/a com um autor, sabe o quanto pode ser entediante e chato ouvir o blá-blá-blá sem fim sobre o livro em que se está trabalhando. Você conhece o sofrimento gerado por prazos ameaçadores. Você é paciente à medida que o mundo inteiro para e gira em torno do escritor desgastado, exausto e temperamental (perto de esquizofrênico) que acredita que tudo que escreveu até agora é uma bobagem total que ninguém nunca vai ler. Carrie, minha bela esposa e parceira, obrigado por estar ao meu lado em cada passo do caminho. Obrigado por sua paciência à medida que este projeto avançava ao longo do ano passado, ajudando com edições sem fim e dando andamento a tudo enquanto nosso mundo parou por conta deste livro. Não haveria nenhuma *Prospecção Fanática* sem VOCÊ. Eu te amo.

Todas as vezes que eu conversava com meu amigo e cliente Jack Mitchell durante o ano passado, ele perguntava: "Como está indo o livro?" Jack, você não faz ideia de quanto o grande incentivo de seu interesse sincero neste projeto significa para mim. Obrigado.

Jodi Bagwell, Jodi Bagwell, obrigado por me incentivar a finalmente escrever este livro.

Luke DeCesare, Jeff Werner, Lori Sylvester — vocês foram os catalisadores deste livro, e foi por causa de vocês que levantei o traseiro do sofá e me comprometi a escrevê-lo. Eu me diverti muito trabalhando com vocês nos últimos três anos e sou grato por nossa amizade.

Dan O'Boyle, Art Vallely, Don Mikes, Rick Slusser — obrigado pela confiança que vocês me dispensaram. Não há palavras para a gratidão que sinto pela oportunidade que vocês me deram em trabalhar com vocês e sua equipe na Penske. Art, sua história sobre correr atrás de caminhões em sua viagem de aniversário de casamento no Ritz não tem preço — é fanática!

Andy Feldman, obrigado por seu entusiasmo pelo *Prospecção Fanática*. Estamos construindo algo muito especial juntos.

Chris Gredig e toda a equipe da AccuSystems, obrigado por darem a este livro o incentivo final de que ele precisava para sair da rampa de lançamento.

Agradecimentos

Anthony Iannarino, Mark Hunter, Miles Austin, John Spence e Mike Weinberg: fico lisonjeado que vocês tenham me permitido ser parte de seu grupo Mastermind. Por causa de vocês estou melhor, mais ágil e mais focado do que nunca. Mike, obrigado por seu prefácio inspirador. Você arrasa!

Greg Derry, obrigado por me "deixar" contar sua história. Deixe aquela marmita à mão.

Brian Stanton e David Pannell — eu adoro vocês. Não haveria *Prospecção Fanática* sem vocês. Começamos o movimento juntos na OneaWeekville.

Brooke Coxwell, April Huff, Brad Adams, Kayleigh Wilcher — vocês conseguiram, tornando possível que eu também conseguisse. Obrigado por tudo o que vocês fazem.

Dediquei este livro a Bob Blackwell, um homem que considero uma das mentes de vendas mais refinadas do mundo. Bob foi meu gerente de vendas quando eu tinha uns vinte anos. Ele era duro de lidar. Nada de conversa fiada, só o básico.

Bob moldou e lapidou o talento bruto que eu tinha para vendas. Ele me transformou em um profissional de vendas. Sob a tutela de Bob, aprendi como prospectar, gerenciar o processo de vendas e fechar negócios. Ele me instilou o trabalho ético exigido para o sucesso nas vendas.

Trabalhar para Bob foi a melhor coisa que aconteceu comigo e com minha família. É uma dívida que nunca serei capaz de saldar.

Sobre o Autor

Jeb Blount é um especialista em Aceleração de Vendas, que auxilia organizações de vendas a atingir *rápido* o desempenho máximo otimizando talentos, impulsionando treinamento para cultivar uma cultura de alto desempenho, desenvolvendo habilidades de liderança e instrução, e aplicando um projeto organizacional mais eficaz.

Por intermédio de suas empresas — Sales Gravy, Channel EQ e Innovate Knowledge —, Jeb aconselha muitas das principais organizações mundiais e seus executivos sobre o impacto da inteligência emocional e de habilidades interpessoais em vendas, liderança, experiência do cliente, desenvolvimento de canais e gerenciamento de contas estratégico.

Sob o comando de Jeb, a Sales Gravy se tornou líder mundial em soluções de aceleração de vendas, inclusive recrutamento e equipe de vendedores, automação integrada de vendas, apresentação e desenvolvimento de programas personalizados de treinamento em vendas, orientações em vendas e aprendizado online. Jeb passa mais de 200 dias por ano fazendo discursos de abertura e programas de treinamento para equipes de vendas de alto desempenho e líderes mundo afora.

Como líder empresarial, Jeb tem mais de 25 anos de experiência com empresas da Fortune 500, SMBs e startups. Ele foi nomeado um dos 50 maiores influenciadores em vendas e líderes de mercado (*Top Sales Magazine*), um dos 30 maiores influenciadores de vendas sociais (*Forbes*), um dos 10 maiores especialistas em vendas para seguir no Twitter (Evan Carmichael), um dos 100 blogueiros de vendas mais inovadores (iSEEit), um dos 20 autores mais lidos — *People Buy You* — para empreendedores (YFS Magazine e *Huffington Post*) e o podcaster mais baixado na história do iTunes, entre muitas outras distinções.

Seu site emblemático, SalesGravy.com, é o site específico sobre vendas mais visitado no planeta.

Ele é autor de sete livros, entre eles:

- *People Love You: The Real Secret to Delivering a Legendary Customer Experience* (John Wiley & Sons, 2013)
- *People Follow You: The Real Secret to What Matters Most in Leadership* (John Wiley & Sons, 2011)
- *People Buy You: The Real Secret to What Matters Most in Business* (John Wiley & Sons, 2010)
- *Sales Guy's 7 Rules for Outselling the Recession* (Macmillan 2009)
- *Business Expert Guide to Small Business Success* (Business Expert Publishing, 2009)
- *Power Principles* (Palm Tree Press, 2007)

Índice

A

abordagem
   balanceada, 23
   equilibrada de prospecção, 206
ação, 255
administração do tempo, 49–70
adversidade, 255
ancoragem, 191
ansiedade, 18, 148
assertividade, 150
atitudes, 27–34
atividade, 33, 36–39
autoconhecimento, 263–266
autodiálogo, 151
autodisciplina, 37, 42
automotivação, 253–266, 264–266
autopromoção, 128

B

B2B, 29–34, 115–133, 206–216, 238
B2C, 29–34, 115–133, 238
baixa
   nas vendas, 31–34
base de dados, 15, 88–92, 95
bônus, 1

C

calendário, 76
campanha estratégica, 122–133, 226
canal
   prospectivos, 206, 240
   social, 128–133
carreira, 14, 107–133, 267
cartões de visita, 242
cérebro reptiliano, 191–196
chamadas
   telefônicas
      chamada fria, 13–18
      chamadas de saída, 15, 158

circunstâncias, 11
clientes, 15
  cliente ideal, 80–83
  cliente potencial, 15–18
comissões, 1
competitividade, 10, 253–266
comportamentos sabotadores, 44–47
compromisso, 74–83
conectividade emocional, 240
conexão, 125–133
conferências, 242
confiança, 11, 27–34, 137
conhecimento, 258–266
conquistas, 8
consistência, 33–34, 130
coragem, 37–39
credibilidade, 229
crenças, 11, 258–266
crescimento, 269
criação de conteúdo, 127–133
curadoria, 128

D

delegação, 55–70
demonstração, 245
desculpa, 19
desempenho, 20, 36–39, 249
determinação, 1, 4, 252
dinâmica, 255
diversificação, 20

E

economia, 4
ecossistema social, 108–133
educação, 250
efetividade, 36, 62–70
eficácia, 175–182, 207–216
eficiência, 11, 36, 62–70, 175–182, 207–216
e-mail, 217–238
emoções, 146, 253
empatia, 231
empreendedores, 2
entusiasmo, 10, 138
equidade, 229
equilíbrio, 21, 184
equipe, 30, 37
era da internet, i
estatística, 31–34, 37–39, 159
estratégias, 21, 198
estratificação de canais, 222

F

Facebook, 112
falar em público, 104
familiaridade, 73, 82–83, 99, 222
fator relance, 233–238
fechamento, 28
feedback, 11, 225–238
força motriz, 78
formação, 1

fórmula secreta, 225
fracasso, 4–8, 22, 26, 26–34, 264
funil, 3–8, 15, 18

G

gerência de relações com o cliente, 113–133
gerenciamento de recursos, 50–70
Google, 112
GRC, 49, 73, 195
guardiões, 197

H

habilidades, 1, 184, 250
    habilidade cognitiva, 262
hackers, 220
Horas
    de Ouro, 52, 115
    de Platina, 54
    do Poder, 58
hyperlink, 220

I

ilusão, 39
impacto, 268
índices de atividade de prospecção, 52
informações, 89–92, 209
inteligência, 1
interação, 81
interrupções, 18
investimento, 257

J

janelas, 73, 82, 89–92, 96, 123–133, 127–133, 217

L

Lei
    da Familiaridade, 97, 222
    da Substituição, 30
    da Trivialidade, 69
    de Parkinson, 58
    Universal da Necessidade, 26
leitura, 258, 260–266
ligações, 38–39
linguagem corporal, 27–34
LinkedIn, 112
lista de prospecção, 90
livros, 258–266
lógica, 147

M

maneira de pensar, 9
mantra, 267
mapeamento, 205–216
marca pessoal, 104
marketing, 5–8
    marketing de entrada, 15
medo, 18, 44–47
mensagem de voz, 175–182

mentalidade, 5, 10, 10–12, 31–34, 39
  mentalidade de vencedor, 253
mercado, 22
metas, 20
método, 230–238
metodologia de prospecção, 20, 107
mídias sociais, 85, 107, 246
motivação, 162, 257
mudança de situações, 11
multitarefas, 60, 60–70

N

negócio, 1, 74
neocórtex, 191–196
networking, 12, 22, 56, 102–105, 242
neurociência, 60–70
nova guarda, 13
números, 35–39

O

objetivos de prospecção, 72
obrigações contratuais, 78
oportunidades, 29, 88–92, 215–216
orientação, 251

P

padrão de prospecções, 86
palavras, 27–34
perfeccionismo, 41
perfil, 80

persistência, 11, 204, 252
pirâmide, 86–92
planejamento, 30, 270
podcasts, 258–266
Pontes
  direcionadas, 144
  estratégicas, 145
ponto de virada, 123, 243
pressão, 249
previsão, 30
probabilidade, 31–34, 88–92
processo de vendas, 81–83
procrastinação, 41, 42–47
produtividade, 19
proposta de valor, 142–155
prospecção, i, xiv, 26
  de baixo potencial, 37–39
  de qualidade, 23
  diária, 33–34
  equilibrada, 21
  estagnada, 29
  estratégica, 122–133
  presencial, 206
  quente, 17
  social, 102–105, 130, 217
  telefônica, 163, 205
psicologia do vencedor, 250–266

Q

qualidade, 35–39, 71
quantidade, 35–39, 71

R

reação psicológica, 191
realização, 254
reconhecimento, 82
recursos, 51–70, 269
referências, 27, 100
regime de prospecção, 22
Regra
   de ouro, 72–83
   dos 30 Dias, 28, 266
rejeição, 5, 185–196, 249–266
rendimentos, 14–18
resiliência física, 260
resistência mental, 11, 250
resposta automática inicial, 81
restrições orçamentárias, 78
resultado, 36–39, 141–155
retorno, 21
retorno sobre investimento, 51–70
reunião, 74–83
ROI, 51
roteiro de comprador, 186–196
rótulo, 45–47

S

serviços transacionais, 81
setor vertical, 225
sistema
   de apoio interno, 56
   de crenças, 151
sono, 261
sucesso, 10, 14
superar objeções, 190–196

T

talento, 1, 250
técnica, 7, 250
   técnicas de prospecção, 19
   técnicas múltiplas, 23
teleprospecção, 58–70
território, 4, 73
tom de voz, 27–34
trabalho
   administrativo, 32, 57
   duro, 4
tranquilidade, 148
treinamento, 11
Twitter, 112

U

URL, 220

V

vantagem
  competitivas, 149
  estatística, 20
variáveis, 37
velha guarda, 13

vendas
  externas, 72, 206–216
  internas, 72
  sociais, 15, 107–133
vendedores, 2, 225
VoIP, 240–247

Z

zona de ataque, 79–83